「日本の霊性」の真価

今、世界が注目する

令和時代をどう生きるか

小坂武司

コスモ21

カバーデザイン◆中村　聡

今、世界が注目する「日本の霊性」の真価……もくじ

第三章　空海からの霊告

第四章　釈迦像入魂式と瑞祥

第七章

新しい次元に向かって

プロローグ

空海が三教指帰《さんごうしき》で述べている「谷響きを惜しまず、明星来影す」は、入唐前に、高知県室戸岬の御厨人窟《みくろど》で虚空蔵求聞持法《こくうぞうぐもんじほう》を行じている過程で、空海が経験した一大神秘体験の内容を端的に述べたものといわれています。このとき空海はおそらく、これから歩んで行こうとする未知の人生に対し、大宇宙を味方とする強い確信を得たのではないでしょうか。

私もその後の人生観を一変させる〝一大神秘現象〟を経験したことがあります。

それは、平成十六（二〇〇四）年三月、熊本・宇土市の五色山で、空海の禊《みそぎ》の儀式に絡んで、私たち十二人が揃って見せていただいた宇宙空間での現象です。まさに人類史上始まって以来の重大な神秘的瑞祥であったといえるでしょう。

一言でいえば、宇宙に遍満する高貴な存在の方々、つまり神仏、龍神、宇宙人の方々が空海の禊の儀式を祝って、空海と共に演出して私どもに見せてくれた想像を絶する瑞祥でした。それは、その後の私の人生観を根本的に変えてしまうほどのものだったのです。その瑞祥は、東京在住の中山良子さんというスピリチュアリストが天から受けるメッセージに従って行動を続けてきた結果として見せていただいた現象でした。

私たちの祈りの旅は、平成十七（二〇〇五）年七月、富士山五合目にある小御嶽《こみたけ》神社の摂社、日本武尊《やまとたけるのみこと》社《しゃ》での最後のお祈りで終わりました。

その一年後のある日、私は、中山さんを通して「その瑞祥に関連する一連の神秘体験を日英語で書物にしなさい」とのメッセージを受けました。それは空海からのメッセージであったかもしれません。書く対象が一連の不思議な神秘現象でしたので、どのように書いていけばよいのか考える日々が続きました。

そのようなときに、東京のある夕食会で小原田泰久氏にお目にかかったのです。『イルカみたいに生きてみよう』『木村さんのリンゴ』など多くの書籍を出され、癒しの研究と実践をされている人です。私はその人柄に心打たれて、私の簡単な履歴と神秘体験を記述し、私がその体験を書かなければならなくなった事情をメールで送りました。

小原田氏から、すぐに次のような返事が送られてきました。

「生意気なことを言いまして失礼します。小坂さんが本気で取り組んでおられるので、僕の言うことが正しいかどうかはともかく、感じたことは伝えておこうと思った次第です。

たぶん高い次元のメッセージを伝える役割を与えられたということは、選ばれたということと同時に、大変な修行の場を与えられたのだと思います。

宇宙レベルの壮大なスケールの話です。これをまとめるというのは、きっと小坂さんが一生をかけるにふさわしいものだと思います。

プロフィールを拝見して、小坂さんはビジネスマンとして大成功されていることがよくわかります。僕が思うのは、目に見えない世界のことを宗教の世界の人が語っても怪しいだけになってしまいます。

小坂さんに白羽の矢が立ったのは、小坂さんのビジネスマンとしてのセンス、経験、知識に大きな期待がかかっているからではないかと思います。

つまり、ビジネスマンである小坂さんの身に起こったこと、受けとった啓示、中山さんの能力といったものを表現していくことを、天は期待しているのではないでしょうか。


ビジネスマンの小坂さんには理解できないこと、疑心暗鬼になったこと、混乱したことがいっぱいあったと思います。それは、多くの人の共感を呼ぶことです。だいたい、すんなりと目に見えない世界を理解する人は少ないはずです。

僕は、無批判、無抵抗に訳のわからない世界に入り込める人は危険だと思っています。疑問をもち抵抗しても、どうしてもその世界に足を踏み入れざるを得ないものこそ、神の力だと思います。抵抗し、批判しながらも、それでもなお不思議な世界に導かれていく姿が、人の共感を呼び、楽しみながら読める物語になります。

メッセージは、それを直接文章にしただけでは伝わっていきません。大きなおもりを付けて沈みそうになりながらも浮上していくダイナミックさが、人をひきつけ、物語に重みをつけます。もちろん、自分で書けといわれたら自信はありませんが、小坂さんが、これまで主要なフィールドとしてきたビジネスという霊的世界とはまったく対極にあるところに立ち、不可思議で霊的な現象を書いていくと、立っている位置自体が大きなおもりですから、迫力ある話が生まれてくるかもしれません」

私は小原田氏の言葉に励まされて書き始めました。日本語で書き終わるのに三年の年月を要しました。書き終えてからすでにかなりの歳月が過ぎています。しかし、この空白の歳月の間にも、空海の深い思いやりを受けて、多くの不思議な体験をさせていただいています。

この書は、空海が私に白羽の矢を立てて演出された「不思議の世界への旅」の物語です。六十歳で地元企業を退社後、一人になった私が、海外企業との仕事をしながら、在京の女性のスピリチュアリストである中山良子さんに降りてくるメッセージを通して、スピリチュアルな世界に誘導され、稀有の不思議な世界を訪ねていく実体験の話です。

空海や宇宙人たちにいざなわれながら、幣立《へいたて》神宮、ホテルニューオータニの日本庭園、上智大学のザビエル聖堂、名古屋の貴嶺宮《きれいぐう》、立山山麓の穴の谷の霊水、高野山奥の院、熊本五色山の釈迦涅槃像、西銀座オリオンズ、バンコクのエラワン廟、箱根の箱根神社と九頭龍《くずりゅう》神社、埼玉県飯能市の尾須沢鍾乳洞《おすざわしょうにゅうどう》、京都の鞍馬寺、富士山五合目の小御嶽《こみたけ》神社などを訪ねました。

そのなかで日本人の霊性、日本国の霊性に目覚め、皇室の安泰、日本国の安寧、人類の平和、地球の浄化への祈りを深めていく物語です。

私は、この祈りの旅を通して、私たち一人ひとりが神仏、龍神、宇宙人、先祖など、宇宙に遍満する高次の存在と精妙に繋がって生かされている霊体であることを知らされました。

特に平安初期の空海と同時代に文徳帝《もんとくてい》の側近で品性高潔の文官であった私の先祖の紀夏井《きのなつい》、それにアクエリアス星人など目に見えない高次の存在が、私を誘導して数々の稀有な体験をさせ、霊的な世界に目覚めさせてくれました。

四方を海に囲まれた島国である日本は、縄文時代の古代から神々に守られてきた国土であり、それが故に国土の霊性、民族の霊性が高く保たれてきた世界で唯一の民族といえるでしょう。空海にいざなわれるように歩んだ私の体験も、この日本でなければ生まれてこなかった物語といえます。

ただ、江藤淳の『閉された言語空間』に書かれているように、第二次世界大戦に敗れて、戦勝国の圧力により、古来より受け継がれてきた日本人の霊性・精神性が葬り去られようとしました。今も続くその状況を見て、ご神仏、龍神、宇宙人、空海、道元など多くの方々が、私にこの書物を書かせたのではないだろうかと思います。

多くの心ある人々に読んでいただきたく、心からお願いするものであります。
※なお、本文に登場する人物は一部仮名となっています。

第一章　新たなる人生のステージへ

第一節　占星学の不思議な予言と誓願

これから述べる私が体験した「不思議の世界」への歩みは、地元企業を退社する前から始まっていたようです。

退職が近くなってきたある日、米国のルター夫妻に久しぶりに電話をしました。ルター夫妻とは仕事で知り合ったのですが、渡米の際、度々自宅にも泊めてもらうほど親しくお付き合いしていました。たまたまルター夫人は、占星学に精通していましたので、宿泊した夜には何度か私の未来について予言してくれました。たとえば、私の代表取締役就任のことも、就任依頼のある一年前から予言してくれていました。

　そのようなことがありましたので、退職の意思を伝えようと思ったのです。電話にはルター氏が出てこられまして、

「妻はそれを知っているようですよ。今、不在です。手紙を書くと言っていましたよ」

というのです。おそらく二人は私の将来を占星学で見てくれていたに違いありません。しばらくすると久しぶりに、ルター夫人から私の占星学によるtransitが郵送されてきました。そこには、次のようなことが書かれていました。

Mars at the end of April gives you the opportunity for independence and freedom.
Be sure and see reality as it is, not what you wish it would be.
We may even see some good fortune come out of all this work-retirement-turmoil.
Perhaps a new confidence will come to you.
Do not be afraid to see the recognition of those in high place of power and status.
Jupiter will be helping you through this situation so keep an open mind.
I see some new friendships. New contracts to sign.
All this will lead to greater harmony.
This is a good transit for helping your career aspirations in new places.
So, seek them out.
This becomes a good time to establish a new career.
So, be receptive to such offers. Seek such offers.
Uranus tells me you must be flexible in your thinking at this time.
More than you ever have. Be flexible for change.
If you let yourself be flexible to change and new ideas then a new world
may open up for you. A much more exciting and interesting world.

この英文を抄訳しますと、次のようになります。

「四月末には、火星（ＭＡＲＳ）はあなたに独立と自由への機会をもたらします。期待や願望を抱くのではなく、その事実を直視し、確信を持ちなさい。今回の退職から来る心の動揺のなかから、何かとても良い未来のくることを信じなさい。おそらく、あなたには新しい確信が湧いてくるでしょう。これらの状況を力量と信望という高い観点から恐れることなく再認識しなさい。

木星（ＪＵＰＩＴＥＲ）は、その状況を通して、自由な精神が維持されるようにあなたを助けていくでしょう。

新しい友人たちが現われ、新しい契約ができるでしょう。

すべてが新しい調和の世界にあなたを導いていくでしょう。

これは良い兆候です。新しい場所で、あなたのキャリアが発揮されるでしょう。

そのように探し求めていきなさい。新しい人生を確立するのに良い時です。そのような申し出を受け入れていきなさい。

天王星（ＵＲＡＮＵＳ）は、私に告げています、あなたは今、物事を柔軟に考えなければならないと。今までより、もっとです。変化のために柔軟になりなさい。

もしあなたが、あなた自身を変化と新しい考えに対して柔軟に対応するならば、新しい世界のドアがあなたに開かれるでしょう。はるかにエキサイティングで意義深い世界が開かれるでしょう」

当時、私はすでに六十に近い年齢に達していましたが、心身ともに健康で、これからの新しいビジネスの世界を生きていこうとするエネルギーに満ち溢れていました。ですから、霊的な感性の強いルター夫人の言葉の奥には、ビジネスとは別の歩みの中で、今までとは違った未知の世界との遭遇が予言されているように思えました。

特に私が深く感じたのは、ルター夫人が占星学を通して私の未来を見ているだけでなく、天王星という遠い宇宙の存在が「A much more exciting and interesting world（今までよりもっとエクサイティングで意義のある世界が待っていますよ）」と告げているとルター夫人の手紙に書かれていたことです。そのことは、私に勇気と希望を与えてくれましたが、同時に、これからの人生を生きる上で一種の使命感を抱かせるものでした。

それ以来、自分にはどのような使命が与えられているのであろうかと、日夜、真面目に興奮ぎみに考えておりました。

私は、新しい歩みを始めるにあたり、日頃の心構えを整理し、自己への誓いを文章化しておこうと思い、次のような誓願をまとめました。

【誓　願】

人生目的　霊性の向上と自己実現

信　念　一　誠　意（天を畏れ、人を尊ぶ）

二　愛　情（人類愛、宇宙愛。人の幸せに尽くす。嫉妬・怨恨・憎悪・私心は無きや）

三　調　和（人間・自然との共生、共創、共栄。謙虚・謙譲）

四　感　謝（生かされている喜び。天地、神仏、祖先・父母・家族・社会への感謝）

五　光明思想（過去現在未来すべて善なり）

六　正　力（王道、破邪顕正）

七　自己実現（三世の生命を悟り、今世の生命の躍動充実を得る）

「右は、我が六十年の人生で体得した生き方の結論であり、残された人生を全うする理念とする」

多少キザな感じのするこの誓願を、私は真面目に清書し、自宅の神棚と仏壇に供えました。この誓願をつくることによって、これからの人生の歩みに精神的支柱が貫かれたようで、未知の世界への思いが深まってくるようでした。

「誓願」を裏切らないような人生を歩ませてくださいと、朝夕秘かに神仏に祈り始めました。私は、その祈りを現在に至るも続けていますが、その領域が深まってきているのを感じます。

はじめて無職状態になりましたが、長年保存した書類や膨大な名刺を整理したり、読書などをしたりしながら無為に過ごしていました。そうして浪人生活が一年になろうとした頃から、妻とこれからの仕事について話すことが多くなってきました。

六十歳になってからの再出発ですので、ストレスのかからない気楽な仕事がいいと話し合いました。結局、商品の売買をしたり、人を雇ったりはせず、極力負担のかからない方法で始めることにしました。

幸い、携帯電話やノートパソコンなどの通信設備の発達は一人での仕事を容易にしてくれました。また、応接間を改造し、関連機器を揃えると、こぢんまりとした事務所になりました。

退職時に立てた誓願に基づき、自分らしく楽しく進めていこう。Much more exciting and interesting worldを目指してやっていこうと思いました。

第二節　清らかな高次の意識につながる予感

商品の売買をしないというのは、熟慮すればするほど、六十歳から始める個人企業の安定性からみて、理にかなったことだと思いました。資金繰りや不良在庫、貸倒れの心配がありません。入ってくるだけの金額で支出を抑えればよいのです。

あとは、安定した収入を得るためにはどのような戦略を立てればよいかを考えました。答えは簡単でした。自分の能力でできる二つの道を選択し、並行的に進めることにしたのです。

退職後初めて挨拶状を国内・国外の方々に送りますと、国内外の多くの企業から、営業拡大に知恵を貸してほしいという依頼が寄せられました。その内容は、人脈と経験を持つ私には十分応えられる仕事であり、相手企業を選択して協力の条件を煮詰めるだけで取りかかることができました。

ゆっくりと確実に仕事が累積されるにつれて、自分の力のすべてを捧げる生活から徐々に抜け出し、会社の仕事に使う時間が減っていきました。ストレスのかからない仕事と安定した収入は、私に大きなゆとりを与えてくれるようになりました。ゆとりが増えるということは、自分を見つめる時間が増えるということでしょうか。仕事に直接関係のない人々との新しいお付き合いが拡がっていくと同時に、自分の内なる心の世界をながめ、生きるということの新しい意味を考えさせられる機会が増えてきました。

心の中の平安な世界の比重が少しずつ増幅されていき、感謝と豊かさを感じる度合いが増してきました。さらにそれを深めていくことが、今まで感じていなかった何か清らかな高次の意識につながるものであることも徐々にわかってきました。

お金儲けの仕事をしているのですが、一方で異質の分野の世界が開かれていきました。それは、いわば、誓願に書いた自己実現の世界へつながるものでした。

次節からは、まったく新しい人々との出会いとその展開について述べていきます。それこそ本来の自分の発見につながる旅であり、己と人々の幸せにつながる旅、さらに人類の平和に繋がる道を探求する旅でもあったのです。

第三節　目に見えない世界と出会う

誰からも干渉されない新しい仕事の世界に入り、予期しない人々との交流の世界が広がっていきました。それは自分から望んで得たものではなく、何かに導かれるように、ひとつの出会いが次の出会いに蜘蛛の糸のように繋がっていくようでした。鹿角霊芝《ろっかくれいし》の嶋村社長との出会いはその最初の重要なステップでした。

ある日、顧問会社の古川氏から、熊本に鹿角霊芝を栽培している人がいるので、一緒に見に行かないかとの連絡を受けました。数日後、古川氏を熊本空港に迎え、熊本市の中心部から離れた畑の広がる画図町《えずまち》にあるジェイ・エム・シーという会社を訪問しました。広い土間に菌床製造機や滅菌機が並んでおり、その奥にある質素な木造平屋の事務所で、嶋村社長兄弟が待っていました。お茶がわりに出された鹿角霊芝の煎じ湯をいただきながら、お話を聞きました。

弟の嶋村幸徳氏が社長で、兄の哲治氏は会長でした。お二人とも温厚な人柄で、農業のかたわら、個人的に研究してきたキノコ菌の技術をもとに鹿角霊芝やきくらげを栽培していて、独自の栽培特許も取得しているとのことでした。

事務所の近くにある鹿角霊芝の栽培工場は高温多湿に管理された高さ三メートル、横幅五メートル、奥行き十メートル程度の白いテントに覆われていました。テント内部の菌床の円い側面から鹿角霊芝の茶色い茎がなまめかしく勢いよく生え出ていて、その先が枝分かれしていました。長さはどれも二十センチもあるようで、茶色い枝の先端は白くなっていました。そこが霊芝の成長限界点だそうで、それをさらに成長させていくと傘が出来、胞子が出来るそうです。胞子が出来てしまうと霊芝そのものの効力が無くなってしまうので、胞子を作らせないように育てることが大切なのだと嶋村社長は熱っぽく話されました。

よくいったもので、菌床から生え出ている霊芝の姿はまさに鹿の角のようです。嶋村社長は、

「鹿角霊芝はオールマイティの漢方です。というよりも、体内の血行を良くするので、肝臓腎臓に良い影響を与えます。免疫性を高める作用が強いので、病気を寄せ付けにくい体になり、自然治癒力を高めます。血行を良くし免疫性を高めるためには、鹿角霊芝は最高のものだと思っています」

と自信にあふれて言われるのです。

その話を聞いていますと、鹿角霊芝に対する信仰に似たような一途の情熱と、難病で苦しんでいる人々を助けたいという誠心誠意の気持ちが伝わってきて感銘を覚えました。製造特許も取得されているのですが、町の研究家として長年努力してこられたことに対しても頭が下がり

ました。

旧第五高等学校の校舎のある熊本大学の裏手に宝樹院という真言宗のお寺があります。そこに森心浄さんという還暦を超えられた尼僧がおられます。初めて私が宝樹院を訪れたのは、東京の顧問会社の馬場社長から依頼があったからでした。ある日馬場社長が電話をかけてきました。

「熊本大学の近所に宝樹院というお寺があります。小坂さんご存知ですか」

「いいえ、知りません」

「宝樹院には森心浄さんという先生がおられて、私は、東京で大変お世話になっています。実は、明日はその熊本の宝樹院で年に一度の大祭があります。私は急に行けなくなりましたので、すみませんが、私の代わりに行って森さんにご挨拶をしていただきたいのですが」

さらに、

「普通のお方ではありませんので、小坂さんも森さんを知っておかれたら、何かにつけ良いことがあると思いますよ」

「わかりました。明日は大丈夫です。馬場社長の代理で行くことにいたします」

翌日、代理で参加し、その後は私もときどきお邪魔するようになりました。森心浄さんは不思議な能力の持ち主で、東京にも毎月二泊三日で出張されます。東京では政財界の有名な方々もよくお見えになるそうです。国政を担当して判断に苦しむ政治家や、企業の方針決定に悩みこむ経営者など、驚くような知名度の高い方々も多く見えられるそうです。

私が森さんとお話しした経験では、交渉相手が何を考えているのか、どうしたいと考えているのか、その方向に進めばどのようになるのか、どのような対処をすればよいのかなどを質問いたしますと、随分適格に答えられます。特に私のように海外の相手と仕事をしている場合、民族の性格や行動様式の違いもあり、交渉の進め方に迷う場合があります。そのようなときにも、森さんのおかげで、相手の心の中をよく理解でき、相互信頼を築くことができました。

宝樹院の広間に入りますと、大きな広間の奥正面に直径二メートルほどの大木を縦にくり抜いて、その中に上下二段に神殿と仏殿が作られているようで、神と仏がそれぞれの場所で調和して祭祀されているように見えます。

その右隣の小さな部屋で森さんと机を挟んでお話をいたします。森さんの後ろには、大日如来、薬師如来、不動明王、空海などの像が置かれています。森さんとお話をするとき、森さんはよく対面する私たちの後ろ右斜め上の方を向いてお答えになります。お聞きすると、弘法大師空海がそこにおられて、空海からのお言葉を来訪者に告げられるそうです。

森さんは私に、

「私が答えているのでありません。空海様が言われることを、私が単にお伝えさせていただいていると言われます。森さんが来訪者にいつも大変謙虚にお答えになるのは、常に空海からいただいた言葉をそのまま伝達されるからだと思います。そのような意味で、私は、森心浄さんはいつも高いところにおられる霊能者のおひとりであると尊敬し、お言葉をお聞きしています。

あるとき、私は嶋村さんの鹿角霊芝の小箱を持って森心浄さんを訪ねました。

「これは中国の昔の漢方を蘇らせたもので、友人が栽培している鹿角霊芝の錠剤ですが、森さんもお飲みになりませんか」

と小さな四角い小箱を見せると、森さんはすぐに、

「あーれ、それは何ですか。その箱の正面の絵が五臓六腑に化けて活発に動きだしていますよ。それに、小坂さんの後ろに薬師如来様がお立ちになっておられますよ」

と言われて吃驚したことがあります　改めて赤い小箱の正面を見ると、単に鹿角霊芝の小さな絵と文字が印刷されているだけでした。

ある日、私は森さんに、

「先生、どうしてそのような霊能力を持つようになられたのですか」

とお聞きしたことがあります。お客さんは私だけでしたので、森さんは心おきなく話してくださいました。その内容は驚くべきもので、まさに昔から日本各地で伝わる素戔嗚尊《すさのおのみこと》の蘇民将来《そみんしょうらい》

の物語の現在版ともいえるものでした。森さんは次のように言われました。

「五十年ぐらい前、私たち夫婦は、熊本の近郊で、五家荘へ行く途中の砥用《ともち》という村落にある私の実家に住んでいました。主人は砥用小学校で教諭をしておりましたが、酒癖が悪く、パチンコ好きで、貧乏な生活をしていました。長男が生後四カ月を過ぎた十二月の頃でした。

朝ご飯をすまして茶碗を洗っていたとき、台所の戸を『とんとん』とたたく小さな音が聞こえました。戸を開けると、丸坊主の老人が立っていました。

『何でしょうか』

『夕べ、近所の神社で休ませてもらったのですが、寒さで一睡も寝られませんでした。何か温かいものがあれば、いただけませんでしょうか』

『どうぞ』

と言って家に上げて、朝ご飯とみそ汁を一緒に差し上げました。冷蔵庫に揚げがありましたので、食事をされている間に揚げを炊いて、いなり寿司の弁当をつくり、

『お昼のご飯です』

と言って差し上げました。老人は、

『見ず知らずの者にこのようにしていただいてありがとうございます。このご恩はどこかで必ずお返しするでしょう。今から矢部まで参ります』

と言われるので、老人をバス停までお送りし、バスに乗せ、運転手に矢部までのバス賃を支払

い、手を振って見送りました。

それから十年が経ち、長男が十歳になっていました。主人は相変わらず酒とパチンコで、給料は家に入れず、いく度も離婚を考えましたが、古風な母は、

『女が一度嫁に行ったからには主人に尽くしなさい』

と離婚を許してくれません。困りきった私は藁をもすがる思いで、よく当たると評判のよい十八歳の若い霊能力者を訪ねて窮状を訴えました。その霊能力者は、お経をあげた後、驚くようなことを私に語りかけました。

『ちょうど、十年前のことを憶えていますか。十二月の寒い日、見知らぬ老人があなたの家を訪ねたことがあるでしょう。戸をたたいて、温かい食べ物を所望したときに、あなたは家の中に入れ、心からその老人をもてなされたことがあるでしょう。あれは、弘法大師空海様が老人に姿を変えられて訪問されたのです。日頃、誰にでも心優しいあなただったので、空海様は本当のあなたを試されたのです。今、空海様はあなたに言われています。

〝あの時に約束したように、あなたに霊能力を授けよう。霊能力を磨き、多くの人々を助けていきなさい〟』

それからは、主人も徐々に変わっていきました。私の授かった霊能力は、最初は少ししか見えなかったものが徐々に見えるようになり、今では、はっきりと見えるようになっています。弘法大師空海様のお姿や、言われることもよくわかるようになってきました」

私は本当に驚きました。日本の多くの神社では、夏越《なごし》の祓《はら》えとして茅の輪くぐりの神事が行なわれていますが、それは蘇民将来の伝説を起源としています。その蘇民将来の役目を、現代の世で実際に行なっているのが森心浄さんであったのです。毎年二月には、熊本ホテルキャッスルで、新年の宴会が開かれますが、全国から百数十名の多種多彩の人々が集まります。

私が森心浄さんのところに行く目的は、単に仕事のことを聞くためだけではありません。森さんと相対してお話をしていると、話の内容に応じて、私に関連する色々なお方のお姿が現われ、ときには、その方々と森さんを通してお話をすることができるからです。

その方々の姿は私には見えませんが、森さんはそのお姿を具体的に教えてくれます。日によって違いますが、その方々は、仏、空海、龍神、宇宙人、さまざまなご先祖などです。ときには、生きている知人たちまで出てこられます。

後で述べますが、ご先祖で神武東征の頃、神武天皇に随伴された天道根命《あまのみちねのみこと》や、平安初期の紀《きの》夏井《なつい》や、戦国時代の小坂越中守などもよく出てこられます。時空次元を超えて、その方々と霊的につながっていることを確信させられ、大きな喜びを感じさせられます。

人間はこの世にひとりで生きているのではない、家族や友人たちだけではなく、多くの霊的な関係の中で生きていることを確信させられます。読者の方々がこの書物を読み進めていくなかで、そのような世界を感じていただけるなら、とてもうれしく思います。

第四節　日本人として深い喜びを味わう

サントリーの田中隆治氏にはじめてお目にかかったのは、平成十（一九九八）年三月上旬に大阪で開かれたある商品展示会の会場でした。地元企業を退職しても、展示会で全国の業界関係者に会えるのは楽しいことでした。久しぶりに出席し、一人で会場をまわっていたとき、日本萬友の刑部慎一社長に何年ぶりかで会いました。刑部社長とは過去に何度もお目にかかっている間柄でした。刑部社長は、

「小坂さん、良いお方を紹介しましょう」

と、一緒に展示会を見学されている田中隆治氏を紹介してくれました。名刺を見ますと、サントリー・ヘルスケア事業部長をされており、背が高く、まれに見る気品を備えたお方と見受けました。眼鏡の奥で優しく微笑んでおられる眼には知性があふれていました。一瞬、田中氏はただのお方ではない、ぜひお付き合いをさせていただきたいとの強い思いが湧き出てきました。

数分立ち話をして、

「日を改めてお電話をさせてもらってもよいでしょうか」

とお願いをし、二、三日してお電話をしました。お話の中で、私の質問に答えて、サントリー

の健康食品とその中心的な品物であるセサミンについて丁寧に説明してくださいました。その後、お付き合いを深めているうちに、田中氏はセサミンや資生堂の不老林の開発者であり、日本の食品業界を代表するバイオ学者であることを知りました。

サントリーの取締役先進技術応用研究所所長を経て、財団法人サントリー生物有機科学研究所副理事長、東京大学大学院農学生命科学研究特任教授、生き物文化誌学会副会長など、官民関係の多くの機関の要職につかれ、平成二十一（二〇〇九）年四月からは金沢大学の副学長、平成二十四（二〇一二）年には星薬科大学学長にも就任されています。世界を驚かせた青いバラも田中氏のもとで開発されたものだそうです。

私は、田中氏にお目にかかるたびに、その博学ぶりと誠実に話される姿にすっかり魅せられていきました。友人から仕事面で健康食品について相談を受けると、特に重要だと思われるものについて、田中氏の意見を聞くようにしていました。田中氏は極めて多忙でしたので、ご都合に合わせて山崎の研究所のみならず、東京や大阪のサントリーの事務所でもお目にかかりました。

前節で述べた嶋村社長の鹿角霊芝についても、製造上のアドバイスを受けるために、嶋村社長を連れて度々田中氏を訪問しました。嶋村社長は田中氏の指導のもとに鹿角霊芝の改良を重ねて高力価のものを開発され、田中氏から高い評価を受けるまでになりました。

田中氏との機縁を得たことで、自立後の私の人生に大きな影響を及ぼす二つの出来事を経験することになりました。

ひとつは、平成十七（二〇〇五）年五月に阿蘇で行なわれた生き物文化誌学会熊本大会の大会実行副委員長に就任したことです。この学会は、秋篠宮殿下（現・皇嗣殿下）が常任理事をされ、全国の数百人の学者から結成されています。短い日数でしたが、大会の期間中、殿下のおそばにいたことで、皇室と日本を改めて深く考える機会を得ました。

あとひとつは、鹿角霊芝の嶋村社長を連れて山崎のサントリー研究所に田中氏を訪ねた後に、気功師藤谷康允氏の存在を知ったことです。藤谷氏との関わりを機にして、私が今まで歩んできた人間の常識レベルを超える次元の世界に入り込むことになっていくのです。

平成十五（二〇〇三）年六月のある日、田中氏から電話がかかりました。七月二十三日に阿蘇外輪山の国有林の森で、約三十万坪の「サントリー天然水の森」の竣工式を行なうことになっているといいます。鳥井信吾副社長が出席されること、前日から田中氏一行が熊本に来られること、阿蘇周辺の宿に泊まりたいこと、竣工式に出席してほしいことなどについてご相談を受けました。

さらに、生き物文化誌学会の阿蘇大会の開催についても話されました。第三回年次学会を秋篠宮殿下のお好きな阿蘇でやりたいとのことで、会場候補地の下調べもしたいとのことでした。

六月二十二日午後、私は嶋村社長と共に熊本空港に田中氏一行を迎え、阿蘇周辺を案内しました。田中氏は日本の古代史や神社仏閣にも大変造詣の深い方でしたので、阿蘇の噴火口、阿蘇山上神社、西巌殿寺《さいがんでんじ》奥の院、阿蘇神社、さらにその北方六キロメートルの国造神社などにも案内しました。

阿蘇山上神社は阿蘇神社の奥宮で、阿蘇噴火口を中心とした山岳をご神体とした拝殿です。大神《おおみわ》神社を思い起こさせます。国造神社は阿蘇神社の奥の院ともいわれ、本殿横には秋篠宮殿下ご参詣の白い木柱が建てられています。境内には末社として鯰宮があり、鯰が祀られているのでも有名です。阿蘇神社にまつわる多くの神事が国指定の重要無形民族文化財になっています。

田中氏は両神社の神殿を見て、「やはりそうか」と何度も言われていました。「それはどういう意味ですか」とお聞きすると、日本の古代史より見た神社仏閣にかかわる共通の表象について詳しく説明されましたので、またもやその博学に驚かされました。

翌日、サントリー熊本工場に集合して、バスで阿蘇外輪山の益城の「サントリー天然水の森」の竣工式に一同揃って参加しました。熊本工場の水源にあたる阿蘇外輪の広大な森の中に足を踏み入れて、森の精気を身体いっぱいに感じながら長い山路を歩きました。神事の後サントリー熊本工場で懇親パーティが行なわれ、鳥井信吾副社長とも親しくお話をすることができました。

平成十六（二〇〇四）年五月二十一日、田中氏から電話がかかって来ました。

「来年五月、阿蘇で生き物文化誌学会が開かれることが正式に決まりました。秋篠宮殿下がお出ましになられます。打ち合わせをしたいので、大阪に来られるときにお立ちよりください」

翌月の六月十七日に、嶋村社長と山崎のサントリー研究所にお邪魔しました。顧問をされている京都大学名誉教授で、奈良先端科学技術大学学長をされた山田康之先生が同席されていました。山田先生は平成二十四（二〇一二）年文化勲章を受章されましたが、従来から皇室ととても深いご関係をお持ちのようでした。

田中氏からは、生き物文化誌学会が正式に平成十七（二〇〇五）年五月に阿蘇で開かれることに決定したこと、早急に場所を決めたいこと、秋篠宮殿下は紀子妃殿下とご一緒にお出ましになるかもしれないこと、ついては学会の阿蘇大会の開催を手伝ってもらいたいことなどを伺いました。

生き物文化誌学会は、設立趣意書から拝するに、既存の社会科学が多くの学問分野で先鋭化して自然の多様なつながりを見失っていくことを危惧し、広範囲の分野にまたがる連携性と普遍性を探求していこうとの考えから、全国の碩学を集めて結成され、秋篠宮殿下が常任理事をされています。

阿蘇大会の開催に先立ち、何度も打ち合わせがあり、学会の第二代の会長には新しく人間文化研究機構・総合地球環境学研究所教授の秋道智彌氏、副会長には田中隆治氏が指名されました。熊本大会の実行委員長に元ラオス大使で熊本在住の坂井弘臣氏、副委員長に私が指名されました。

私は熊本の経済界の関係者としてやってほしいとのことでした。熊本の経済界では知名度の高い、しかも殿下のお知り合いの方々が多くおられますのでお断りしたのですが、田中氏から「小坂さん、今回はお受けしなければだめですよ」との言葉を聞き、お受けすることにしました。

会場は県警や宮内庁の意見として、阿蘇の司ビラパークホテルに決まり、平成十七（二〇〇五）年五月十二日から十五日までの間、阿蘇大会が開かれました。サントリーからは鳥井副社長、田中氏ご夫妻、同僚の方々、それに秘書の松尾さん、甲田さんら多くの方々が来られ、会議運営のお手伝いをされました。

学会には日本の錚々たる学者が来られましたが、田中氏から、殿下ご側近の赤木攻先生、湯浅浩史先生、林良博先生その他多くの方々を紹介していただきました。

シンポジウムは、崇城大学環境科学教授で熊本記念植物採集会会長の今江正知氏が「阿蘇の草原―人為と自然の調和した姿」と題して基調講演をされ、さらに阿蘇の植物、昆虫、小動物、鳥などをテーマに県内の小学校、高等学校の先生や各専門研究者の講演がありました。一般講演では、神話、縄文から現在にいたるテーマで、またアジア全般にいたる幅広いテーマで、日本各地の学者、民間研究者が話をされました。殿下は、聴講者と同じ席に座られ、会員の学者と同じように専門的な質問をされていました。

十三日の夜は、ホテルのクラブを借り切って殿下を囲む会合があり、私と嶋村社長兄弟も同席しました。田中氏は遠慮している私を殿下のテーブルの前の席に座らせました。息のつまる思いでしたが、

「殿下は阿蘇が大変お好きだとお聞きしましたが、幣立神宮はご存知ですか」

とお聞きすると

「よく知っていますよ」

とのことでした。

十四日の正午前に閉会となり、私は副委員長としてお開きの言葉を述べました。殿下の前でお話をさせていただいていると思うと、動悸が激しくなり、珍しく声が枯れました。閉会の言葉の原稿は、失礼なことのないように前もって秋道会長や田中副会長に見ていただきました。私は次のように挨拶をいたしました。

「僭越ですが、お開きのご挨拶をさせていただきます。私ども熊本に住む人々にとって、阿蘇は心のふるさとであり、また、太古より神々の住まわれる日本の聖地であります。その阿蘇で、今回『生き物文化誌学会学術大会阿蘇大会』が開かれ、『阿蘇の自然と人々のくらし』について、

多方面からご討議いただきましたことは、熊本に住む私どもにとって大きな喜びでございました。

今、阿蘇を世界遺産にしようという運動がなされておりますが、『人の手が入りすぎている』などの理由で、まだ登録されていません。昨日の討議をお聞きして、そのような単純な理由で認められていないということは大変残念なことと思います。世界一のカルデラ、雄大でしかも箱庭のように美しい阿蘇の景観は、長い間私たちの先祖が心をこめて手を入れてきたからこそ、今の魅力があるのです。

先日、今回当学会の新会長になられました生態人類学の秋道智彌先生、副会長になられました生化学の田中隆治先生、基調講演をされました植物分類学の今江正知先生、熊本県の古沢哲男課長さんといった方々と、高森の田楽をいただきながら、お話をされるのを伺いました。

エチオピアの胡麻の話、メコンの魚の話、阿蘇の草花の話、天草大王という鶏の話、韓国と日本の食文化の話、東西の食べ物の交流の歴史、栄養、美味しさ、味覚など、門外漢の私にとりまして、夢のような素晴らしい世界のお話でした。その底流には生き物への愛と優しさが満ちあふれておりました。

秋道先生は、その日の楽しい話し合いの中には、さらに今後の研究の多くのテーマが含まれているとも言われました。

前会長で文化人類学の福井勝義先生は、エチオピアの人々にとっては『森羅万象は生き物である』と言われていました。そのお言葉の通り、大自然を畏敬と優しさの気持ちで眺め、先鋭化した科学の多くの分野を相互に連携させ、これからの人類と生き物の地球環境に新しい方向性を示唆されています。そのような当学会の意義は、混沌としている現在人類社会の行く手に大きな光を与えることにあると、深い感銘を覚えました。

門外漢の私にとりましても、設立趣意書に書かれていますように、そのような意義ある提案が秋篠宮殿下の深いお考えのもとに、地域から日本さらに地球全体へと発信されようとしていることは、我々日本人にとって大きな幸せであり歓びであります。

最後になりましたが、ご遠路ご臨席を賜りました秋篠宮殿下に深く御礼を申し上げますとともに、秋篠宮殿下ご一家のご健勝ご多幸と『生き物文化誌学会』のますますのご発展を心より祈念して、私の閉会の言葉とさせていただきます」

昼食は高森の田楽保存会で、囲炉裏を囲んで田楽をいただきました。殿下は廊下に立っている私を手招きして、「どうぞどうぞ」と同じ囲炉裏の殿下の前の席に招かれました。

「お年はいくつですか」

とお聞きになりました。緊張してお答えをすると、

「ああ、そう」

と楽しそうに微笑まれました。

その後、阿蘇の野草園、サントリーの天然水の森をご覧になり、市内の会合に出られ、翌日お昼の便で熊本空港からお帰りになりました。私どもは空港の特別室でお別れのご挨拶を申しあげました。

大会の開催されている間、このように身近で殿下に接することができ、私にとって身に余る光栄でした。熊本県総務部管財課課長の古澤哲男氏は、昭和天皇のときから、皇族がご来県の際には県知事の代理としてお世話をされてきたお方です。熊本県人の人柄は良い意味でも悪い意味でも〝もっこす〟と表現されていますが、古澤氏はまさにその言葉が当てはまるような生真面目で曲がったことの大嫌いで、それでいて人柄の良いお方でした。

県内を行動される皇室をお守りする、あるいはお手伝いをするというお仕事を長年やってこられたお方ですので、ご本人から、皇室ご来県の折の色々な隠れたエピソードや経験的なお話を聞かせていただきました。その手堅さに驚きと敬意を覚えざるを得ませんでした。

学会が無事終わった数日後、古澤氏から私にお電話がありました。

「明後日、急に秋篠宮殿下の宮邸に行かなければならなくなりました。一緒に行かれませんか」

というお話でした。大変光栄なことでもありますので、

「私がお邪魔してもよいのでしょうか」

とお聞きしますと、

「はい、大丈夫です」

との返事でした。

阿蘇のホテルで、すべてが終わり、遅く、浴衣姿で側近の教授方とお風呂に行かれる殿下に廊下ですれ違いました。殿下はにっこりされて軽く頭を下げられました。あのときの人懐っこい微笑みが忘れられません。あの殿下と再度、しかも赤坂の宮邸でお目にかかれると思うと胸が高鳴りました。

しかし、せっかくの古澤氏のお誘いでしたが、どうしてもはずせない外国人との先約があり、赤坂にお供することはできませんでした。光栄な機会を逸したことに悔いが残ります。

殿下は国立総合研究大学院大学から理学博士号も授与されており、見識学識仁徳ともに兼ね備えられた素晴らしい方であるとお見受けいたしました。その後、殿下には将来の天皇になられる悠仁親王がお生まれになりました。

世界の最高位にある日本の皇族を支えておられる殿下のおそばで過ごすことができたことに、日本人の一人として深い喜びと感謝の念を禁じざるを得ませんでした。

第五節　皇室と日本

先述しましたように、私は平成十七（二〇〇五）年五月に阿蘇で行なわれた生き物文化誌学会阿蘇大会で、三日間という長い時間を秋篠宮殿下のおそばに侍らせていただきました。そして、殿下の気品あふれるお姿に接して、私は改めて日本の皇室について考えざるを得ませんでした。

天皇陛下は、平成三十一（二〇一九）年四月三十日にご退位され、五月一日に徳仁皇太子殿下が皇位継承されました。新しい令和の始まりです。

私は改めて、上皇陛下が平成二（一九九〇）年十一月十二日に行なわれた即位の礼、正殿の儀をユーチューブで拝見いたしました。それは、平安の昔の趣きをそのまま蘇らせたような華麗で厳粛な儀式でした。天皇陛下は三種の神器とともに高御座に入られて、広く世界に即位を宣明されました。

世界でもっとも古い歴史と伝統のあるこの日本という国家で生まれ、生かされていることに、私は無上の喜びを覚えます。皇室の存在に誇りをもち、感謝の気持ちでこの節を綴ることにしたいと思います。

天皇の知らしめる日本国の始まりは高天原の神話の時代にさかのぼります。そのすべては、皇祖神天照大神が、高天原から日本国高千穂峰に降臨される皇孫瓊瓊杵尊《ににぎのみこと》に、三種の神器とともに授けられた「天壌無窮のご神勅」のなかに示されています。

そこに、このような言葉があります。

・天壌無窮の神勅

豊葦原の千五百秋（ちいほあき）の瑞穂の国は、是、吾が子孫（うみのこ）の王（きみ）たるべき地なり。宜しく爾（いまし）皇孫（すめみま）、就（ゆ）きて治（し）らせ。行矣（さきくませ）。宝祚（あまつひつぎ）の隆（さか）えまさむこと、當（まさ）に天壌（あめつち）と窮（きわま）り無かるべし。

・宝鏡奉斎の神勅

吾が児（みこ）、此の宝鏡を視（み）まさむこと、當（まさ）に吾（あれ）を視（み）るがごとくすべし。与（とも）に床（みゆか）を同くし殿（みあらか）を共（ひとつ）にして、斎鏡（いはひのかがみ）と為（な）すべし。

・斎庭（ゆにわ）の稲穂の神勅

吾が高天原に所御（きこしめ）す斎庭（ゆにわ）の穂（いなほ）を以（もち）て亦（また）吾が児（みこ）に御（まか）せまつるべし。

一つ目の神勅は、皇孫瓊瓊杵尊の子孫が日本国を治らせよ、と教えています。二つ目の神勅は、皇祖神天照大神のお姿を映した八咫鏡《やたのかがみ》を自分と思ってそばに置いて生きていきなさい、と教えています。

三つ目の神勅は、稲作をしていきなさい、と教えています。

高千穂峰に降臨された瓊瓊杵尊は大山祇神娘《おおやまつみのかみのむすめ》コノハナサクヤ媛を娶り、その三代目にカムヤマトイワレヒコ、つまり神武天皇がお生まれになります。日本書紀によれば、神武天皇は東征により、大和王権の初代天皇として紀元前六六〇年元旦に橿原の宮で即位されました。新暦に直すと二月十一日にあたり、紀元節、現在の建国記念の日になっています。

天壌無窮の神勅によって、天照大神の子孫がこの国を知らせたまうことが明言され、初代神武天皇以来、世界最古の王室国家として連綿と継続されてきて、今上陛下は第百二十六代の天皇に当たられます。

平成十八（二〇〇六）年九月六日には、秋篠宮妃殿下が悠仁親王殿下をご出産されました。男系により継承されてきた世界最古の天皇家の血統に、四十一年目にして待ちに待った男系皇族が誕生あそばされたのです。この悠仁親王殿下のご誕生のニュースは、日本国民にとってこの上なく大きな喜びでした。

宗教学者の山折哲雄氏によれば、天皇陛下の皇位継承には三つの儀式が執り行なわれます。第一の儀式は践祚《せんそ》の儀であり、先帝陛下の崩御とともに即時に三種の神器が新帝の手に承継されます。第二の儀式は新天皇の即位儀礼で、新天皇が三種の神器とともに高御座に登られ、即位を内外に宣明されます。最後の第三の儀式は、大嘗祭です。宮中では毎年新嘗祭が執り行なわれますが、天皇の代替わりの年に行なわれる新嘗祭が大嘗祭といわれ、稲の永世と天皇の霊位の永続を祈る最重要な儀式であるとのことです。

践祚の儀と即位の儀は、今の私たちはテレビで拝聴することができます。しかし、大嘗祭は見ることができません。皇室の最重要な秘事であるからです。大嘗祭の行なわれる大極殿に悠紀、主基の両殿が仮設され、その中に褥《しとね》と衾《ふすま》を含む寝所が用意され、そこで新帝によるみたまふり（鎮魂）の秘儀が行なわれます。つまり、神武天皇より歴代の天皇の肉体を次々と通過してきた天皇霊を次代の天皇の体に付着・継承させる儀式だといわれています。

歴代の天皇は、先代からの天皇の血をひいているが故に威力ある天皇となるのではなく、鎮《タマ》魂《シズメ》の儀礼によって天皇霊を自己の体につけ、それによって威力ある天皇となられるのであり、そのことを実現するのが大嘗祭であるといわれています。（参考1）

相曾誠治氏の説明によれば、大嘗祭の本義はさらに深いものになります。

私は相曾誠治氏のことを佐藤愛子氏の『私の遺言』の中で知りました。相曾誠治氏は〝人類の太陽神への回帰〟を提唱する原始神道の神髄を極めた大家といわれている人で、彼の著書『サニワと大祓詞の神髄』の中で次のように述べています。

「大嘗祭は、元来、オホニアヘマツリと読み、その目的は、『地球の平安』を祈る気宇壮大なものです。皇室の私的なものでもなければ、収穫の感謝祭という単純なものでもありません。全人類を念頭においた地球規模の大祭儀です。日本をはじめとする世界各国の安定と繁栄を祈り、地球規模の災害に対する鎮護祈願であるといわれています。

地球規模の災害というのは、次のような意味があるそうです。

地球の表面は約三分の一が陸地で、残りの三分の二が海です。表層の大陸や海底、つまり地殻の下は溶岩（マグマ）です。陸地はマグマの上に乗っているといいますが、浮いている状態です。大陸部は比較的比重の軽い花崗岩質が上部にあり、下部には比重の重い玄武岩質が重なった状態で陸地は安定を保っています。

ところが地球は自転、公転をしているので、内部のマグマも大変な勢いで回転（循環）しています。その結果、毎年若干ずつ大陸部は移動しています。それはマグマの熱源になっています。しかし、大陸部の移動が、あまり急激だと衝撃が走り、地殻は非常に不安定になります。

そうなっては困りますので、常にバランスが取れるよう、花崗岩質と玄武岩質との調和が保たれるよう願うのがオオニアエマツリです。花崗岩質をシアル層といい、玄武岩層をシマ層といいます。つまるところ、上層部のシアル層と下部層のシマ層とが安定するよう祈るのが日本の大嘗祭の本義です。

大嘗祭とは新しく即位された天皇が、『世界平和への祈り』『地球規模の災害に対する鎮護祈願』を行なわれる儀式であります。この祭儀継承の歴史的事実は、世界の諸賢を驚嘆させ、日本国家を世界唯一の聖なる国として称賛されています。

この大嘗祭儀礼は、だいたい七世紀の第四十代天武天皇・第四十一代持統天皇の頃に定まったと考えられているようです。このような皇位継承の儀式は他のいかなる国にもありません」（参考2）

大嘗祭を終えられた天皇陛下のお姿を、山村明義氏は著書『神道と日本人』の中で、次のように述べられています。多少長くなりますが、そのまま書き記します。

「ところで、神道人たちは、天皇陛下のこの『御光』を『御《み》（神）稜威《いつ》』と呼ぶ。

この『御（神）稜威』に近づく得難い経験をしたと語るのは、スサノオノミコト、大己貴命《おおなむちのみこと》、誉田別命《ほんだわけのみこと》を祭神に祀る栃木県の須賀神社の沼部春友宮司だ。国学院大学の元教授である沼部宮司は、平成二年秋に執り行なわれた今上陛下の即位式である『大嘗祭』において、装束の着付けを担う『衣紋者』のひとりとして、宮中に奉仕した経験を持っている（と、沼部宮司はいわれている）。

『平成二年十一月、大嘗祭の三日目の未明の出来事であった。〝悠紀殿の儀〟と〝主基殿の儀〟を終えられた天皇陛下が、突如として奉仕者たちの前へ厳かに姿を現わした。悠紀殿・主基殿の儀が終わり、御帳が上げられて、陛下がスーッとお出ましになられたときの御姿が、私は今でも脳裏から離れません。その尊い御姿は、昔、私が耳にした現御神《あきつみかみ》と〝大八嶋国知《おおやしまのくに》ろしめす天皇〟の御姿そのものであられたからです』」(参考3)

日本の歴史には、一万数千年(四万年ともいう学者もいます)もの間、戦争の足音もない神話のような平和な生活を営んでいた時代がありました。それは、大自然を畏敬し、自然とともに生きてきた縄文時代です。この時代を通して縄文人が大自然を神々と崇めた信仰は神道に受けつがれました。古事記と日本書紀に謳われている神々の物語は天皇家の祖先の物語ですが、同時にその神々は現在でも私たちの生活に活きておられる神々でもあります。

この日本で、神話の時代から世界最古の統一国家の長として、その後は連綿と続いてきた祭司としての皇室は、権力の継承者としてではなく、国を知らしめる権威の継承者として長く崇められてきました。

天皇の祈りは、宇宙の神々に向けて万物の平和共存を祈るものであり、すべてを包みこんでいくおおらかなものです。国民を大御宝《おおみたから》として、常に民の幸せと国家の安寧を祈られてきた天皇の存在の意義は、千年の都、京都の御所の塀を見ればわかります。超えようと思えば誰でも簡単に超えられる低さです。天皇の住居は、崇拝と信頼のもとで高い城壁は必要ではなかったのです。

これを易姓革命の国家の首都、北京の紫禁城と比べてみれば一目瞭然です。ユーラシア大陸の東の大きな地域に存在してきた中国においてくり返されてきた易姓革命による王朝交代は、他民族との王城の地の争奪戦でした。統治権を争奪した民族は、それまでの主権民族の上層部や住民を数千万人単位で殺戮しました。毛沢東も同じことをくり返しました。

中国の皇帝に限らず世界の王族は、古来、民を制圧の対象として見てきた故に、民からの攻撃から自分を守るために城壁を造る必要があったといえるでしょう。そんな過酷な歴史を生きてきた民族とは異なる歴史を歩んできたことが、御所の塀にも現われているのです。

ところが第二次世界大戦に敗れた日本は、勝者の連合国、その施政者であるGHQの占領政策により、まさにその国体が変えられようとしました。先に引用した江藤淳の『閉された言語空間』にありますように、二千年来持ち続けてきた日本の精神が、歴史上初めて徹底的に断絶され、ほとんど捨て去られようとしたのです。

その影響は、サンフランシスコ平和条約が締結され、日本が再び独立国家として歩みだしても、依然として残存し続け、いまだ抜け出ていません。しかし、幸いにして、天皇陛下の大きな慈愛の傘のもとに、日本人の素晴らしい国民性、別の言葉でいえば、心の中の霊性は壊されずに、逆に高められてきたように思えます。現在の世界各国の状況、特に戦勝国である米英仏中ソの現状を見るとき、そのことを感じない日本人は極めて少ないでしょう。

さらに、平成二十三（二〇一一）年三月の東日本大震災で日本人は改めて多くのことを学びました。なかでも、西洋哲学に流れる人間中心主義、つまり人間は自然と戦い、自然を征服していくことにより幸せを得るという思想は間違っていることを知りました。自然との共存こそ日本人として本来の生き方であることを再認識したのです。

日本は、大陸から離れた島国であり、四海により他民族による侵略からほぼ守られてきたことは幸せでした。長く平和が続いた縄文時代の後、弥生時代に入り外から渡来してくる人々は侵略者ではなく、知識人や技術者や宗教家でした。文字や仏教や儒教が入ってきても排斥もされず、天皇の加護のもと、平和裏に受け入れられ、土着化していきました。その結果、世界の七大文明の一つとして、しかも一国だけで打ち建てられた一つの文明圏として成立したのが、日本文明なのです。

世界の歴史を見渡すと、十五世紀に始まる五百年は、白人欧米列強によるアジア・アメリカ・アフリカの植民地化の時代といえるでしょう。ところが日本だけは、信長・秀吉・家康の三代にかけて、施政者は替わっても植民地されることはありませんでした。それは、西洋のキリスト教布教という名目の裏に、奴隷貿易という非人間的な政略があることを見抜いて鎖国を続けたからです。

植民地化政策を押し付けてきた白人の欧米列強に対し、日本だけが自国を守るという愛国心、民族自立の意思と叡知を結集して彼らの餌食にならなかったのは、そのような長い歴史の中で涵養されてきた民族の思想、気概、一言でいえば澄みきった国家の霊性が備わっていたからでしょう。

それだけではありません。五百年にわたる白人支配の植民地世界を覆して、日本は、ほとんどの国が独立する礎をつくりだしました。これは、人類史上で日本だけがなし得た歴史的功績です。それは、人類の霊性の向上という観点に立てば、世界史上に永遠に輝き続けることでしょう。

しかし、敗戦の憂き目に遭った日本は、世界史上で自らなした大きな貢献を評価し得ず、戦勝国のＷＧＩＰ（War Guilt Information Program）などの戦後教育により、いまだに自虐的な思想が残って、真の独立国家としての権威を試されている段階といえましょう。負け戦はしてはならないことが痛感させられます。

世界に誇る生きた神話を持ち続ける民族として、戦後変質させられた日本人の精神構造を建て直す時が来ています。ところが、敗戦後七十年を過ぎた今でも、古事記、日本書紀の内容は小学生や中学生に教えられていません。今や世界で最高レベルの平和国家として存在しつつある日本の子どもたちに、民族のふるさとである神話を教える時期に来ています。特に、古事記、日本書紀を述べられている天照大神の神勅と天皇陛下の祭司としてのお仕事の内容を教えるべきです。

私も最近、幼児や小学生の子供たちの立ち居振る舞いをじっと見つめることが多くなって来ました。なんと純真で、可愛い子どもたちなのでしょうか。このような子どもたちを真っ直ぐに育てるのも、いじめによる自殺児童を生むのも、反社会的な人間に育てるのも、すべては教育次第です。教育界も社会も父兄も、日本国の根源に遡って考えるべき時に来ていると思います。

上皇上皇后両陛下は、慰問と慰霊の旅を重ねてこられました。平成二十七（二〇一五）年四月十日、両陛下は二日間の旅程でパラオ・ペリリュー島をご訪問され、西太平洋戦没者の碑で、パラオ、マーシャル諸島、ミクロネシア連邦各国大統領とともに慰霊されました。さらに、米陸軍第八十一歩兵師団慰霊碑でも供花、日米双方の戦争犠牲者を慰霊されました。

そのご旅行の様子は「両陛下の隔てなく続く慰霊の旅」として、日本のすべてのマスメディアにより広く報道されました。

上皇陛下は、皇太子時代の記者会見（一九八一年）で、記憶しなければならないこととして終戦記念日、広島の原爆、長崎の原爆、沖縄戦終結の日を挙げられました。そして犠牲者追悼の慰霊の旅を始められました。

平成六（一九九四）年二月十二日、硫黄島訪問。同年五月オーストラリア・カウラー市の日本脱走兵の墓を慰霊、同時に豪州人も追悼。平成七（一九九五）年七月二十六日、長崎訪問、同月二十七日、広島訪問、同年八月二日、沖縄訪問、同年八月三日、東京都慰霊堂訪問。平成十五（二〇〇三）年十一月、パラオ、マーシャル諸島、ミクロネシア連邦各国訪問を旅行条件悪く中止。平成十七（二〇〇五）年六月二十七、二十八日、サイパン訪問。平成二十六（二〇一四）年六月二十六、二十七日、沖縄を訪問し、那覇市の七百六十七名の児童を含む千四百八十四名の対馬丸犠牲者の慰霊碑で慰霊。同年十月十一日、長崎訪問。同年十二月四日、広島訪問。そして平成二十七（二〇一五）年四月八、九日、パラオのペリリュー島訪問されました。

これらの地区での日本人の戦没者数は、パラオ（一万六千二百人）を含む中部太平洋で、二十四万七千人）、硫黄島（二万千九百人）、沖縄（十八万六千人）、東京大空襲（十万人以上）、広島原爆（約十四万人）、長崎原爆（約七万四千人）などといわれています。

阪神淡路大震災、東日本大震災、熊本大地震をはじめ多くの自然災害の地に対しても現場に足を運ばれて、多くの被害者や遺族とも目線を合わせて励まされています。

両陛下の戦没者や遺族に対する深い思いは次のような御歌でも深く伝わってきます。私は、生死のぎりぎりの時限をこれほどするどく、きびしく詠まれた歌は知りません。

［硫黄島で］

栗林忠道中将の辞世

国のため　重きつとめを　果たし得で　矢弾尽き果て　散るぞ悲しき

天皇陛下の返歌

精根を　込め戦ひし　人未だ　地下に眠りて　島は悲しき

市丸利之助少将の辞世

スコオルは　命の水ぞ　雲を待つ　島の心を　余人は知らじ

皇后陛下の返歌

慰霊地は　今安らかに　水をたたふ　如何ばかり君ら　水を欲りけむ

［サイパン島で］

天皇陛下の御製

あまたなる　命の失せし　崖の下海深くして　青く澄みたり

皇后陛下の御歌

いまはとて　島果ての崖踏みけりし　をみなの足裏（あうら）　思えばかなし

熊本県選出の衆議院議員である木原稔氏が、防衛大臣政務官として硫黄島に行かれたときのことを私たちに話されたことがあります。平成二十六（二〇一四）年の初めです。現在でも自衛隊の基地があるだけですが、その隊長から聞かれた話です。

「玉砕後、米軍が造った滑走路を今でも使用しているそうですが、滑走路の下には多くの遺骨が眠っているそうです。隊長は霊感の鋭い人だそうで、返還後ずっと玉砕した多くの戦士の亡霊を見てきました。隊列を組んで歩く軍隊の姿や、玉砕時の戦いの姿です。それが、あるとき突然ピタッと見えなくなったそうです。平成六年二月十二日、天皇皇后両陛下が訪問され、島の各地をまわり慰霊された日からです。陛下とはそのようなお方なのです」

このお話ほど、日本の霊性、天皇の霊性について考えさせられたことはありません。

日本国民は、欧米列強のアジア・アフリカ植民地化政策から日本を守ろうとして幕末、明治、大正、昭和と必死で頑張ってきましたが、軍部の独走を許し、満州事変に突入していき、アジアの人々にも迷惑をかけ、敗戦にいたりました。

平和を愛する昭和天皇は、情報が天皇に達せず、天皇の意思を無視して統帥権を楯にとり独走する軍部の存在を、立憲君主制のなかで如何に悲しく思っておられたことでしょう。上皇陛下は、「そのようなお父上の昭和天皇にとって、誠に不本意な歴史であったのではないかと察しております」と言われています。

日本人の霊的一体性をつくりあげ、維持することを務められる昭和天皇は、昭和六十三年全国戦没者追悼式に臨まれて、
「やすらけき　世を祈りしも　いまだならず　くやしくもあるか　きざしみゆれど」
と世界平和を希求する激烈なお心をお詠みになっておられます。昭和天皇の想いが私たちの胸に重く伝わってまいります。

第二次世界大戦が終わって七十年を越えた今も、両陛下は、御父上のお心を継いで、大戦で亡くなられた人々への鎮魂の旅を続けられてきました。世界を見わたして、このように国家の長が慰霊の旅を続けられているという国はありません。人間として、陛下の誠実なお気持ちに対し、深い尊敬と信頼の念を禁じえません。改めて天皇陛下は、宗教の枠をこえて、日本と世界の平和を祈る祭司であると思わざるを得ません。

天皇の神道の祭司としての年中行事の内容は、たとえば、中澤伸弘氏の宮中祭祀の書物や、宮内庁元内掌典を五十七年間勤め上げられた高谷朝子さんの書物に詳しく紹介されています（参考4、5）。そこには、祈りの儀式の回数が驚くほど多いこと、一つ一つの祈りの重みがしみじみと感じられること、そして何より、高天原から継承されている天皇の日夜の祈りにより私たち日本国民は守られてきていることが述べられています。改めて心から感謝せざるを得ません。

平成二十八（二〇一六）年八月八日にテレビで放送された天皇陛下のお言葉は、私たちに色々なことを考える機会を与えていただきました。

天皇の務めとして、何よりもまず、「国民の安寧と幸せを祈ることを大切に考えてきました」と言われています。それが「長い天皇の歴史」であり、そのような象徴天皇の務めを「常に途切れることなく、安定的に続けていく」ことの大切さを説かれています。

天皇陛下があるべき姿と思われている国民統合の象徴は、日本人の霊性を具象化したものであります。具体的には、日本国中、場合によっては世界に巡幸し、国民一人一人に替わって宇宙神に祈り、全国民の霊性の向上（ひいては世界人類の霊性の向上をも）を行動で示されています。

「天皇の祈りがひと時たりとも途絶えてはならない。体力が伴われなければ退位し、次の天皇にバトンタッチする。国家や祈りの霊的主体に隙間があってはならない」と考えておられます。残念ながら、一部の人々は「天皇は只存在するだけで良い」と言っておりますが、それは、天皇の「国事や祈り」をまったく理解しないで、形骸化しようとしているだけであると思います。

お言葉を幾度となく拝するとき、二千年の間この国を知らされてきた天皇家としての強いお心を、感謝とともに深く思わざるを得ません。

「はじめにも述べましたように、憲法の下、天皇は国政に関する権能を有しません。そうしたなかで、このたび我が国の長い天皇の歴史を改めて振り返りつつ、これからも皇室がどのようなときにも国民と共にあり、相たずさえてこの国の未来を築いていけるよう、そして象徴天皇の務めが常に途切れることなく、安定的に続いていくことをひとえに念じ、ここに私の気持ちをお話しいたしました。国民の理解を得られることを、切に願っています」

と、最後に述べられている言葉に、天皇陛下の凛としたお覚悟を承ったのは私だけではないと思います。

一五〇〇年代の中頃、宣教師ザビエルたちが日本に上陸したとき、当時の日本人が持っていた素晴らしい価値観、知的能力や生活規範に驚愕したといいます。平成二十三年三月の東日本大震災で被災地域の人々がとった態度、行動は、その資質が現在の日本人一人一人にも、霊性の高さとしてそのまま引き継がれていることを証明しました。

一九三〇年代、失意を抱いて日本にやってきたブルーノ・タウトが、著書『ニッポン』で、「日本が世界に贈った総てのものの源泉、日本のまったく独自な文化の鍵、全世界の讃歌措く能わざる、完全な形式を備えた日本の根源、外宮、内宮、荒祭宮の諸宮を有する伊勢こそこれらの一切である」

と述べているように、古式にのっとり千三百年も続けられてきた伊勢神宮の二十年ごとの式年遷宮の儀式は、神道の大祭司としての天皇を中心とした国家の永遠性、高貴性、究極性を物語っています。

何百という日本古来の建築構造物、宝物などが、千数百年以前の古来の技術でもって寸分たがわずに再現されています。神道の祈りが厳然として継承されてきています。そのような伊勢神宮の多くの祭儀は、天照大神のご神勅にもとづく日本国体の精神が具体化された姿であり、古くて新しい神国日本の霊性の永遠性を示しているものと思います。

現在の日本を思うとき、多くの人も引用していることですが、私もアインシュタインの言葉を改めて深くかみしめ、自己を高めていかなければならないと思います。


「近代日本の発展ほど世界を驚かせたものはない。

一系の天皇を戴いていることが、今日の日本をあらしめたのである。

私は、このような尊い国が世界に一カ所ぐらいなくてはならないと考えてきた。

世界の未来は進むだけ進み、その間、幾度か争いはくり返されて、最後の戦いに疲れるときが来る。

そのとき人類は、まことの平和を求めて、世界的な盟主をあげなければならない。

この世界の盟主なるものは、武力や金力ではなく、あらゆる国の歴史を抜きこえた、もっとも古くて、また尊い家柄でなくてはならない。

世界の文化はアジアに始まって、アジアに帰る。
それには、アジアの高峰、日本に立ちもどらなければならない。
我々は神に感謝する。我々に日本という尊い国をつくっておいてくれたことを」

私は、あることから朝夕神前と仏前に手を合わせています。それは、後に述べます空海から見せていただいた瑞祥の時点からですが、心から人類の平和、日本の安寧、皇室の安泰を祈っております。そして、神前では毎朝、感謝をこめて大祝詞をあげます。大祝詞の中の「天津祝詞の太祝詞事を宣れ」の次に、現在では欠落している「ひふみ祝詞」をあげます。

これは、後で述べますように、熊本・山都町（旧蘇陽町）の幣立神宮で祀られている、時代がわからないほど古いご神体の鑑石に古代の阿比留草文字《あひるくさもじ》で書かれている祝詞でもあります。以前は、多くの神社であげていたらしいのですが、現在では奈良・大和の石上神宮《いそのかみ》、愛媛大三島の大山祇《おおやまづみ》神社など限られた神社でのみ唱えられているといわれる祝詞です。それは、

「ヒフミヨイムナヤコトモチロラネシキルユヰツワヌソヲタハクメカウオエニサリヘテノマスアセヱホレケン」

というものです。「いろはにほへと」とは違う四十八文字の古語の祝詞なのですが、現在では意味不明で、統一解釈はなく、それぞれの立場で神職が自由に解釈をされているようです。

日本各地で数千年前の古代文字が刻まれた石刻（ペトログラフ）を数千個も発見されている

吉田信啓氏の『神字日文解』（参考6）には、氏の解釈が出ております。吉田氏によれば、平成六年一月十二日、ワープロに向かっていたときに、突然啓示のように、左記のような解釈が浮かんだといいます。

原文（吉田氏解釈）

ひふみよいむなやこともちろ　一二三四五六七八九十百千万
らねしきるゆゐ　蘭　敷き　褸結い
つわぬそをたはくめ　強ぬ　襲を　多　育め
かうおえにさり　交う悪　方に去り
へてのますあせ　辺天の　枡　畦
ゑほれけ　ゑ　掘れ　け

一二三四五六七八九十百千万と糸の原料となる真麻蘭（まおらん）を採取し、
それから取った、褸（ル＝細い糸）を紡ぎ衣料を整え、
強（つわぬ）い兵士（または衣）を多く育成せよ。
そうすれば、交戦してくる悪い部族の敵は彼等の方向に退散する。
神様がくださった枡畦（ますあせ）を心してしっかり耕作せよということじゃ。

漢字が入ってくる以前からの神代文字で表わされたこの古いひふみ祝詞は、吉田氏の解釈を私流に読めば、今の混沌とする日本を救う方向を表わしているように思います。その意味は簡潔にいえば、

「食料は自分で土地を耕して作り、自給力を高めなさい。この素晴らしい国の平和を脅かそうとする他国の侵略者が襲ってくれば、負けないだけの防衛力を持ち、自力で追い払いなさい」というものです。日本民族の精神と誇りと自主独立と繁栄をもたらす基本が、このひふみ祝詞に説かれているような気がします。敗戦により固有の精神を歪められた日本を、世界一の誇りある道義国家に変革するために、このひふみ祝詞は多くの示唆を与えてくれていると思います。

この節の終わりに、天皇陛下の権威を示す史実を紹介しておきたいと思います。

北京の天安門事件で国際的に大きな批判を受けた中国に対し、日本をはじめ西欧諸国は、政治的にも経済的にも厳しい対中制裁を行なったことで、中国は孤立無援に陥りました。そのなかで、中国は突破口として日本に働きかけ、平成四（一九九二）年十月、天皇皇后両陛下の訪中が実現いたしました。これをきっかけとして、西欧諸国の中国への経済封鎖は解かれました。

当時の銭其琛外相は、回顧録の中で、

「天皇訪中は中日二千年の交流史の中で初めてであり、中日関係を新たな水準に引き上げた。同時に天皇がこの時期に訪中したことは、（天安門事件による）西側の対中制裁を打破する上で積

極的な役割を発揮し、その意義は両国関係の範囲を超えたものであった」と述べています。

［参考1］『天皇の宮中祭祀と日本人』（山折哲雄　日本文芸社）
［参考2］『言霊と太陽信仰の神髄』（相曾誠治　山雅房）
［参考3］『神道と日本人』（山村明義　新潮社）
［参考4］『宮中祭祀―連綿とつづく天皇の祈り』（中澤伸弘　展転社）
［参考5］『宮中賢所物語』（高谷朝子　ビジネス社）
［参考6］『神字日文解』（吉田信啓　中央アート出版社）

第六節　ある気功師との出会い

鹿角霊芝の嶋村社長とサントリー研究所の田中隆治氏を訪ねた帰りの阪急電車の中で、嶋村氏が私に問いかけました。

「小坂さん、気功のすごさを知っていますか」

「聞いてはいますが、実際に見たことはありません」

「友人に藤谷さんという気功師がいます。気功でさまざまな病人を助けていますよ」

「その人の気功を見ることはできるのですか」

「私の事務所を毎月一日解放して、藤谷さんに使ってもらっています。たくさんの人たちが藤谷さんの気功を受けに来ていますよ。なかなか面白いですよ。興味があれば来てください」

藤谷氏の気功が行なわれる日、私は嶋村氏の事務所を訪ねました。木造平屋の事務所の二部屋は人でいっぱいでした。ひとりで来ている人、子ども連れの母親、老人を連れて来ている娘さんなど、さまざまな人たちでした。

奥の部屋は倉庫につながる小部屋ですが、そこで藤谷氏は相手を椅子に座らせ、自分はその背後に立ってしきりに両手を動かしていました。つやつやとして血色の良い面貌と引き締まった身体で、背筋をぴんと伸ばし、お尻を後ろに引くようにまっすぐに立って気功を施していました。

一人十五分から二十分ぐらいで終わるたびに、水道水をひとくち口に含ませていました。その日は、午後二時頃から休む暇なく立ちっぱなしで、最後の人の気功を終えたのは午後八時でした。数時間も立ったままで三十人近くの希望者にニコニコしながら気功を施している姿にまず驚きました。

待っている人々と話をしてみますと、各人が色々な病気を抱えているようでした。気功を受けた後、嬉しそうにお礼を述べて帰っていく一人一人に、藤谷氏はやさしく明るい声をかけて励ましていました。嶋村氏に、いつもこのように盛況なのですかと聞きますと、毎月このような状況で、しかも月を追って人数が増えているのだといわれていました。

その夜、嶋村社長、嶋村会長、藤谷氏と私は近所の居酒屋で夕食をとりました。数時間も立ちづめで休憩もなく気功を施された後でも、藤谷氏の食事は簡単な野菜と魚の料理、それに一合程度のお酒だけでした。初めてお会いした私に、藤谷氏は気さくに話してくれました。

「私は自分の気功を『引き受け気功』と言っています。相手の悪い気を自分の中にどんどん吸い込むので『引き受ける』と言っています。引き受けた相手の悪い気は、私の身体で良い気に変わります。相手の悪い気は消えますから、自然と良くなっていくのです」

このような気功があるのかと私はとても驚きました。人の気を受ける、ましてや病気やネガティブな想いを引き受ければ相当なダメージを受けるだろうと素人の私にも想像できます。しかも三十人近くとなれば、その疲労度はいかなるものかと思い、聞いてみました。

「あのように長時間立ち続けたままで何十人も相手をされて、お疲れにならないのですか」

するとと嶋村氏が横から説明してくれました。

「一般にいわれる気功師は、気功師自身が自分の気を相手に出すので、何人もの人に長時間にわたって気功を施すことはできません。自分の気を外に出せば疲弊してしまって続けられなくなるのです。藤谷さんの気功は、まったく違うのです。自分から気を出すのではなくて、相手の悪い気を引き受けるのです」

私はよくわからなくなり、混乱気味の頭で質問しました。

「相手の悪い気を引き受けると、自分が悪くなるのではないのですか」

「いやいや、それが違うのです。相手の悪い気をいったん引き受けて、その悪い気を藤谷さんの全身で光に変えてしまうのだそうです」

「悪い気を良い気に変えるなんて、まるで仙人のようですね。今夜の食事を見てもあまり召し上がらないようですね。まるで大気中のエネルギーでも食べて生きておられるような感じですね」

それからしばらくの間は、毎月一度の藤谷氏の気功を見学し、夕食をしながらお話を聞きま

した。見学するたびに、色々と面白い場面に遭遇しました。たとえば藤谷氏が相手の身体をじっと見つめて、

「私は気功師ですから、ここの第三の目でよく見えるのです」

と自分の額を指差しながら、

「ここにがんの気が見えます。この悪い気を取りましょうね。放っておくと大きくなっていきます。私は医者ではありませんから、がんがあるとか、治すとかは言えません」

と引き受け気功を施します。それから、

「はい、あとには、この部分にあったがんの気が抜けて形骸だけが残っています。わかりやすく言いますと、ガンモドキですね」

と、話されていました。

中学生と思われる青白い少年が母親と参加しておりました。少年はときどき癲癇を起こすとのことでした。藤谷氏はしばらくじっと少年を眺めていましたが、私に「あぁ、重い病気です」とため息をつかれました。そして、少年を座らせ背後に立って、頭部を触っていました。

「この場所に癲癇霊がいます。それがときどき悪さをします。どこかで憑依《ひょうい》してきたのでしょう」

どうやら少年の頭骸骨の下に癲癇霊が潜んでいるようなのです。藤谷氏は、しばらく連続的

に息を吸い込むようなしぐさを続けていましたが、

「癲癇霊はもうおりません。お母さん、安心してください」

と言われたのです。その間、五分間ぐらいだったでしょう。私はそのときの藤谷氏の和やかな表情を眺めて、霊的治療を行なう生き菩薩のような存在だと感じました。そして、そのとき、藤谷氏の引き受けの気の世界は霊的なものであると思わざるを得ませんでした。


あるとき、若い夫婦が気功を受けていました。奥さんが乳がんを患っているとのことでした。

「さあ、奥さんの乳がんの気を取りましたよ。旦那さん、奥さんが良くなっているか、体重チェックをしてみましょう。引き受け気功を受ける前と受けた後の奥さんの重さを比べてみます」

と言って、彼女の夫を奥さんの椅子のそばに立たせました。

二人で奥さんを抱え上げようとしますが、重たくてまったく上がりません。次に、

「引き受け気功を受けて、がんの気を抜きました。今の状態はどうですか」

と言って持ち上げると、奥さんの身体は軽々と持ち上がりました。

私は不思議に思い、次の人の体重チェックで持ち上げる手伝いをしてみました。悪い場合は重たくて持ち上げることはできませんが、気功を施された後では力を入れないのに簡単に持ち上がるのです。

「これはオーリング法と同じ原理ですか」

「その通りです。この方法は、どんなことでも使えますよ」

と言って、自分で行なえるオーリング法も同時に参加者に教えていました。

　こんなこともありました。

「気功師の私には、良い気も出せるし、悪い気も出せます」

と言って、若い女性を前に立たせました。彼女は脊髄が右に湾曲している悩みで来ているようでした。藤谷氏は私に彼女の背骨を触れさせました。脊髄は右の方に側湾しているのがわかりました。

「小坂さん、脊髄は真っ直ぐですと言って触ってください」

と言われたので、その通りにやってみると、背骨が一瞬にして真っ直ぐになっているのがわかりました。

「真っ直ぐになったでしょう。今度は私がまた元の状態に戻しますよ」

と言って脊髄に触れますと、また曲がってしまいました。もちろん、すぐに真っ直ぐに戻されましたが、

「私が悪い気を出せるというのはこのようなことです。悪い気を出せるということは、神仏から与えられた自分へのきびしい戒めなのです。みんなのための良い気しか出してはならないのです。

　もし私が間違って悪い方向に気を使ったとしたら、それは私の生命の終わりを意味していま

す。名声に溺れて傲慢不遜になったり、不当な料金をとって金儲けを図ったりしたら、気を悪用したことになり、私は直ちに地獄に落とされてしまいます。それは、私が願を懸け、神仏に誓っているからです」

「私が一家に一人、気功師を、というスローガンを掲げているのは、お金をかけずに一人でも多く良い気を出せる人を増やして、家庭に幸せを拡げたいためです」

という藤谷氏の言葉が、何の抵抗もなく私の心に入ってきました。

気功の会が終わって夜遅く夕食をしている最中に、藤谷氏が自分の腹部のあたりで、両手の平を腹に向けて、しきりに上下にこすっていました。

「何をされているのですか」

と聞きますと、嶋村氏から答えが返ってきました。

「遠隔気功をされているのです。全国のあちこちから依頼が来るのですが、とても行けないので、ここから気を送っておられるのです」

見ていますと、お酒を飲んでいるときでも時間を見つけては黙って遠隔気功をされているようでした。これには本当に驚きました。藤谷氏から無限の愛が放出されているように見えたのです。この姿は尋常ではない、仏の慈悲に通じるものを感じ、頭が下がる思いでした。

私は藤谷氏にお願いして、東京や高知の私の友人のところにも行っていただきました。そのなかの一人、八王子の森本雅悠氏に起きたことです。森本氏はムコ多糖製品の開発者ですが、自分の講演会で、壇上からパソコンを持って降りるときに足を滑らせました。打ちどころが悪く入院し、高次脳機能障害と診断されました。

幹部社員の松下氏の話では、昔のことは記憶にあるものの現在のことがわからない、それに夜中には痛みを大声で訴えるので他の入院患者に迷惑をかけ、奥様が悩んでいるとのことでした。さっそく藤谷気功師のことを話すと、森本夫人から電話があり、「ぜひお願いします」と泣いて訴えられました。

藤谷氏は八王子まで行き、森本氏に二日間気功を施しました。気功を受けている間、森本氏は「気持ちが良い」とずっと言われていたそうです。藤谷氏はその後も二、三度行かれたようですが、一番辛かった数年間の痛みがとれ、夜中よく眠れるようになられたようです。また、松下氏のお母さんも歩くのに不自由な状態だったのですが、初回の気功で元気に歩けるようになり、今では藤谷氏の熱烈なファンになっているようです。

実は、八王子には作家の池田弘志氏が同行していました。自らも気功をすると言われる方で、あまたの気功師の研究をされていたようです。

「仕事上、私は多くの気功師を知っていますが、藤谷さんに勝る人格者はおりません。彼は人を助けるという使命を真心で実行している本物の気功師ですよ」

と私に言われました。池田氏は、平成十四（二〇〇二）年に『遠隔気功の驚異』、平成十六（二〇〇四）年に『驚異の引き受け気功』を出版し、藤谷氏を紹介しています。その中で、「気功師は気功という一つの技術家であると同時に、功徳《こうとく》という気品を自然に身につけなければならない」と力説されています。

ある日、居酒屋で藤谷氏、嶋村氏兄弟と私の四人で酒を交わしながら、こんな話をしました。

「藤谷さんは、ジュセリーノともお親しいとお聞きしましたが」

「とっても親しいです。彼は日本に来ることを大変楽しみにしています。来日したときには、いつも一緒に楽しい時間を過ごしています。一緒に講演をしたこともあります」

「何故ジュセリーノは熱心に日本に来るのですか」

「それは当然ですよ。目には見えないのですが、日本の大自然には古来、神々が満ちているのです。日本は神々の満ちる世界のへそであり、中心であり、聖地なのです。ジュセリーノは、それをよく知っています。同時に、彼の偉大さを一番理解しているのも日本人なのです」

「ジュセリーノの予言は、よく外れるようだと聞いていますが」

「そうですね。しかし、ジュセリーノが起こる事柄を予言し、それを外すのが私たちの役目と思っています。彼が地震や自然災害を予言する。それを私たちが外す。私たちは彼の予言が外れて二人で喜んでいるのです。人々は助かる。祈りで我々が守られていることを私たちはよく知っております。できるだけ多くの人々の命を自然災害や不幸な戦争から守ろうという真剣な祈りをしているのは、彼も私も同じなのです」

私がジュセリーノのことを知ったのは、平成十九（二〇〇七）年五月初めのこと、東京のある会社の事務所で雑誌『ムー』の六月号を見せられたときでした。そこには、ジュセリーノが、一九九五年一月の阪神淡路大震災、一九九五年三月の東京地下鉄サリン事件、二〇〇一年九月十一日のＷＴＣテロ、二〇〇四年十二月のスマトラ沖大地震などを予言し、的中させたことが書かれていました。さらに、近未来の予言として、中国四川省大地震やゴア元米国副大統領のノーベル賞受賞の予言についても書かれていました。ゴア副大統領のノーベル賞受賞は、その年の秋に発表されました。

私は藤谷氏に引き受け気功の原点を聞いたことがあります。このとき、藤谷氏は、自分の過去を話してくれました。

「三十歳で仕事に失敗し、すべてを失いました。借金地獄で精神状態がパニックに陥り、自殺をして生命保険で借金返済をしようと決意し、地元の長崎県鳥加郷の山に登りました。自殺しかけた瞬間、突然目の前の山が動き、後頭部で『逃げるな、試練だ、すべてを引き受けなさい、道は開ける』とはっきりとした天の声が頭の中に響いたのです。そのとき、『あぁそうだ、今死んだところで誰が喜ぶものか、これからは死ぬ気ですべてを引き受けよう。この命はいただいた命。すべてを世界に貢献して死のう』と誓ったのです。

そして、気功師としての人生を始めたのです。三十六歳で独立。運命の出会いがあり、以後二十三年間、引き受け気功の完成を目指してきました。今ようやく完成に近づきつつあります」

その後、久しぶりに講習会に参加して気功を受けましたが、藤谷氏の謙虚で真心から指導される姿は昔のままでした。引き受け気功の技術は一段と簡単になり、しかも藤谷氏の引き受け気功に対する思いは一層深まり、一段と高い次元に到達しているように思えました。引き受ける対象が個人や家族レベルから一段と広がり、地震や台風などの自然災害、環境汚染、放射能汚染、国際紛争など、地球規模のレベルにまで高められてきているようでした。

「左手で人類、世界、地球の不調和の闇を引き受けて、右手より人類、世界、地球に光を出し続けるという引き受け気功の奥義に近づきつつあります。それは宇宙即我・我即宇宙、個即全・全即個という境地です。

ひとりの人間の苦しみとは何なのか。たとえばある人の胃がんを引き受けるとき、同時に胃がんで苦しんでいる社会の、日本の、世界の人々の悩みを左手を通して左半身で引き受けます。引き受けたその苦しみは右半身で光に変えて、右手を通して、その人、社会、日本、世界の人々に送り届ける、という新しい境地に立つことができたのです。

自分の祈りが世界に波及しているのを感じます。この祈りはやがて日本を変え、世界を変えていくと確信しています」

と言われました。

日本は近年、天災・人災による被害を強く受けていますが、彼の真摯な言動に接していますと、ひょっとすると彼が全国で展開している引き受け気功のお陰で、私たちは気づかぬうちに、被害の減少という恩恵を受けているのかもしれない、という思いが湧いてきました。

講習会の料金は以前と同じでしたし、お酒を飲めば以前と変わらず、庶民的な話と笑いで満ちていました。最近では、一年で七百回もの講習会を、北海道から沖縄まで休む日もなく開いているようです。藤谷氏の主催する一般社団法人ワンダーライフのホームページには、その日程が出ています。ほとんど休日のない全国行脚の日程を公示して、その通り行動するということは、我々のような普通人にはとてもできないことです。


サントリーの田中隆治氏を訪問した帰りに、嶋村氏から偶然教えられた藤谷康允氏の存在ですが、彼の気功を通して、私には目に見えない気やエネルギーが、意識によって他に何らかの作用をするということを学ぶことができました。そして藤谷氏との出会いと交流が、その後の私の人生観を大きく変えていく体験につながっていくのです。

第七節　ビジネスの世界とは次元の異なる世界

平成十五（二〇〇三）年九月、川本太郎氏と吉村美智子さんからの誘いで、名古屋のアルファー株式会社主催の会合に出席しました。川本氏と吉村さんとの出会いも不思議なことから始まりました。

私が奈良のある洗剤業者の顧問をし、ドイツの会社との提携をまとめたことがあります。平成九（一九九七）年の九月、その会社の安永専務と松井福岡営業所長が熊本に一泊するというので、水前寺の徳兵衛という料理屋で一席もちました。安永氏らは南阿蘇の各地にある村営温泉施設に洗剤を納入していて、その日も阿蘇一帯をまわった後、徳兵衛で落ち合ったのです。食事が始まりしばらくして、二人は、

「小坂さんを紹介してほしいと前から言われている人がいるのですが、この席に呼んでも良いですか」

と聞かれるので、私は

「安永専務のお知り合いの方なら、どうぞ」

と答えました。

「鹿児島での異業種交流会で知り合ったのですが、熊本市内に事務所を持ち、幅広く仕事をされている社長さんです。小坂さんのことを話したら、以前から名前だけは知っていて、ぜひ紹介してくださいと頼まれていたのです」

ということでした。しばらくして、社員を連れた吉村美智子さんが来られました。

吉村さんは小柄ですが、明朗で才色兼備の女性事業家というタイプで、私の自宅の近所に事務所を持っていました。

「コンサルタントをされているということをご近所の人から聞いていました。一度お目にかかりたく思っておりました。私も仕事の関係で多くの方々とお付き合いがありますが、手に負えない相談を受けることがあります。そのようなときに相談に乗っていただければ、ありがたいのですが」

と挨拶をされました。また、

「主人は堅物で、私や娘が仕事をすることにはあまりよい顔をいたしません」

とも言われました。この吉村さんは、その後、月下氷人《げっかひょうじん》のように、あるいは猿田彦のように重要な人々との出会いを演出してくれることになるのです。

数日して吉村さんから、

「仕事でお世話になっている川本太郎先生に会っていただけませんか。私の会社の講演会で健康管理のお話をしていただいているお方です。川本先生は幅広いお付き合いをされていて、ときどきお話の中に理解できないことがあります。小坂社長さんに会えば、きっと喜ばれます」と連絡がありました。

川本氏の講演会の後、十人ほどの夕食会に招かれました。夕食会場は、下通りの紀伊國屋書店の裏の呑という居酒屋でした。途中から参加した私は、川本氏の横に座り、お話を伺いました。数億円の借金をして倒産したが、今は立ち直って水の関係の仕事をしているそうです。同時に、役に立てればと思って、健康管理について、あちこちに行って話をしているとのことでした。大きな夢を膨らませながら仕事を楽しんでおられるようでした。

しばらくたった九月五日、川本氏の誘いで名古屋のアルファー株式会社の会合に参加いたしました。丁度上京中でしたので、東京から名古屋に入りました。新規事業の説明会らしく、五十名ほどの人が参加していました。

川本氏は財務面で協力されているようで、社長の平川昇氏、常務の黒石明氏を紹介されました。新規事業の技術説明として朝倉源一氏が講演されていました。朝倉氏の開発した技術をもとに製品を造り、販売しようという構想で、販売代理店を全国的に募ろうということでした。

演題は「超省エネ新世代のモーター」についてで、永久磁石の磁力エネルギーを利用し、使用電力量は一般のものの十％程度ですむという画期的な内容であり、写真やビデオで説明が行なわれました。

この夢のような超省エネ技術がどうして今どきの個人発明家である朝倉氏によって開発されたのだろうか、私は不思議な気持ちになりました。何故か懐かしさの混じった情感があふれ出てきて、講演会の終了後、朝倉氏と二人だけで話し合う機会を持ちました。朝倉氏は、五十歳前後の小柄でとても人懐っこい笑顔の持ち主であり、近いうちに再度東京で会いましょうと約束しました。

何やら狐につままれたような感慨が残り、熊本に帰って宝樹院の森心浄さんにお聞きしました。

「名古屋で朝倉源一さんという人からとんでもない発明のお話を聞いたのですが、これは本物でしょうか」

森さんは、しばらく瞑想されていましたが、

「はるか昔、人類がもっていた技術を基礎としているようです。いわば神の世界の技術ですね」

「それは、人類の夢ともいわれているフリー・エネルギーのようなものでしょうか」

「そうです。その通りですよ」

と言われたので、さらに吃驚いたしました。

朝倉氏とは、その月の十八日と十月二日に東京で続けて会いました。話は深まっていきまし

た。超省エネモーターの他に、超省エネ発電機も考えている、頭の中では出来上がっているのだが、試作に大きなお金がかかるとも言われました。私は、森心浄さんが言われた話をすると、朝倉さんは驚いた様子で、

「実は、そうなんです。古代の人々の知恵を借りているのです。まだ完成されているわけではありませんが、懸命に努力しています。近く完成すると思っています」

とも言われました。

私は、忘れ去られている古代の人智を思い出す、という話に興味を覚えました。現在の人類の前に、今よりも遥かに高い技術の時代があった、しかし、彼らの利己的な思想行動の結果として、地球上から消されてしまったという話は聞いたことがありました。

「もし、これが実現したら、日本から人類に奉仕できる素晴らしい技術となりえますね」

「多くの人々が研究をしていますが、未だ世界には出現していません。実現したら、そのようなものになるでしょう」

「そのような大きなプロジェクトは、国家的レベルの発明の性格を帯びていますよね」

「本当はそうなのですが、力の無い私のような者の言うことを信じてくれる人はおりません」

歴史上有名な多くの芸術家が、幼いときから天賦の才を発揮して名作を残している。それは神が宿っているとしか思えない知恵を天から授かっている。朝倉氏もそのような天才の一人であるかもしれない。万一、それが真実として、街のひ弱い発明家の脳細胞に神の知恵が宿った

場合にはどうすればよいのだろうか。そんな思いが私の脳裏に浮かんでいました。

私は、森心浄さんをお姉さんのように慕っているヒロ・ヤマガタ画伯に、森さんのご子息と三人で東京でお目にかかったことがあります。ヤマガタ画伯はおっとりとした鷹揚なお人柄で、ご子息と一緒だったせいか、お食事をいただきながら一時間ばかり楽しくお話しすることができました。ヤマガタ画伯は、各国政府から記念作品を依頼され、「自由の女神百周年記念」「エッフェル塔百周年」「アトランタ・オリンピック」「アメリカ合衆国憲法制定二百周年記念」などのポスターを描き、さらに最近では「バーミヤンの破壊された大石仏像のレーザーによる復活」などを企画されています。この人がそんな世界的な芸術家なのだろうかと思えるぐらい穏やかで純粋なお方でした。

ヤマガタ画伯について、森心浄さんがこのように言われました。

「世に天才といわれている人々は、すべて神からの啓示をいただいているのです。ヒロ・ヤマガタさんだって、あのような大作を製作する場合には、自分は無我の境地で、天からの指示通りに筆を動かしておられているのですよ」

その話を思い出して、私は朝倉氏にこのように言いました。

「私は思うのですが、国家的なレベルで、国家の保護の下に安心して研究を進めるようにされたほうがいいのではないでしょうか。何とか国際的な大企業と組むことができたとしても、そのような発明品の出現によって、現在の企業の存続が危険にさらされることになったら、朝倉さんの発明技術だけではなく、朝倉さんの存在自体が危うくされることも考えられるでしょう。

現在の世界の技術の常識が覆されて古いものになるとすれば、古いものから新しいものへの切り替えはどういうふうにするべきなのか、あるいは現在の技術で生計を立てている企業はどうすればよいのか、そのようなことも考えておかなければなりませんね。

国家の保護のもとに、国家的な観点に立って、安全に平和裏に変換を遂行できるようにする。かつ、その技術も朝倉さん自身の身の安全も確保するためには、国家的見地に立った技術開発が必要ではないのでしょうか。

アルファー株式会社さんはそのための資金集めをされているように見受けられますが、国家的なプロジェクトとして進められるようにすれば、アルファーさんももっと楽になるのではないでしょうか」

「そのような体制ができればよいのですが、果たして可能なんでしょうか」

「それはやってみないとわかりません。けれど、やってみる価値はあると思います。政治家は利権が絡むので相談したくありませんが、政府機関の中で、真に日本の科学の将来を思い、大所高所から考えている人はいるはずです。調べてご報告しますが、いかがですか」

朝倉氏は、私の言葉に半信半疑のようでしたが、調べてみることにしました。

その頃、私は株式会社京都工芸の蛭川隆社長とお付き合いしていました。京都の伝統工芸の着物の刺繍や染物を中心に、昔からの京都の技術を残そうとして頑張っておられる方でした。京都では、中国に刺繍技術を教えて製造を任せている会社が多いなかで、蛭川社長は懸命に日本刺繍の高度な伝統技術を守っておられました。会社を存続させるために、京都工芸繊維大学と提携して良質の製品も開発されていました。

古い歴史のある京都では、多くのユニークな企業が育っています。京セラ、堀場製作所、任天堂、村田機械、島津製作所、日本電産など、どれをとっても素晴らしい経営者に恵まれて成長しています。

なかでも堀場製作所の堀場雅夫会長は、当時、小泉内閣の創業委員会の会長をされていました。蛭川社長にお聞きすると、堀場会長は品性、人柄、見識、判断、意思決定、面倒見、ともに素晴らしい方であり、相談するのであれば最適の人であるといいます。しかも、蛭川社長も個人的にお世話になっているので、いつでも紹介させていただきます、とのことでした。

私はそのような人であればこそ政府機関の創業委員会の会長という重責を任されておられるのだろう、ぜひお目にかかって相談に乗っていただこう、たとえ朝倉氏の発明を他社と協同研究するにしても、堀場会長の大きな傘のもとで行なわれるのであれば消されたり、盗まれたりはしないであろう、日本からの発信技術として可能性が開けるかもしれないと思いました。朝倉氏にその提案をしますと、非常に喜んで賛成されました。

その後、蛭川社長から、

「平成十五（二〇〇三）年十月三日京都ホテルオークラで、堀場雅夫会長のご子息の堀場厚社長が出席される会合があるので来られませんか。リアル・リンク京都十周年記念フォーラムの会合の中で環境問題で講演されるので、まず堀場社長を紹介しましょう」

とのお話がありました。リアル・リンク京都は、環境NGOとして京都で設立され、地球温暖化や環境問題に取り組んでいる特定非営利活動法人とのことでした。


当日私は京都の会場に行き、会合に参加しました。リアル・リンク京都の活動を知って驚きました。京都の一般市井の人々が中心になって、平成五（一九九三）年に設立された環境問題NGOで、理事長は不動産会社の社長の川島健太郎氏であり、専務理事は百年の老舗の建築会社社長の青木義照氏でした。京セラや堀場製作所などをはじめ地元の多くの企業の支援を受けて、環境問題の市民活動を活発に展開しておられました。講演会は、京都議定書を生み出した京都の息吹を感じさせるものでした。


堀場社長のお話は、「グローバル企業に於ける環境ビジネス」が演題でした。

「社員の半分以上が外国人である会社の中で、OPEN&FAIRの精神で本物主義に基づく地球環境浄化への技術を京都から世界に発信していきたい」として、具体的な例をあげながら力強い内容の講演をされました。その後の立食パーティの席で、私は蛭川社長の紹介で堀場社長に挨拶いたしました。

「ある友人の技術を何とか世に出したい、そのためにお父上の堀場会長のご指導を受けたい」とお願いしました。蛭川社長の信用のお陰でしょうか、堀場社長は「いつでも会社に来てください、父に紹介いたします」と笑顔で承知していただきました。その報告を朝倉氏にしますと大変な喜びようで、十月十八日には改めて二人連署で書いたお礼状を堀場社長に送りました。

振り返ってみれば、私は今まで色々な仕事をコーディネートしてきましたが、それはすべて企業の利益のためでした。しかし、もし朝倉氏の発明が日の目を見るとすれば、日本ひいては人類の幸せ、地球の環境改善と資源保全につながる意義ある大仕事になるかもしれないと思いました。

それにしても、朝倉氏は古代のいわば神の世界の技術によって発明に取り組んでいるし、気功師の藤谷氏の気功も目に見えない神の手の世界に属しているのではないだろうか。それは、私がそれまで従事してきたビジネスの世界とは次元の異なる世界のことのようだが、二人が深いところで通じ合えば何か新しい動きが生まれるかもしれない、「二人を会わせてみよう」と思ったのです。そのことが、その後の私を人智を超えた思わぬ方向に誘導していくことになろうとは夢にも思いませんでした。

第八節　鋭い霊的感性を備えた人々

平成十五（二〇〇三）年十月二日、私は、藤谷氏と東京の京王プラザ八王子で落ち合い、二つのことを提案いたしました。一つは、発明家朝倉氏と藤谷氏の二人を会わせることでした。朝倉氏のことを説明すると、藤谷氏はすぐに会いましょうと言われました。当時藤谷氏は、毎月二泊三日で新宿において気功治療を行なわれていましたので、朝倉氏には、十月五日の日曜日の午後早めに部屋を訪ねるように伝えました。

もう一つは、藤谷氏を熊本の幣立神宮参拝にお誘いすることでした。

「九州のど真ん中にあたる熊本県蘇陽町（現在の山都町）にあり、この国のなりわいにかかわる日本最古の神社といわれています。世界のへそのような存在であると聞いています」

と言いますと、藤谷氏は興味を覚えた様子で、

「小坂さん、その幣立神宮の様子をここで頭に描いてくださいませんか」

と言います。うまく伝えられればよいがと念じながら、ロビーのソファーに座ったまま、私は目を閉じて、神宮の車寄せのところから、数百年の樹齢の杉木立の参道を通り抜け、木の鳥居をくぐって石段をのぼり、神殿やその周辺のたたずまいを想い描きました。藤谷氏はじっと目

を閉じて、いつものように丸くふくらませた両手をねじるように滑らして、何かを推しはかっていましたが、

「これはすごい、ものすごく重いものを感じます。ここは特別の聖地ですね。十月六日の月曜日に熊本に行きますから、ぜひ連れて行ってください。私はきっと五体投地して参拝することになるでしょう」

と、すでに何かを感じているようでした。会ったばかりの私と熊本の幣立神宮に行こうというのです。私の思っていたことが急にまとまったことに驚くと同時に、二人の出会いによりきっと何か新しい展開があるような予感がして心がはずみました。

十月五日夕方、自宅に帰っていた私に朝倉氏からとても興奮した声で電話がかかりました。

「藤谷さんの部屋で、ものすごいことがありました。考えられないことが起こりました」

「藤谷さんには今日の午後会われたのでしょう。いったい何があったのですか」

「私は約束通り、今日の午後藤谷さんをホテルの部屋に訪ねました。そのとき、丁度藤谷さんの気功を受けていた女性から、とんでもない話が飛び出したのです。私が今まで悩んでいた技術の問題を彼女がいとも簡単に解いてくれたのです。中山さんという女性でしたが」

「なんですって。よくわかりませんが、まるで夢の世界のような話ですね」

私は、初めは朝倉氏が何を言われているのか理解ができませんでしたが、徐々に私の常識を

超えるレベルの世界の話だとわかってきました。次に述べることは、後日、私が藤谷氏、朝倉氏、中山さんの三人から聞いてまとめたその日の出来事です。

朝倉氏が五日の午後二時頃、新宿のホテルの藤谷氏の部屋に入ると、三十代半ばくらいの中山良子さんという女性が藤谷氏の気功を受けていました。中山さんは、ある雑誌で藤谷氏のことを知り、その日が初めての訪問でした。朝倉氏が部屋に入ったときには、中山さんはベッドの上でのたうちまわりながら、藤谷氏の気功を受けていました。中山さんは気功を受ける前に、藤谷氏に真剣に言われたそうです。

「私の身体にはたくさんの恐ろしい魔物が取りついています。それらを取り除いてもらうために、今まで世界中の霊能者の治療を受けてきました。その人たちは全部で十五人にのぼりますが、私を施療した後、みな命を落としています。藤谷先生は私にとって十六人目の施療者ですが、私を施療したら死ぬかもしれませんよ。先生は死んでもよいですか」

と有名無名の霊能者の名前をあげる中山さんに、藤谷氏は、

「ああ、死んでもよいですよ。私は自分の信じる気功で死ぬなら気功師として本望です」

と言って、どんどん引き受け気功を始められたそうです。

二時間もの長時間の気功施療の結果、中山さんに憑依していたと思われる数限りない邪悪霊を藤谷氏は引き受け気功で吸い取ってしまったとのことでした。さすがの中山さんも楽になっ

て、本来の体調に戻ってきて身体を休めていたというのです。

七転八倒の苦しみからようやく正気をとり戻した中山さんは、ベッドに横たわりながら、藤谷氏と朝倉氏の間で交わされる話をぼんやりと聞いていましたが、急に一方的に二つのことを説明しだしたそうです。

一つ目は、藤谷氏が翌日予定している私と幣立神宮へ参詣することでした。二つ目は、朝倉氏の発明に関わる六芒星の疑問点について説明しだしたというのです。しかも、朝倉氏が何も言い出さないうちに、日頃誰にも言えず一人悩んでいた発明に関する難題を、講義するように解明してくれたとのことでした。

朝倉氏は、自分の発明分野での強力な協力者が突然、出現したことに興奮してしまって、明日の私たちの幣立神宮参詣のことを忘れてしまっているようでした。

朝倉氏を藤谷氏に会わせたことで、さっそく新たな局面が現われたことに、私は新たな展開が始まることを感じていました。そして、翌日の幣立神宮参詣に心が高揚するのを禁じざるを得ませんでした。

藤谷氏も朝倉氏も、未だ会っていない中山さんも、人並みはずれた鋭い霊的感性を備えているようで、鈍感な人間の私がどうして三人が会うようにセットできたのか、そのときは不思議でしたが、このことがサムシング・グレートからのメッセージを受けて動く日々へ向かっていることを後に知ることになるのです。

第二章

日本再興の道を開いたスリランカ大統領の演説

第一節　龍王の封印を解きなさい

幣立神宮は熊本の蘇陽町（現在の山都町）にあり、九州のちょうど真ん中に位置しています。

南阿蘇高森の街を通り抜けて宮崎へ向かう国道を登って行き、高千穂への分かれ道を右方向に行きますと、文楽の清和村への道が続きます。高原の道をさらに十キロほど行くと幣立神宮と書かれた標識があり、蘇陽高校への道を右折しますと幣立神宮の参道に着きます。熊本市内の私の自宅から約七十キロメートルのところです。

ここ数年、東京や大阪に出張している折り、幣立神宮に参拝したという話を聞くことが多くなってきました。しかも、その人たちの多くは自分でメッセージを受けて参拝しているようでした。

神宮の中にある幣立神宮由緒の説明文は、

「大日本史にみえる知保の高千穂嶺が当宮の所在地である。

筑紫の屋根の伝承のように、神殿に落ちる雨は、東西の海に注いで地球を包むので、高天原日ノ宮の伝承をもつ国始めの尊宮である。
古来天神地祇を祀った神籬《ひむろぎ》は日本一の巨檜として厳存する。
神武天皇のご初輦の原点で、皇孫健磐龍命《たけいわたつのみこと》は勅命によって天神地祇を祀られた歴史がある。
なお、主祭神は神漏岐命《かむろぎのみこと》、神漏美命《かむろみのみこと》、及び大宇宙大和神《おおとのちおおかみ》、天之御中主大神、天照大神など、最高の神をお祀りしてある」

と述べています。

幣立神宮については、故春木秀映、春木伸哉両宮司が『青年地球誕生 - 歴史の原始点、いま蘇る幣立神宮』(明窓出版)に詳しく書かれています。明治天皇は国家存亡にかかわる日露戦争の勝利祈願のため、幣立神宮を含む全国の七神社に勅旨《ちょくし》を出されたとのことです。

また、昭和二十(一九四五)年正月、時の文部大臣二宮治重が、日華和平祈念として幣宮御神献書を奉納し、「日華和平萬歳　大東亜建設完遂の基礎は日支の結合に在り、そのためには両国国民相互信頼を基礎とし、云々」の大きな奉納板も神前に置かれています。当時の国際環境を考えると大変な英断であったことでしょう。

そのような由緒を考えると、それほど重要な幣立神宮が明治初めの国家神道の国策による神社規制のもとで無格社になり、終戦のときまでその存在を無視されてきたのは驚くべきことです。

『日本の宗教』(山折哲雄監修・田中治郎著)には「なお、村社にも入らないものを無格社としたが、これは社格がないという意味ではなく、無格社という一つの社格だという」とありますから、完全に政治的に抹殺されようとしたとも考えられます。一般の神道や宗教関係の書物にも幣立神宮の記述はありません。まったくの隠れ宮です。

参道に沿って数百年の樹齢の杉木立が続きます。春木伸哉宮司によれば、明治以前までは、この辺り一帯が数百年の古樹の杜であったそうです。ところが明治以来、幣立神宮の財産が多すぎるとのことで没収に遭い、片や納税に苦しめられ、神社の杜の維持もかなわず、ずいぶん処分を余儀なくされながらも、ようやく現在の状態を維持してきたとのことです。

筑紫の屋根といわれている高原の中に屹立するように、幣立の杜の頂上の狭い平坦な土地に神殿は鎮座されています。

平成十五（二〇〇三）年十月六日は私にとって四度目の幣立神宮詣でででした。藤谷氏ら三人は昼過ぎに我が家に来られ、妻に気功を施した後、私の案内で出かけました。車の中で、藤谷氏とこんな話をしました。

「小坂さん、今日の幣立神宮へのお参りについては、私たちは重要な使命を帯びているように思います。昨日、小坂さんの紹介で、東京のホテルに朝倉さんが来られました。そのとき、私は中山さんという女性に気功治療を施していました。中山さんは初めて来られたのですが、とても尋常な人ではありませんでした」

「その話は、昨夜朝倉さんから電話で聞きました。彼女には、たくさんの憑依霊がついていて、浄霊に二時間もかかったそうですね。その後、朝倉さんは、彼女から発明に関して素晴らしい助言を与えられたと言われていました。これからの朝倉さんの発明にすごく役立つものだとか、良い仲間が現われたと言われていました」

「そうなんですよ。朝倉さんはとても喜んでいましたよ。しかし、それ以外にも話があるのです。今日の幣立神宮に参拝する話になって、私は中山さんから不思議なことを頼まれました。幣立神宮のご神殿の横に樹齢一万五千年の檜があるそうです。その檜の地底には、宇宙神三大龍王が籠っておられるそうです。

三大龍王は長い間封印されてきたそうですが、時が来たので、その封印を解いて上げてくださいと言われているそうです。今日はそのお祈りもしなければなりません」

藤谷氏の話は驚くべき内容でしたが、私は日頃から藤谷氏の感性の豊さと真摯な姿に感じ入っていましたので、真顔で話される内容が何の疑いもなく私に伝わってきました。

私が発明家朝倉氏を気功師の藤谷氏に紹介しようと思ったのは簡単な動機からでした。特殊な才能のある二人を会わせれば、何か新しい展開があるかもしれないと思ったからでした。二人の出会いの場を提供したのは私でしたが、思いもかけない女性が入ってきて、仰天するようなメッセージを二人に伝えたので、何か得体の知れない不思議な糸に操られているようにも感じました。

そして、この三人による何か新しいドラマが始まろうとしているのではないか、これはただの幣立神宮詣でではないようだ、という思いが全身によぎりました。

筑紫の屋根といわれているように、幣立の杜は高原の中に屹立しているようでした。午後三時、参道の入り口の車寄せに車を置き、長い参道を歩きました。参道の入り口には「日の宮　高天原　幣立神宮」とあり、裏側には「天神降臨の地」と彫られた木柱が立てられています。

参道に沿って樹齢数百年はあると思われる太い幹の杉の樹が続いています。その天に伸びゆく巨木の列は、見るからに荘厳さに満ちています。社殿への鳥居をくぐり、石段を上がり、途中で手と口を清め、本殿の前で合掌をいたしました。

宮司は不在で、神殿の扉は閉じられていました。神殿といっても幣立の杜の頂上の狭い土地に建てられていますので、鎮守の杜のお社と変わらないような小さな建物です。

一同は閉じられた神殿に合掌し、その右側の玉垣で囲まれた「千穂木」の前を通り、その右奥に聳える古い檜の前の木製の鳥居に近づきました。

巨檜を囲む玉垣の前に建てられている古めかしい木柱には「神代の伊勢　一世の大神　伊勢の内宮」、側面には「万世一系の天神木　神漏岐命　御降臨の処」と書かれてありました。

横には「日の宮の天神木は悠久一万五千年の命脈を保っている世界一の巨檜です。この根に立った十代目が崇神の世で、九代目が天照の世の鏡コブが見えます。そして、十一代目が緑の新木、この三木に帰一してこそ世界平和があります」との説明板がありました。

藤谷氏は参道を歩みはじめたときから、まったく無口のまま、全身に何かを感じているようでした。何かにひかれるように巨檜の鳥居の前に正座し、厳かに長い合掌をはじめました。私たちも遠巻きに囲むように立ち、合掌を続けました。

しばらくすると藤谷氏は合掌したまま立ち上がりました。直立した身体が大きな呼吸とともに徐々に動き出し、合掌した両手が高く上がりました。その両手の親指と人差指を一つの円にしたまま長い祈りが続きました。

さらに五体投地の礼のように地に伏した後、再び同じ格好で両手を高く上げ、同じ礼を三度くり返しました。

藤谷氏によれば、身体のすべてが意識せずに動いたとのことであり、巨檜の根底深く一万五千年の間封印されてきた宇宙神三大龍王を天に解き放つ儀式であったようでした。

その後、本殿の左裏手の山道の階段

弊立神宮での祈り

を約二百メートルほど下ったところにある東水神宮にお参りをしました。

その左奥に、東御手洗という清水の湧き出ている岩間があり、清水は右手の玉池に流れています。その玉池には「太古から八大龍王の鎮まるところで、北辰妙見の大神が祀られています。また、神代の天の村雲姫が水徳を頂かれた霊地です。この水のかかるところに、西御手洗の主《す》基田《きでん》を移したので、田迎えと称し、大嘗祭の悠紀田《ゆきでん》の起こりとなっています。日本の重大な聖地です」と説明がありました。

直径が二十メートルぐらいの小さな池でしたが、とても厳かな気配を感じさせる玉池でした。藤谷氏は何かを感じられたのでしょう、東御手洗の清水の湧き出ている岩間の前に行き、先ほどと同じ礼拝の儀式を時間をかけて三度くり返しました。

一同は御手洗の細長い竹筒からこぼれる清水をいただきました。その後、「あの道を行ってみましょう」と言う藤谷氏に従って、玉池の淵をめぐって、下りてきた道とは逆の右手にのびる山道をゆっくり上って行きました。最初のカーブを曲がったところで、バンの車が山側から降りてきました。私は手を上げて車を止め、

「お宮にはどう帰ればよいのでしょうか」

とたずねました。男性はわざわざ車から降りてきて、

「あそこの道を登っていけばよいですよ」

と教えてくれました。青い上下のトレーニングの姿でしたが、ふと私はその年の五月二十四日、熊本ホテルキャッスルの披露宴会場でロビーに立っておられた春木秀紀新郎新婦の晴れ姿を思い出しました。背が高く冠をかぶり、袍、袴を着て、笏を持った神官の装束の新郎と、十二単に着飾った艶やかな新婦の姿です。

その日私は、たまたまそのホテルにいたのですが、思いもかけない古式ゆかしいお二人の姿に、

「あのお方はどなたですか」

とホテルの方にたずねますと、

「幣立の春木さんです。ホテルでは束帯十二単での儀式は初めてです」

と教えていただきました。そのときの情景を思い浮かべながらその男性にお聞きしました。

「貴方は春木先生ですか」

「そうです」

「ああ、私はこの五月に熊本ホテルキャッスルで先生の結婚披露宴のお姿を見せていただきました。束帯と十二単のお二人は、ほんとうに美しいお姿でしたね」

春木秀紀若宮司は驚いて丁寧に挨拶をされました。私たちは若宮司を囲むように輪をつくってお話を聞きました。

「神殿は閉まっていました。お父様の春木宮司にお目にかかれず残念に思っていました」

それから、まわりの杜が薄暗くなるまで、幣立神宮について、さまざまのことをお聞きすることができました。

幣立神宮の歴史、成り立ち、古代日本と世界のこと、ご祭神のこと、大祓詞の最初に出られる神漏岐・神漏美命を御神体として祀っている唯一の神社であること、ここが天孫降臨がなされた古代の神都高天原であり、高千穂であると伝えられていること、古代から伝わっている神宝、日の珠、水の珠、五色の神面と五色神祭のいわれや、世界の国々から、有名無名の、霊能の有無に関係なく多くの人々が導かれるように来られることなどをお聞きしました。

「私たちは啓示により今日ここに参りました。宇宙神三大龍王が樹齢一万五千年の檜の根の下に封印されていて、その封印を解いて天に上げてさしあげるように言われてやってきたのです。この檜の樹齢は本当でしょうか」

「一万五千年の命脈は本当です。檜の根っこは変わらずに生きており、その中から新芽が出て育っています。今の神木は十代目です。その中から十一代目の芽が育っており、樹齢百年ぐらいになるそうです。ですから、私は、当然一万五千年という太古から祭祀を伴う高度な文明があったろうと思っています」

「日本のあちこちで発見されている石に刻まれた古代文字（ペトログラフ）や、神代文字が記された文献を、なぜ日本の考古学者や歴史学者は無視するのでしょうか。漢字が入って来て、その便利さの故に漢字に取って代わられてきましたが、大和言葉を記す文字が古代から存在してきたことは事実だと思います。

しかしながら、明治以来の歴史学者はそれらの文字を偽物と否定し、学術的な判断として『日本には、漢字の入る以前には文字はなかった』と断定されているのです。欧米各国の考古学では、あらゆる関連の学者が集まり、広い視野から研究され、その存在が認められているのに、日本だけは従来の風習から抜け出せないまま、拒絶しているのです。そのようなことを続けていると、日本だけが世界に取り残されてしまうのではないでしょうか」

秀紀若宮司との話は尽きそうにありませんでしたが、私の印象に強く残った言葉があります。

「神の啓示や意志を受ける人はたくさんおられますが、それをきちんと判断し、具体的に正しく理解して行動する人の存在がもっと大切です。そういう人を審神者《さにわ》と言いますが、審神者によって、神意はどうにでもなるのです。神意を正しく実現するかどうかは、審神者の品性によります」

そのとき、「では審神者としての使命とはいったい何なのか」という疑問が私の心に湧いたのを覚えています。そのような立ち話で小一時間くらい過ぎた頃、下の山道から白い普通車が一台上がってきました。

「ああ、父が帰ってきました」

と言われて、秀紀若宮司は車をよけるために運転席に戻られ、清水を汲みに行かれました。

第二節　すべては幣立神宮との出会いからはじまる

春木伸哉宮司は、我々の前に車を止め、窓を開けて挨拶をされました。

「今日は神殿が閉まっていてがっかりしていたところを秀紀若宮司にお目にかかり、ここでお話を伺っていたのです」

「ああそうでしたか。今から開けますので神殿の方に行ってください。一緒にお参りしましょう」

暗くなってきた杜の道を歩き神殿の前で待っていると、灯りがともり、春木宮司が神職の正装で私たちを招き入れました。私たちは上着の上に、渡された白衣の法被を重ねて神前に額ずきました。

春木宮司は、神殿の中央部に置かれている木箱の扉を開け、中に納められているご神体の石板が我々に見えるようにして厳かに、

「天地和合、万物和合」

と柏手を打たれました。祝詞の中で、

「神の開きし道をまた、開くは人の力なりけり」

と力強く唱えられました。

その言葉をお聞きしただけで、ここは普通のお宮と違うと感じられ、ある種の感慨が深まっていくのがわかりました。一人一人が玉串奉奠拝礼を済ませた後、拝殿に座ったまま、春木宮司を囲むようにして楽しいお話が始まりました。私は、お祈りの中の言葉をたずねました。

「神の開きし道を云々は、明治天皇の御製からとったものです。『千早ぶる　神のひらきし道をまた　開くは人の力なりけり』からいただいたのです」

「先生は、世界からお客さんを招いて、五年ごとに五色神祭を開いておられますね。どうして始められたのですか」

「いいえ、私が始めたのではないのです。秘かに続けていた神事を公にしただけなのです」

と、春木宮司はいとも簡単に言われました。幣立神宮の御神体の中には、年代のわからないほど古い五色の神面があり、一説によると数千年も以前のものといわれています。

「遠い昔、世界の五色の民の代表がここ日の宮に参拝に来られていました。五色とは赤人、黄人、青人、白人、黒人です。先代宮司の時代には、五色の面は常時参拝者にもお見せしていたのですが、日光に弱く表面が傷んでくるので、公開を止めました」

五色神祭には、名前の通り、世界各国から参加者があるようです。日頃でも、日本はもとより洋の東西を問わず多くの国から有名無名の人々が導かれるように参拝に来られるようです。

「遠い昔、ここは世界の日の宮でした。日本のみならず、世界の多くの人々にとっての聖地であり、神話の高天原でした。ここだけは、人種、宗教を超えて、神代のときから真に世界の平和を祈ってきたところなのです」

続けて春木宮司は、

「今月二十日に東京で十万人の『蘇れ日本』の集会が行なわれます。当日、全員で歌いたいと思っています」

と言われて『蘇れ日本』の歌詞を渡してくだり、テープでその歌を聞かせてくださいました。

その歌詞は次のようなものでした。

一　朝日に匂う山桜
荒れてすたれた敷島の道
悪しき栄えの現し世に
蘇れ
わが日本の日継の民よ　蘇れ
仁義　廉恥《れんち》　信《まこと》のこころ
地に踏みしめよ　浄らなる国

二　注連《しめ》　廻らせし　大八州

燃えて千切れた力の縄目
乱れほつれた現し世に
蘇れ
わが日本の　日継の民よ　蘇れ
正義　勇気　和みのこころ
結び直せよ　大和なる魂《たま》

三　神のみやしろ　わが日本
世界平和のむすびの要
誇り高らな現し世に
蘇れ
わが日本の日継の民よ　蘇れ
明朗　正直　新たなこころ
天《そら》に飛び立て　みこともちの民

春木宮司は
「このような歌詞は、私でないと作れないと思います」

と言われました。たしかにテープの歌を聞いていると、日本人としての誇りを揺さぶられ、熱いものが胸にこみ上げてくるのを覚えました。ときには冗談を言われながら、たんたんと話されるなかに、日本だけではなく世界的規模で多くの重要な人々と交流を重ねておられることを窺い知ることができました。日本文化の復活のため、世界平和のために、世界の宗教者と組んで大きな貢献をされていることも理解しました。

「第一回の世界宗教者平和会議（ＷＣＰＲ）が日本で開催されましたが、世界の宗教者が共に一つの席に着くような機会を作れるのは、宗教の争いの無い日本以外にはないのです」

とも言われました。

「日本の思想、古代よりの歴史的事実にもとづいた日本の思想しか、世界は救えない。世界の霊能者もそれをよく知っている」

と、秀紀若宮司が杜の中で言われたことにも通じるお話でした。周辺の杜は暗くなり、雨の音が聞こえてきました。およそ一時間も過ぎたでしょうか、再度神殿に向かったときには、知らぬ間に日本の国威発揚と人類の平和を祈願しておりました。そのような祈りの言葉が自然と出てくるような雰囲気のあるお宮なのだと改めて感じながら、神宮をあとにしました。

その次に参拝したときには、秋篠宮殿下の悠仁親王殿下のご誕生についてお話を聞きました。親王のご誕生は平成十八（二〇〇六）年九月六日でしたが、その年の正月に、

「今年は秋篠宮殿下、紀子妃殿下に親王がお生まれになりますよ」と、参拝者にお話をされていたそうです。悠仁親王が誕生されて、多くの人々が、

「春木先生の予言通りでしたね」

とご誕生祝賀に来たとき、初めて自分がそのようなことを話したことに気づき、

「我ながら驚きました」

と言われていました。

生き物文化誌学会で、秋篠宮殿下が「幣立神宮はよく知っていますよ」と言われたことを伝えますと、「殿下には二羽の小国をお贈り申し上げました」とのことでした。後で調べたところ、平安時代には「鶏合わせ」と称した闘鶏が盛んに行なわれ、小国鶏はその花形として活躍していたと伝えられています。特徴は尾羽が長く伸びること、鳴声が長鳴であることなどで、「土佐のオナガトリ」などの長尾鶏種や「東天紅鶏」などの長鳴鶏種の生みの親としての歴史は古く、その性質は多くの鶏種に受け継がれていると、『和鶏の品種』には記されています。

春木宮司は、皇族の男系についても、大変わかりやすいたとえ話で話されました。

「私は、皇族の男系が何故大切なのかを、失礼なことですが、お米のコシヒカリにたとえてお話ししています。

コシヒカリはどこで植えてもコシヒカリです。コシヒカリを育てた田んぼで他のお米を植え

てもコシヒカリとはいえません。また、良いコシヒカリを育てようとすると、良い田んぼを選び、精魂込めて育てなければならないでしょう。

日本の皇室は、種と家の両方を重んじるのです。他の国の王族は家だけを残せばよいので養子でもよいのですが、日本はそういうわけにはいきません。それが日本なのです」

ある日、春木宮司から伊勢神宮について、こんなお話を聞きました。

「日本の中心は伊勢神宮です。日本が世界の中心になったときには、ここ弊立神宮が世界のへソになるのです」

「主祭神は、神漏岐命《かむろぎのみこと》、神漏美命《かむろみのみこと》及び大宇宙大和神《おおとのちおおかみ》、天之御中主大神《あまのみなかぬしのおおかみ》、天照大神などで、最高の神々をお祭りしています。これらの神々を一堂にお祀りできるのは、ここしかないのです」

特に神漏岐命と神漏美命は、日頃、日本の津々浦々の神事で唱えられている大祓詞の初頭に出てくる皇親であり、この二神の命によりすべての神々の行事が始められたことになっています。この原初の二神が幣立神宮でのみ祀られているというのは、何を意味するのでしょうか。

年月は飛びますが、平成二十一（二〇〇九）年八月二十三日の五色神祭に行きました。そのとき、拝殿で舞われる幣立神楽を見ました。それは、遠い昔の静かな農村の、あるいは未開の土着人の地の音楽を彷彿とさせるような、一つの太鼓と一つの笛だけの素朴で奥ゆかしい曲と踊りでした。昔の庶民の正装を感じさせる和服をまとった二人の男性が、右手に御幣の竿を、左手に鈴を持って、曲とともに踊りをくり返します。その清楚な踊りには、五穀豊穣を歓び、神に感謝する人々の心が滲み出ていて、心の奥底に沁みてきました。

これほど単純で気高い神楽を見たことはありませんでした。「昔のことは、伝承や祭りに残されているのですよ」と、春木宮司の言われる意味が理解できるようでした。

その日、オーストラリアから五色神祭参加のために来られたジュディス・カーペンターという女性と境内で立ち話をしました。世界的に知られた霊能者らしいのですが、五色神祭には毎年来ていて、今回で十四回目になるそうです。「ここは世界の聖地です」とも言われるので、後で調べてみると、彼女が導かれるように幣立神宮に辿りついた過程と思いが彼女のホームページに長い文で綴られていました。

また、東御手洗の清水の湧き出ている岩間の前では、東京から来たという女性が携帯電話のカメラで撮った映像を見せてくれました。その中に、清水の岩間に無数の白い花びらが蝶々の乱舞するように写っている映像がありました。彼女の話では「肉眼では見えないのですが、携帯のカメラには写るんです」とのことでした。

平成二十二（二〇一〇）年八月二十三日、五年毎に催される五色神祭の大祭には、元皇族の伏見宮殿下がお見えになりました。安倍昭恵総理夫人、松藤民輔氏、ジュディス・カーペンター女史、ホピ族のバーノン・マサヤスバ氏、セネガルのミュージシャンといった方々が、五色人を代表して拝殿に上がられました。

幣立の杜に囲まれた境内は、溢れんばかりの人々で満ちていました。外国からのマスコミもその群衆に交じって取材していました。式典が終わり、境内におられたカーペンター女史に声をかけると、私の顔を見るなり、「書物はどうなりましたか」と聞かれました。前年、同じ場所で、私が「上からのメッセージで、幣立神宮から始まった不思議な瑞祥の経験を書いています」と言いますと、「お祈りしています」と言われたことを覚えておられたようです。

平成二十三（二〇一一）年暮れに『地球隠れ宮一万五千年のメッセージ』という書物が春木宮司と江本勝氏の対談集として出版されました。いつも私が春木宮司とお話しするときに感じる深遠な精神世界の原点に迫るような内容でした。

春木宮司は前職で教育界に奉職されていただけに、日本の歴史に対する見識や世直しの原点である教育論も、目から鱗がとれるように理解できました。また、古事記、日本書紀、古史古伝書など歴史に対しても、優しい言葉で誰でも理解できるように書かれていました。単に古い神社の宮司の話ではなく、日本人の心のふるさとに誘われ、安らかな気持ちにさせられます。多くの日本人に読んでもらいたいと思います。

幣立神宮から始まった私たちの不思議な旅の最後の祈りの場所が、富士山五合目の小御嶽神社の摂社である日本武尊社でした。古事記によると、日本武尊は伊勢の能褒野で没したのち、白鳥となって飛び立ち、河内の志畿に留まったといわれています。

春木伸哉宮司の御父上である鋭い感性の持ち主であった故春木秀映前宮司は、白鳥は最後に幣立神宮に飛来したと言われていたそうです。私たちの祈りは幣立神宮から始まり、富士山五合目の日本武尊社で終わりました。それは単なる偶然でなかったのではないか、と思わずにはいられません。

第三節　メッセンジャー中山良子さんとの出会い

それは平成十五（二〇〇三）年十月二十三日のことです。その数日前、朝倉源一氏から電話がありました。

「先日、藤谷さんの気功の場所で知りあった中山良子さんと今月の二十三日に会う約束をしたのですけど、何やら大変重要なことがありそうなので小坂さんも来られませんか」

朝倉氏は中山さんと都内のホテルで初対面の後、自分の発明内容について何度も話し合っているようでした。

私は十月二十一日より二十五日まで、東京でフランス人との仕事が詰まっていましたが、調べてみるとたまたま二十三日は終日空いていました。

「不思議ですね。この日だけが空いています。これも何かのご縁ですね」

と言って、その会合に行くことにしました。

当日午前十一時に東京駅の銀の鈴で落ち合い、ＪＲの四ツ谷駅に着いたときには五人のグループになっていました。朝倉氏のほか、初対面の中山さん、藤谷氏の友人の浜田氏と宮本さん、そして私でした。朝倉氏は、背の高い女性を、

「お話ししたあの中山良子さんです」

と言って私に紹介してくれました。髪を長く垂らして、ピンクのジャンパーに長ズボン姿で薄化粧をしたその女性は、どうやらその会合のリーダー格のようで、

「今からホテルニューオータニに行くのですけど、その前に簡単に昼食をいただきましょう」

と皆を誘って、駅近くの喫茶店に入りました。薄暗い内部の中央に細長いテーブル席が空いていました。

「ここのテーブルがちょうど良いですね」

皆は中山さんを囲むように座りました。藤谷氏の気功を受けて七転八倒の後、ようやく正常さを取り戻されたと聞いていましたので、その日の中山さんのはきはきとした様子には、私はむしろ意外な驚きさえ覚えました。

ウエイトレスがテーブルにお水のグラスを置き、各自が注文を済ますのを待って、中山さんは
「食事が出る前に、ちょっとお聞きしてみましょう」
と言いながら、自分のハンドバッグから数個の透明な小袋を取り出しました。各々のポリ袋には、手指の爪ほどの大きさで、色の違う貴石が一つずつ入っていました。それを四人の手の平に一袋ずつ置きました。

それから中山さんは、貴石を置いた一人一人の手を順番に両手で覆うように握りながら、ちょっと頭を振って考えては言葉をかけていましたが、私にはその内容は聞こえませんでした。最後に私の番が来ました。

私には最初、アベンチュリンという石の入った小袋が渡されていました。その石を私の手の平に置いて祈るようにしていましたが、次に他の三人の小袋を全部集めて私の手の平に置きました。

そして頭を斜めに傾けて何やら呟いていましたが、それだけでは足りないらしく、さらに自分のハンドバッグから四～五センチもあるハート型の石を二つ取り出し、私の手の平に積み上げるように置いたのです。私は、両手の平でそれらの石を持ったまま中山さんの言葉を待っていました。

私には初めての経験でよくわかりませんでしたが、中山さんは、

「小坂さんは、アクエリアス、水瓶座に関連した人ですね。水を治めるお仕事に深い関わりがありますね」

と言われ、しばらくすると自分も納得したように顔を縦に軽く振るようにして、

「小坂さんは、アトランティスの時代に祈りの司祭をされていましたね」

と言われました。私には初めて聞く言葉でした。さらに

「小坂さんはものづくりに関連するゴールデン・キーを握っていますよ。今、それを開けます

よ」

と言って、何かを開けるようなしぐさをしました。最後に、

「これからの小坂さんの人生には大変重要なミッションがあります。今日来られたのはお導きです。よくいらっしゃいましたね。今日は時間がありません。改めてゆっくりお目にかかりましょう」

と言って、私への話は終わりました。


食事の後、外へ出ると、中山さんは他の人たちを導くようにゆっくりと上智大学に沿った緑の美しい並木道であるソフィア通りを歩きはじめました。道の右側に大きな堤が続いていて、その斜面には松と桜の古木が植えられていました。数十年も経たような桜の樹は、道を覆うように太い幹から長い枝を伸ばしています。


上智大学の聖イグナチオ教会を左に見ていくつかの校舎を過ぎ、ホテルニューオータニの正面入り口の方に向かって歩きました。中山さんが私に話しかけてきました。

「私はこの道を歩くのは初めてです。導かれて歩いているのです。この道はホテルニューオータニに行くのでしょう」

「ええ、その通りです」

「ホテルニューオータニには日本庭園がありますか」

「ええ、中ほどに美しい日本庭園があります。瀧もあって、とても素晴らしい庭園です」

私は一同をホテルの正面玄関からタワーサイドへ通じる長い廊下の方向に案内しました。

「ここからは日本庭園が一望できて美しい眺めが見えますよ」

とガーデンレストランの大きなガラスの窓辺に案内すると、中山さんはそこから見下ろして、思わず、

「ああ、日本庭園が見える。赤い橋がある。瀧がある。お告げの通りです」

と驚きの声を上げました。

「瀧の前に行けますか」

「もちろん行けます。案内しましょう」

私たちはレストランの右側の扉から階段を下りて日本庭園に続く広場に出ました。右に赤玉石を見ながら、庭園の上層部の道を竹の垣根に沿って清泉池の方に歩いて行きました。

平たい大きな石が池の水面に浮かぶように並べてあり、それらの石の隙間を水が流れています。赤い太鼓橋を渡り、石心亭という料亭のある小高い山辺を通って細い石の階段を下り、幅広い大きな瀧に続く広場に出ました。

そのとき突然、中山さんが叫びだしました。瀧の池に近づくにつれて、彼女の身体の状態がおかしくなり、

「わあ、まぶしい、すごい、すごい光、すごいパワーです。磁場が強くてとても進めません」

と言って何回も立ち止まり、瀧の落ちる池の方から来る光を眩しそうに手で遮るように目をふさぎ、立っているのが難しいようにしゃがみこんでしまいました。

朝倉氏が中山さんの片腕を抱きかかえるようにして池の方に歩いて行きます。私はその眩しい光や磁場のすごさを感じることはできませんが、一緒に瀧の池のそばに歩み寄りました。

中山さんが独り言のように説明しだしました。

「先日藤谷先生が、幣立神宮で樹齢一万五千年の檜の地下に封印されていた宇宙神三大龍王様を天に上げられましたでしょう。その三大龍王様が飛来してきて、この池で休んでおられるのです」

中山さんは、瀧の下、池の中央、左側と指さしながら、赤、金、緑の三色の龍神が神々しい光を放って泳いでいると言うのです。私には何にも見えませんし、エネルギーも波動も感じません。いつも通り、色とりどりの美しい鯉たちと泡が見えるだけでした。

しかし、藤谷氏に幣立神宮詣でを勧め、連れて行ったのは私でした。朝倉氏を藤谷氏に紹介したのも私でした。たまたま気功治療を受けていた中山さんが、藤谷氏が幣立神宮を訪問すると聞いて、樹齢一万五千年の檜の地底に封印されている三大龍王の望みをかなえてあげてくださいと伝えられたのですから、私には他人事とは思えませんでした。

中山さんの眩しそうな、そして強いエネルギーに耐えきれないような様子を見て、彼女にはきっとそれが見えているに違いない、彼女が嘘をついている訳ではない、彼女にはそれが真実なのだろうと思いました。

「幣立神宮から来られた宇宙神三大龍王様方にご挨拶をいたしましょう。私たちは、メッセージを受けて、今日ここにご挨拶にきたのです」

と、ようやく落ちついてきた中山さんは私たちに言います。そして他の四人を誘うように、

「さあ、三大龍王様にお祈りしましょう」

と言ってから、独り言のように、

「東京、関東地方の地震、富士山の噴火など天変地変から日本が守られますようにお祈りしましょう。そして、日本国の安寧と世界の平和をお祈りしましょう。それに、三大龍王様が安んじられますようにお祈りしましょう」

と告げました。

五人は瀧に向かって合掌をしました。私は中山さんの言った言葉を何の抵抗感もなく、心の中でつぶやきながら祈っていました。中山さんの言う祈りの内容がそのまま私の心に強く響いたからです。

ホテルのガーデンレストランの廊下に戻ると、中山さんの仲間だという色白で背の高い女性が待っていました。

「やっと来られました。遅れてごめんなさい」

「さあ、今から一緒に戻りましょう」

と言う中山さんに従って、六人は再び四ツ谷駅へ通じるソフィア通りを上智大学の塀に沿って歩き始めました。

　聖イグナチオ教会へのゲートを入り、瑞々しい芝生の淵を通って、教会の右奥にある小さなザビエル聖堂の扉に向かおうとしたときです。

　中山さんの仲間の女性が急にばったりと芝生の上に倒れこみました。中山さんが支えるようにその女性を上向きに抱きかかえました。

　私たちは驚いて二人のまわりを取り囲みましたが、彼女は意識を失ったような状態で、突然まったく不明の言葉を喋りだしたのです。とても初めてとはいえない明確な発声でリズミカルな美しい言葉を喋りだしたのです。

　中山さんの腕の中でしばらく喋っていましたが、やがてぐったりとして静かな息になりました。私は驚くというより、怖ろしさで身が震えるようでした。

「どこの言葉なんでしょうか」

と私が独り言のようにつぶやきますと、中山さんは、

「ラテン語ですよ」

とささやくように答えました。

しばらくしてその女性が落ち着いてきたので、ザビエル聖堂の扉の方に歩き始めました。私はキリスト教会には結婚式や観光以外には足を踏み入れたことはありませんが、そこには聖堂の入り口とは思えないような目立たない木製の重い扉がありました。

その扉をゆっくり押しあけて中に入り、一同は薄暗い、ひんやりとした空気の中を前方の聖壇まで進み、最前列の木の椅子の中ほどに並んで座りました。今まで見たことのない、しじまの支配する空間でした。

ザビエル聖堂の内部は八十席程度の椅子が並べられた小さな矩形の部屋で、正面は平たい黄土色の壁だけの簡素なものでした。

壁の中央からやや右寄りの二メートル程度の高さのところに、三角錐を半分にしたような形の緩やかな窪みが作られてあり、窪みの底の平らな場所には、二、三輪の花が生けられた小さな花瓶が置かれていました。その真下の壁には二センチぐらいの四角いライトが埋め込まれていて、薄赤い光を放っています。

正面壁の右上にはキリストの像が刻まれた五十センチ程度の細い十字架が架けられています。十字架が無ければ教会とは思えないような落ち着いた空気の部屋でした。

聖壇の右端には透明なガラスの塀が設けてあり、外の景色が見えました。ガラス塀の下の床は、水が浅く張られた真っ白な大理石のため池で、その半分が外部にはみ出すように作られていました。薄暗い静寂のなかで、そこだけが外部の接点として微かに息づいていました。

聖堂の中は人気が少なく、中央後方の座席に二人の女性が手を合わせて祈っているだけでした。心の底からしーんと落ち着くような静かな空間の中で、私は六人の右端に座って、初めて味わう教会の静寂な雰囲気に浸っていました。

中山さんは左端の一人に近づいて、耳元で何かを囁きました。祈る内容を伝えられているようで、言われた人は手を合わせて祈っていました。それから順番に一人一人の席に近づいては、それぞれに異なった祈りを指示しているようでした。最後に私の横に座って、周囲の静けさに合わせるように耳元でこう言われました。

「小坂さん、地球の水の浄化を祈ってください」

私は合掌して無言で祈りました。彼女は私の祈りを確かめるようにして、再び囁きました。

「地球の浄化をお祈りしてください」

私は言われたまま、聖壇に向かって祈り続けました。私の横に座って一緒に祈っている中山さんの波動が伝わってくるようでした。

つい先ほど、四谷の喫茶店で中山さんに言われた「祈りの司祭」や「水（アクエリアス）を司る」、「ゴールデン・キー」という言葉がまだ私の脳裏に焼き付き、三分の二を占める青い大洋をもつ美しい地球が宇宙に浮かんでいる様子が、まるで宇宙船から眺めるように浮かんできました。

私は不思議なほど澄みきった心を感じながら、地球の水が浄らかになりますように、地球そのものが浄化されますようにと真剣に祈っていました。

私は毎日、朝晩、神仏に水とお花を供えてお祈りしていますが、このときほど深い心で敬虔な祈りをしたことはありません。我が家での祈りの中身は、いつも家族親族の健康と幸せであり、会社の繁栄であり、ご先祖の供養です。ザビエル聖堂での祈りは、日頃行なっているものとはまったく次元の違ったものだったのです。

私たちが生かされているこの大切な地球に対し、そしてその命に対し、個人の枠を超えた次元で、感謝と浄化の祈りをささげたことは初めての経験でした。私の心の中に何か大きな変化が呼び起こされたように感じました。

ザビエル聖堂を出た私たちは、前の芝生のそばで陶酔に似た心持ちで立ち話をしました。すると中山さんが、空を見上げて叫びました。

「UFOがたくさん来ていますよ。予言された通りに私たちの儀式を祝福してくれているのです」

私は見上げましたが、頭上にあるのは、あくまで澄み切った美しい青空と少しの白雲だけの空、上智大学の十字架の高い塔が一緒になっている空、大学の円い校舎の屋根が入り込んでいる空だけでした。

そのとき突然、朝倉氏が、

「小坂さん、空の写真を撮りましょう。後で中山さんからＵＦＯが写っているか見てもらいましょう。ニューオータニの瀧の龍神さんも写っているかもしれませんよ」

と言って、澄んだ青空に向かって私のカメラのシャッターを押していました。

私は不思議な興奮を覚えながら、皆と一緒にホテルニューオータニのガーデンレストランに戻りました。先ほどの女性のことが気になり、

「あのときは苦しくなかったのですか」

と尋ねると、彼女は整った白い顔を恥ずかしそうに赤らめて、

「いいえ、苦しくはありませんでした」

「あの言葉はいつでも話すことはできるんですか」

「はい、でも普段はお話ししません」

とのことでした。

今日はなんと不可思議な一日だったことだろう。私以外はあのような世界を理解しているようでしたが、私だけが普通の人間として参加したようでした。私がこれまで知らなかった世界が本当にあるのだろうか。そんなふうに感じるのは、今までの人生では味わったことのない世界に触れたからだろうか。ホテルニューオータニの瀧の前やザビエル聖堂での祈りの内容が、新

鮮で神聖なものに思えたからだろうか。

　そんな思いを抱きながら皆と別れるとき、

「また会いましょうね。よろしくお願いします」

と言われた挨拶の言葉のなかに、何か新しい世界との出会いが待ち受けているような予感が私の中に芽生えるのを感じていました。

第四節　アクエリアス星人との出会い

平成十五（二〇〇三）年十一月四日、藤谷氏、藤谷氏の友人の浜田氏、朝倉氏、中山さんの仲間の女性と私は、ホテルニューオータニに向かいました。幣立神宮の古檜の地底から解き放った宇宙神三大龍王を自分の目で確かめたいとの藤谷氏の希望で、朝倉氏が一同を案内してきたのです。

「中山さんは、今日は来られません。この前来たときにあまりにも三大龍王のエネルギーが強すぎて、今日来てもとてもこの場に居続けることができないでしょう、とのことでした。三大龍王に少し活動を鎮めてくださいと、中山さんに代わってお願いしなければなりません」

と朝倉氏は、中山さんの代理も兼ねて参加したとのことでした。

一同はいつも通り、ホテルニューオータニの日本庭園の赤い太鼓橋を渡り、石心亭のある小高い丘を通って細い石の階段を下りはじめた頃です。藤谷氏がしきりに

「すごい、すごい、ここはなんと磁場の強いところなんだろう」

と身体を震わせながら独り言を言いだしました。磁場の重みを全身に感じているようで、幅広く落ちる瀧の前の広場で何かを全身で受け止めているようでした。

私たちは彼を真ん中にして、瀧に向かって長い祈りを捧げました。私にはいつもの通り何の波動もエネルギーも感じませんでしたが、藤谷氏にはじんじんと身体に感じるものがあったのでしょう。

「ここは本当に聖地ですね。大都会の中の不思議な世界ですね。この東京という大都会のど真ん中に、このような聖らかな世界があるなんてとても考えられない」

藤谷氏は、つぶやくように私に言われました。

そんな私たちの行動を透視していたかのように、中山さんからすぐ朝倉氏に電話で連絡がありました。

「皆さん方のお祈りのお陰で、幣立神宮、ホテルニューオータニ、犬吠岬の光のレイラインが構築されて、龍王様方が自由に往来ができるようになりました。三大龍王様は藤谷さんをはじめ皆さんが一緒にホテルニューオータニに来られたのをとても喜んでおられます。

藤谷さんには三大龍王様から何かご褒美を差し上げるといわれていますよ。近いうちに連絡があると思います。楽しみにしておいてください」

朝倉氏は中山さんからの伝言をよどみなく私たちに伝えました。それが翌年二月の貴嶺宮での藤谷氏の儀式につながっていきました。私を除いたこれらの人々には、私に理解できない意識交換の領域があることを痛感しました。

翌々日の十一月八日には、中山さんから私にメールが入りました。

「先日、宇宙神三大龍王様を治めていただいた後、すぐにまた太陽が爆発しましたね。三大龍王様はたいそうお喜びで、太陽まで跳ねられたようですよ。四日か五日でしたでしょうか。今度のは大きいですよ。磁気嵐が治まるのには三日はかかるでしょうね。龍王様は大変ご機嫌でいらっしゃるようです」

私は、十一月六日の熊本日日新聞朝刊に、

「日本の通信総合研究所の平磯太陽観測センター長の秋岡真樹氏が『先月二十八日のフレアと呼ばれる大規模な爆発現象が観測された太陽の同じ領域で、再び太陽が激しく活動し、日本時間、五日午前四時二十九分……。これほどの激しい爆発は経験したことがないような規模であった』と発表した」

という記事が載っていたことを思い出し、すぐにそのコピーを中山さんに送りました。観測史上初めての黒点の激しい爆発は偶然の現象かもしれませんが、長年封印を余儀なくされてきた幣立神宮の宇宙神三大龍王のエネルギーのすごさが想像できるようでした。


そのようなことがあってから、朝倉氏の提案で、一度中山さんからリーディングを受けてみようということになり、その年の十二月六日に都内のホテルで朝倉氏、浜田氏と私の三人が中山さんからリーディングを受けました。最初に私と向かい合わせに座った中山さんは、いきなり私の大学ノートに山の絵を描きました。さらにその山の上空に、五ミリ位の小さな二つの楕円の輪を左右並べるように描き加えました。

「これはロッキー山脈です。今この山の五百メートル上空にアクエリアスのＵＦＯが二機浮かんでいます。それぞれ十メートルぐらいのＵＦＯです」

そう言って、その山の絵の下に、これらのＵＦＯだと思われる大きさ直径五センチ位の円を描き、その中に二重の輪を描くように小さな円を描きました。そして、

「このＵＦＯの外側の第七オーラにはダウザーさんという宇宙人がおります。こちらのＵＦＯの内側の第一オーラにはラリガーさんという宇宙人がおります。ダウザーさんはヒーリング・プロテクトの担当で、ラリガーさんは開発・発明の担当といわれています。

この二人はアクエリアス星人の方々で、いつも小坂さんを護ってくれています。今ここに来てもらいますよ。小坂さん、ラウワー、ラウワー、と言ってください」

と。私は、先日四谷の喫茶店で初めて会ったときに、中山さんから、私はアクエリアスに関係あると言われていましたが、アクエリアス星人が見護ってくれていると聞いて、さらに驚きました。

「はい、わかりました。ラウワーと言えばよいのですね。ラウワー、ラウワー、ラウワー……」

私が言い終わるやいなや、中山さんは、

「ほーら、お二人が来られました」

と、私のそばに来ている二人を歓迎するようなしぐさで微笑んで対応されていました。私には何も見えません。中山さんだけは、二人の宇宙人とまるで親しい友人のように楽しげに対していいます。中山さんのしぐさから、二人の宇宙人の身長は三、四十センチ程度のようだと思いました。

「お二人は、大変喜んでおられますよ。ようやく小坂さんに知らせることができたと、とても喜んでおられますよ。これからは色々な面で小坂さんをサポートされるでしょう。私にはアンドロメダのお方がついてくれています。宇宙人は瞬時にトランスポートされます。エネルギー体と言おうか、光体とも言える存在です。

これからは、ダウザーさん、ラリガーさんに何かお願いをしたいときには、ラウワー、ラウワーと唱えて、小坂さんのところに来ていただきなさい」

中山さんが私の遠い過去のことを話しだされました。私のノートに殴り書きするように色々な絵やマークを書きながら話されますが、とても早口でした。後でそのノートのコピーを見ますと、アトランティス、シリウス、プレアデス、エジプト、ピラピッド、スフィンクス、エーゲ海、ミノス、クレタ、ミュー、反重力、アンモナイト、キリスト、仏陀などの単語や、六芒星のマークなどが多くの絵とともに、乱雑に書かれています。数頁にわたって書かれていて、おそらく朝倉氏と浜田氏二人に関することも含まれているようでした。

しかし、そのときの私には理解できない言葉や絵が多すぎました。ただ、そこでアクエリアス星人のダウザーさんやラリガーさんに出会ったことは、私にとってとても大きな出来事でした。何故なら、お二人は本書で述べる多くの事象に、私を取り巻く多くのサムシング・グレートと思われるご神仏、龍神、ご先祖の方とともに深くかかわり、私に不思議な身体体験を与えてくれたからです。そして、今に至るも絶えず私を護り指導してくれている存在として、いつも身近におられると感じています。

なお、アクエリアス星人をはじめとする宇宙人とのお付き合いについては、第七章二節の「宇宙人の愛」で詳しく述べています。

第五節　貴嶺宮での儀式と二機のＵＦＯ

平成十六（二〇〇四）年二月十六日、中山さんに降りてきたメッセージで、藤谷氏、朝倉氏、浜田氏と私の四人は、名古屋近郊の貴嶺宮《きれいぐう》に参拝いたしました。貴嶺宮での儀式は本来、藤谷氏と朝倉氏の二人で行なう予定だったのですが、中山さんから

「これは、三大龍王様が藤谷さんへの喜びの気持ちを表される儀式で、藤谷さんには大変重要なものですが、幣立神宮に関連の深い小坂さんは、ぜひ浜田さんを誘って同行してください」

との勧めがあり、私も出張中の東京から直行して参加いたしました。

四人が名古屋駅で落ち合ったときにわかったことですが、朝倉氏は中山さんから貴嶺宮と聞いていただけで、宮の由緒も住所も知らされていなかったようです。貴嶺宮の名前と、そこで行なう細かな儀式内容についてだけは藤谷氏に告げられていたようで、五枚程度の便箋に書かれていました。

貴嶺宮の神殿は、山蔭神道家第七十九代の山蔭基央氏が、平成三（一九九一）年に浜松から名古屋近郊の幸田町に遷されたもので、まだ建物は新しく、広い敷地は神々しい雰囲気が漂っ

ていました。この貴嶺宮は神道関係の書物には紹介されていないようですが、本殿に向かう石砂利は美しく清められています。その上を歩きながら、藤谷氏はいつもと同じく、磁場の深さを推し量るように、

「これはすごい、とても重い磁場を感じます。ここも非常に格の高い聖域ですね」

と言われていました。

境内の由緒書きによりますと、貴嶺宮は山蔭神道の本宮であり、天之御中主神《あまのみなかぬしのかみ》、高御産巣日神《たかみむすびのかみ》、神産巣日神《かみむすびのかみ》の造化三神を主祭神として、天照大神、大己貴神、少彦名神が祀られています。朝倉氏によれば、ここでは、三位一体の造化三神は「天津渦々志八津奈芸天祖大神（あまつうずうずしやつなぎのあめのみおやのおおかみ）」と呼ばれており、神道の根源の神様方がお祀りされているとのことでした。

中山さんのメッセージにあったように、その神殿の御前で宇宙神三大龍王は九頭龍大神を通して藤谷氏にご褒美を与えられる。そのために、宇宙神三大龍王の使者として九頭龍大神が貴嶺宮の神殿に飛来するといいます。朝倉氏がその儀式の進行役を務めるようでした。

朝倉氏は社務所に行き、拝殿の広い日本座敷をお借りする許しを得てきました。それから四人は、参詣者のいない正面の広い拝殿の畳の間に上がりました。神殿に近い中央前方に藤谷氏が座り、その斜めすぐ後に朝倉氏が座り、浜田氏と私はずっと後方に座りました。

朝倉氏の朗々とした大祝詞が響きました。実は、朝倉氏は発明家であると同時に、由緒ある神社の神職の家柄であり、天児屋命《あまのこやねのみこと》がご先祖に当たると聞いています。約一時間にわたたって、中山さんからの指示書通り、色々な詔をあげましたが、そのつど、藤谷氏は全身のチャクラを通して九頭龍大神からの波動を受け入れているようでした。

儀式の後、朝倉氏が藤谷氏に強く言われたことを、私は忘れることができません。

「今までの藤谷さんの気功は、個人対個人でやられてきたでしょう。これからは、一度に何十人、何百人の人たちを対象にして引き受け気功を施し、教えることができるようになりました。今日その能力を伝授されたのです。引き受け気功を実行して幸せになる人々が世界中に広がり、その集合意識によって人類や地球の危機を救うことにもつながっていきますよ」

藤谷氏と予言者ジュセリーノとの間に親密な交流があることはすでに書きましたが、藤谷氏の言葉の底流には神々への純粋な誓いがあり、今日、神々からの祝福と神技に通じる能力を与えられたのだと思いました。

その日は駅前の居酒屋で軽く祝杯を挙げた後、藤谷氏は大阪に、他の三人は東京に戻りました。新幹線の中で私は藤谷氏のことを考えました。

東京のホテルで、多くの悪霊が憑依していた中山さんを命がけで救ったこと、それにより幣立神宮の宇宙神三大龍王を長い封印から解く使命を与えられ果たされたこと、日頃の藤谷氏の真摯な精神と行動を見守っていた神々は、中山さんを通して、さらにステップアップするための力を与えられたのではないだろうかと。

東京へ戻った翌日の二月十七日、中山さんの誘いで朝倉氏と私の三人は、ホテルニューオータニの日本庭園にある瀧の前に集まりました。この日も日本庭園の池で泳ぐ三大龍王の姿を中山さんが色々と説明するのですが、私には何にも見えませんでした。

三人の初めての出会いは四ツ谷駅の近所の喫茶店でしたが、中山さんが私の手の平にたくさんの貴石を積み上げて、「小坂さんは、重要なゴールデンキーを握っておられますね。小坂さんの人生には重要なミッションがありますよ」と言われたことがありました。

中山さんは私に、そのゴールデンキーを藤谷氏と朝倉氏と中山さんの三人に分かち与えるための祈りをせよと言います。中山さんによると、これから私たち四人が行なう重要な使命の達成には、それがどうしても必要なので、三大龍王の前で三人に分かち与えるお祈りをしてください、とのことでした。

私は瀧の前で、中山さんの言う通りに、三人の仲間の名前を挙げてゴールデンキーを分け与える祈りをいたしました。中山さんは、その間、目を閉じて私の胸元に向けて合掌していましたが、

「おかげで無事終わりました。藤谷さんは不在ですが、三人でキーを持ち合うことになりました。小坂さん、ありがとうございました」

と言った後、突然私に
「小坂さん、私にヒーリングしてちょうだい。ここが具合悪いので、お祈りをしてください」

と、胸のあたりをさするようにしています。私は驚いて
「私には、そのような力はありませんよ」

と言いますと、さらに続けて
「いえ、大丈夫、一度やってみてください」

と言うのです。不思議に思いながら、私は彼女に向かって、

「中山さんの具合の悪い場所を治してあげてください」

と祈りました。中山さんは、

「ああ、ありがとうございました。気分がすっかり良くなりました。小坂さん、これはあなたを支えておられるアクエリアスの方々が小坂さんに授けられている力なのですよ。宇宙意識に通じている証拠ですよ。ご自分の祈りの力を自覚してください」

と笑顔で言われました。

その後、三人でホテルニューオータニのガーデンレストランの窓側のテーブルに座って楽しく喫茶をしているとき、突然、中山さんが大きな窓ガラスを通して、斜め上の遠方の空を指差して叫ぶように言いました。

「あそこにＵＦＯが二機飛んでいますよ。あれは、アクエリアスの方々がわざわざ私たちに姿

を見せてくださっているのですよ」

そこには二つの白っぽい金属製の物体が光りながら夕方の空を遠く飛翔していました。握りこぶしよりも大きなサイズで、雲ひとつない青空のなかを、ときどき姿を消したり、またふと現われたりしています。夕日に映えて、常識では考えられないような動きをしながら、遠い方向に飛んで行きます。その姿は私たちだけに見えるのかと思って隣席の人たちを見ると、私たちの声につられて同じ方向に視線を合わせながら、

「ああ、不思議な動きをしている、あれはＵＦＯだ」

と大声をあげて見ていました。

二つの光が飛んでいくのが見えたのは私たちだけではないことがわかって、私は無性に嬉しくなりました。ザビエル聖堂の上では中山さんだけに見えて、私たちには何も見えませんでした。それが、今、私たちにも見えるとはどういうことなのであろうか。

そのとき、こんな考えが私の脳裏をよぎりました。

あちらの方々は、意識的に私たちに姿を見せたり見せなかったりすることができるのではないのか。

現に、私たちの目の前で消えたり現われたりしていたのではないか。

あるいは、私たちの目を開かせたり、閉じさせたりして自由に操ることができるのではないか。

日本の神々や龍神方と、ＵＦＯを操っているアクエリアスの方々の間には何かで深く繋がっているのではないか。

翌日、中山さんからメールが届きました。

「昨日は本当にミラクルな日でしたね。ＵＦＯも小坂さんにご挨拶に来られて、写真でここにいますよと言わずに目の前に現われてもよい状態になりましたね。でもそうだからと言って、毎日、宇宙人に来られても困りますけどね（笑い）。

小坂さんが純粋だから見せてくれたのですよ。純粋じゃない人の前には決して現われてはきません。それから昨日は、朝倉さんや小坂さんにブルジョアな一日を貸しきり状態で経験させていただきまして、すごく楽しかったです。ありがとうございました」

第六節　日本再興に貢献したスリランカ大統領の威徳

平成十六（二〇〇四）年二月十九日、東京から帰ってきた私に、吉村美智子さんから「急ぎの大事なお願いがありますので事務所に来ていただけませんか」との電話がかかってきました。その頃には、吉村さんは事務所を市内中央の熊本ホテルキャッスルの近くに移していました。吉村さんからは川本氏や朝倉氏を紹介されていましたので、今度は何事だろうかと新しい事務所を訪ねました。

事務所では水野秀昭氏が待っていました。水野氏は、バサバサの髪で無精髭をはやし、ブレザーにノーネクタイという格好でソファに座っていました。吉村さんは水野氏を私に紹介して、

「小坂さん、お忙しいところを来ていただいてありがとうございます。まず水野さんのお話を聞いてください。水野さんは大切なお仕事が最終段階に至っていますが、その総仕上げは小坂さんの協力がなくてはできないと思い、失礼とは思いましたがお呼びしました。水野さんのお手伝いをしてあげていただきたいのです」

水野氏の名刺には、宇土市の株式会社五色山興産の社長で、石材業とありました。水野氏は朴訥に話しだしました。

「実は十年かけて、ようやく仏像を二体造りました。スリランカの世界遺産にもなっている古い仏像の複製なのですが、やっと完成し、来月宇土市の五色山で入魂式をするのです。入魂式には東京のスリランカ大使夫妻や、スリランカ本国から世界的に有名な先生方や高僧が来られます。

ところが私はまったく英語ができませんし、英語のできる友人もおりません。スリランカの大切な客人へのご案内やご接待、それに入魂式の司会や通訳など、色々な準備も全然できていないので、困り果てて吉村さんのところに相談にきたのです」

吉村さんは、以前から釈迦涅槃像のことを水野氏から聞いていたようでしたが、入魂式が一月余り後に迫っているとは知らなかったようです。

「この仕事は小坂さんにお願いする以外ないと思っていたのですが、こんなに日が迫っているとは知りませんでした。小坂さん、ぜひ水野さんに協力してあげてください」

私はいささか驚いて、

「スリランカの国を代表するような方々を呼んで入魂式をされるというのは、いったいどういうことなのですか」

と水野氏に訊ねました。

髪をかきあげながら、訥々としゃべる水野氏の話に黙って耳を傾けていましたが、話に徐々に引き込まれ、次第に心を動かされるのを感じました。

「私は約十年前の平成六（一九九四）年に、当時のスリランカのジャヤワルデネ大統領の官邸に招かれたことがあります。そのとき、部屋の壁面に吉田茂総理大臣からの感謝状の額が飾ってあることに気がつきました。

不思議に思い、その理由をお聞きしたところ、ジャヤワルデネ大統領は大変な親日家で、私たちにその理由を説明してくださいました。昭和二十六（一九五一）年九月のサンフランシスコ平和会議で、スリランカ国（当時の国名はセイロン）の国連代表であり大蔵大臣でもあったジャヤワルデネ大統領は、その後の日本の将来を決定づける日本擁護の演説をされたというのです。

その内容は驚くべきものでした。

ジャヤワルデネ大統領は、ソ連の要求による米英中ソの四大国による分割占領政策に強く反対され、日本の自由と独立を主張されました。同時に、我が国に課せられた戦後賠償を他国にさきがけて自発的に放棄されたのです。

欧米列強の植民地政策でほとんどのアジア、アフリカ諸国が蹂躙されていたとき、日本はアジア諸国の中でただ独り強く自由な独立国であり、スリランカ国は日本を保護者として、また友人として仰ぎ、日本に対して高い尊敬の念を抱いていました。

我々は同じ仏陀の信奉者です。大統領は、釈迦の言葉〝憎しみは憎しみによっては止まず、ただ愛によってのみ止む〟を引用され、日本は歴史的に仏教国であり、仏陀の言葉を実践し、アジアの数え切れないほどの人々に勇気を与えたと訴えられました。

さらに、今でも平和を愛する仏陀の思想のもとにある日本人に機会を与えてあげなくてはならない、日本の人々と、平和と繁栄の中で人間の尊厳と喜びをもって生き、ともに歩むことを信じますと訴えられたというのです。そのことに全権大使の吉田茂首相が深い感銘を受けて、感謝状を贈られたことは当然であったでしょう。

インドのパール博士が、国際法に照らして日本無罪論を主張されたことは日本人の多くが知っており、パール博士も数回来日され、多くの日本人から感謝されています。また、『徳を以って怨に報いる』と言われた蔣介石総統に対しても、尊敬して止まない日本人がたくさんおり、中正神社（愛知県・甲田町）まで建てて敬意を表しています」

水野さんは激しく波打つ心を抑えるように言葉を選びながら、ゆっくり私に語りかけました。「ジャヤワルデネ大統領の威徳を知った私は、痛く感銘を受け、同時にその史実を知らなかった自分を恥じました。平成八（一九九六）年一月にジャヤワルデネ大統領は他界されましたが、その遺志に基づき、彼の角膜の一つはスリランカ人に、もう一つは日本人に提供されたのです。

私は、どうすればスリランカ国民に御恩を返せるかと日夜考えました。ようやくたどり着いたのが、同じ仏教徒として、スリランカの誇る世界遺産のガル・ビハーラの涅槃像、立像、瞑想像の三体の複製を日本に建立することでした。

この仏像遺跡は古都ポロンナルワにあり、スリランカの多くの仏跡のなかで一番美しいといわれているもので、私も訪れて心から感激いたしました。自分は石材事業をしているので、日本に複製をお祀りして私の感謝の心を表わそう。同時に、多くの日本人にスリランカの人々の心を知ってもらいたいと決断しました。それから十年、ようやく入魂式にまでこぎつけたのです」

その三体のうち、今回は涅槃像と立像の二体を建立して、入魂式を行なうことになったこと、来月の入魂式には、マグサイサイ賞を授与され、ノーベル平和賞候補になられたアリヤラトネ博士夫妻、在日スリランカ大使夫妻と領事、スリランカの高僧、友好人士方をお招きして行なうこと、スリランカではこの行事が大きなニュースになっていることなどを、写真や美術書を見せながら具体的に説明してくださいました。

さらに、スリランカの涅槃像は横の長さが十四メートルあるが、日本の道路交通法で許されているぎりぎりの大きさの十メートルに縮小したことや、オリジナルの美しい仏像の姿をいかに表現するかに苦労し、自分の納得いくまで何回も造り直したこと、中国にある自分の工場で制作したが、石像の大きさや重量を考えると宇土市の五色山まで運び、台座の上に安置することは不可能に思えたこと、しかし、何度もの不思議な現象で実現したこと、この十年の歳月を仏像造りに命をかけてきたこと、それでも自分が守られていると感じることがたびたびあったことなどを説明されました。

釈迦涅槃像や立像の設置工事のモノクロ写真からは、それらを物語るような圧倒的な波動がほとばしり出ていました。水野氏の全身から何か超人のような強さと人間愛が私に伝わってくるのも感じました。そして、日頃忘れていた日本人としての熱い心が、私の全身にふつふつと湧き上がってくるのを感じました。

私のみならず、多くの日本人はジャヤワルデネ大統領のことを知らないのではないか。戦後教育で誰も教えようとしなかったことは恥ずかしいことではないか。私の目の前にいる水野氏がされようとしている儀式は、単に水野氏個人の仕事ではなく、日本にとって社会的にも国際的にも意義ある仕事であり、本来国や熊本県や宇土市が後援してしかるべきものである。もし誰も協力しないのであれば、私は水野氏のために全身全霊をこめて、この儀式を成功させなくてはならない。これは天から依頼された一つの使命であろう。そんなふうに思いました。

水野氏とのご縁を結んでくれた吉村さんにお礼を言い、その場で水野氏に「協力させていただきます」と返事をいたしました。水野氏は、

「小坂さん、やってくれますか」

と言われ、ほっとされたようでした。そして、私の目の前で、横にあった電話のダイヤルをまわして、親しい友人に話しかけるように片言の英語で、

「Dear Dr. Ariyaratone, My friend, Mr.Kosaka」

と言ってから、

「スリランカのアリヤラトネ博士です。一言挨拶してください」

と私に受話器を渡されたのです。

「釈迦像入魂式のお手伝いをすることになった小坂です。成功するように一生懸命に努力したいと思います。よろしくお願いいたします」

とご挨拶をいたしました。アリヤラトネ博士と私の短くて息の合った会話の様子を見てすっかり安心したようで、水野氏は私の手をとって、

「小坂先生、何卒よろしくお願いいたします」

と頭を深々と下げられました。

　ひと月余りという短期間で入魂式への招待状、式次第や趣旨説明書、当日の水野氏の挨拶文、未完成の記念石碑の原稿などを日英両文で作成することなど、仕事内容の打ち合わせを済ませ、その場を辞しました。

　実は、私は水野氏の仕事の手伝いを始める前にするべきことがありました。私の目で水野氏が言われたことを確認することです。安置されている釈迦涅槃像と立像をこの目で確かめることと、サンフランシスコ平和条約が締結されたときに、スリランカ（当時のセイロン）の代表がどのような演説をされたのかを確認することでした。

第七節　日本人としての覚醒を促される

翌日、私は二体の釈迦像が安置されてある五色山を訪れました。国道三号線を熊本から鹿児島に向かい、宇土市の松山町を左手に折れ、松山神社を通り越して、山手の方向に曲がりくねった狭い農道を数百メートル行くと、静寂な森に囲まれた五色山がありました。奥に向かって蹄形状に小高い丘が広がっており、手前の広場の中央部は墓地用地として整理されていました。公園の中央部をまっすぐにのびる道に三、四段の階段が数箇所つくられ、上って行くと、大理石で造られた祭壇があります。その上の二段構えの御影石の大きな台座の上に、真新しい雪白の涅槃像が頭を左にして横たわっていました。

水野さんが十四メートルの原寸の涅槃像を仕方なく十メートルに縮小されたといわれていましたが、そばで仰ぐとそれは巨大な涅槃像でした。端正で優しい微笑みを浮かべた顔、流れるような身体の線、金色の渦巻き模様が刻まれた仏足、すべてが太陽の光のもとで真っ白に神々しく輝いていました。涅槃像の頭部から左側に少し離れた別の祭壇には、四メートルの立像があります。寂滅する釈迦の寝姿とそれを悲しむアーナンダの姿でした。

涅槃像と立像、それらを支える大きな台座と祭壇、その前方中央に置かれた水瓶と、その中でなめらかに廻る大きな赤御影石の玉、スリランカと日本両国の石造りの国旗はすでに完成されていましたが、祭壇周辺やそれに通じる階段の道、両側に立てられた数十本の石灯篭などは未完成でした。公園の入り口に立てる予定の二メートルほどの由緒説明の石碑もこれから中国で造らせて運んでくるとのことで、入魂式までに完成するのか疑わしいような状態でした。

それでも、大きな二つの仏像はすでに荘厳な姿で鎮座していました。国道三号線から曲がって五色山へ通じる数百メートルの道はくねくねと曲がった農道でしたので、あの巨大な二体の石像がどのようにして現在の場所に運ばれたのか、不思議なほどです。水野氏が、「それは奇跡の連続でした」と言われていましたが、奇跡が起こらなければ、とてもあの大きな仏像を運んで安置できなかったであろうと思いました。

スリランカには二千二百年前にインドのアショーカ王により仏教が伝えられており、多くの仏教遺跡が残されているようです。長い歴史のなかでたくさんの仏教寺院が造られましたが、なかでも十二世紀頃に造られた古都ポロンナルワのガル・ビハーラの仏像は最高傑作の一つとされ、世界遺産にも登録されています。

当時の王であったパラークマ・バーフ一世(AD一一五三~一一八六年)により建立されたといわれています。スリランカ仏教関係の美術書を見ると、ガル・ビハーラの仏像が第一に紹介されている場合が多いようです。横幅五十メートルもある一つの岩山に、向かって左から大きな坐像、石窟内のやや小さな坐像、アーナンダの立像、その右に涅槃像が並んで彫刻されていて、独立した石刻寺院になっています。

写真で見ると、その仏顔の素朴で魅力ある美しさには驚かされます。顔の真ん中に少し長めの鼻をそなえた温顔の涅槃像や、両腕を胸部に組んで立っている悲しげなアーナンダの表情と比べると、水野氏が中国の工場で何度も造り直されたという仏顔は、かなり違った感じを受けます。それは、水野氏の、というより、究極の美を仏像に追求してきた日本人共通の美意識によるものでしょう。

水野氏は、自分が気に入るまで、特に穏やかな顔立ちと流れるような涅槃像の線が出るまで、くり返し造り直させたといわれていましたが、私にも十分に納得のできるほど美しいお姿でした。

ジャヤワルデネ大統領のサンフランシスコ平和会議での演説の英文と和訳の内容は、東京のスリランカ大使館の資料として、インターネットで見つけることができました。水野氏が言っておられたように、その内容は私にとって衝撃的なものでした。昭和二十六（一九五一）年九月六日、サンフランシスコに於ける対日平和条約の締結と調印のための会議で、セイロン（スリランカ）政府代表団団長J・R・ジャヤワルデネ大統領（当時大蔵大臣）が演説された内容は、次のようなものです。

なお、和訳はスリランカ大使館元通訳の故渡辺氏によるもので、最後の部分が欠損していたため、私が日本の外務省から全文を取り寄せ、読みやすいように補足して完成させたものです。

○　○　○

賛同を求められている平和条約草案について、セイロン国政府の見解を、この五十一ヵ国の集会前に提出する機会を与えられましたことを、私は大いなる特典と考えます。私の声明は我が国が本条約を受け入れる諸理由から成り立っていますが、本条約に対して向けられた、いくらかの批判を反駁する企てもあります。

もっとも私は、自国の政府を代表してのみ話すことができるわけですが、日本の将来に対して一般的態度のなかでのアジアの諸国民の感情を表明できると考えます。

私は現在、会議で考慮中の条約の最終草案が公式化されるまでの出来事について語る必要はありません。アメリカ代表ダレス氏とイギリス代表ケンネス・ヤンガー氏は、一九四五年八月の日本の降伏文書協定から始めて、それらの出来事を詳細に、かつ丁寧に我々に示されました。しかしながら、次の事柄は述べておいてもよいと思います。

すなわち、本条約の草案を採用するに当たって、四大強国の間で深刻な意見の衝突があったということです。

ソ連は、四大強国だけが、すなわちアメリカ、イギリス、中国及びソ連の外相会議だけが、それを引き受けるべきであると主張し、もし条約草案作成のために他の国々が加入するのであれば、拒否権を保留されなければならないと主張しました。

イギリスは、自治領は相談を受けるべきであると主張し、アメリカはこれに賛同しました。両国はまた、対日戦争に参戦したすべての国々と相談することを支持しました。

また、これらの諸国の間では違った考慮から、条約の実際の条件に関する意見の相違がありました。ある国は新しい軍国主義的日本の台頭を恐れ、他の国は日本の侵略によって生じた災害と恐怖を忘れ兼ねて、意見が分かれました。


あえて意見として述べますが、完全に独立した日本のための主張がはじめて提示され考慮されたのは、一九五〇年一月に開催された連邦外相のコロンボ会議においてでありました。このコロンボ会議は、日本を孤立させたケースとして考えるのではなく、南アジア及び東南アジアとして知られている地域の一員として日本を考えました。

世界の人口の大部分を含み、最近になって漸く自由を回復した国々からなる南アジアと東南アジア、それらの諸国民は数世紀なおざりにされ、今尚苦しんでいます。この会議から二つのアイデアが浮かび上がりました。一つは独立国日本のそれであり、他方は南アジア、東南アジア諸国民の経済的、社会的開発の必然性で、それらを確保するためにコロンボ計画として現在知られている計画が着手されました。

ケンネス・ヤンガー氏は、コロンボ会議の後に連邦諸国長官の運用委員会が条約草案の仕事の経過を説明され、その後にアメリカ代表ダレス氏と相談されたことを説明されています。今我々の前にある条約は、これらの協議と折衝の成果であります。私の政府の見解のある部分がそこに記されていますが、私の政府の見解でないものもあります。しかし、現時点において、日本と進んで和平を討議したいとする諸国の間で同意できる最大限共通な尺度を告げていると、私は考えます。


日本に対する態度において、セイロン、インド、そしてパキスタンなどのアジア諸国は、日本は自由でなければならない、という考えを第一に動きました。本条約はその考えを完全に具現していると私は考えます。ただし、日本の自由という事柄について付帯的な問題があります。すなわち、自由は本州、北海道、九州、四国の主要な島々に限定されるべきであるか、あるいは近隣のいくつかの小さい島々にまで広げるべきであるか。もしそうすべきでないのなら、これらの島々は如何にすべきか。

台湾は一九四三年のカイロ宣言に従って中国に返還されるべきか。

もしそうすべきであるのなら、中国のどちらの政府へ返還されるべきか。

中国を平和条約会議へ招くべきか。もしそうであるのなら、どちらの政府を招くべきか。賠償は日本から強要すべきか。もしそうなら、金額はどうすべきか。日本が自国の防衛を組織するまでは、どのようにして自らを防衛するのか。

日本の自由という中心問題について、我々は究極には同意することができました。そして条約はその同意を具現しています。他の問題については際立った意見の相違がありましたが、条約は大多数の見解を具現しました。

もしこれらの諸問題のあるものが違った方法で解かれていたら、私の政府はその方を好んだでありましょう。しかし、大多数が我が国に同意しないという事実は、自由で独立した日本という中心概念を含む本条約に、我が国が調印するのを控える理由にはなりません。

最初に私が言及しましたことに関連のある事柄は、日本が自由になれば解決不可能ではありませんが、日本が自由にならなければ解決不可能であると我が国は考えます。自由な日本は、たとえば国連組織を通じてこれらの問題を世界の他の自由諸国と討議することができ、早目に満足すべき決議に到達できましょう。

本条約に署名することにより、我々は日本をしてそうすることができるようにさせます。すなわち、日本が中国を承認すると決定するならば、中国政府と友好条約を結ぶことができるということであり、同様に、日本をしてインドと平和友好条約を結ぶことができるということです。このように私が述べることができるのは、大変嬉しいことであります。もし我々が本条約に調印しなければ、これらのことは、何れも起こり得ないでありましょう。

何故アジアの諸国民は、日本は自由であるべきだと切望するのでしょうか。それは我々と日本との永年に亘る関わり合いの故であり、またアジア諸国民が日本に対して持っていた高い尊敬の故であります。日本がアジア緒国民の中でただ一人強く自由であったとき、我々が日本を保護者として、また友人として仰いでいたとき、日本に対して抱いていた高い尊敬のためでもあります。

この前の戦争の最中に起きたことですが、アジアのための共存共栄のスローガンが今問題となっている諸国民にアピールし、ビルマ、インド、インドネシアの指導者たちは、自分たちが愛している国が解放されるという希望から日本の仲間入りをしたという出来事が思い出されます。

セイロンにおける我々は、幸い侵略を受けませんでしたが、空襲により引き起された損害、東南アジア司令部に属する大軍の駐屯による損害、並びに、我が国が連合国に供出する自然ゴムの唯一の生産国であったときに、我が国の主要産物のひとつであるゴムの枯渇的樹液採取によって生じた損害は、日本に対して損害賠償を要求する資格を我が国に与えるものであります。しかし我が国はそうしようとは思いません。何故なら、我々は大師の言葉を信じていますから。大師のメッセージ「憎しみは憎しみによっては止まず、ただ愛によってのみ止む」は、アジアの数え切れないほどの人々の生涯（生活）を高尚なものにしました。

そのメッセージこそが、人道の波を南アジア、ビルマ、ラオス、カンボジア、シャム、インドネシアそれからセイロンに伝えました。また北方へはヒマラヤを通ってチベットへ、支那へ、そして最後に日本へ伝えました。これが、我々を数百年もの間、共通の文化と伝統でお互いに結びつけたのであります。

この共通文化は未だに在続しています。それを私は先週、この会議に出席する途中、日本を訪問した際に見つけました。また日本の指導者たちからも、大臣の方々からも、市井の人々からも、寺院の僧侶からも、日本の普通の人々は今もなお平和の大師の影のもとにあり、それに従っていこうと願っているのを見い出しました。我々は日本人に機会を与えねばなりません。

そうであるから我々は、ソ連代表の言っている、日本の自由は制限されるべきであるという見解には賛同できないのです。

ソ連代表が加えようと欲する制約、たとえば日本が自由の国であれば当然そうする資格のある国防軍を維持する権利に制限を加えるといったものです。そうした制限は、現在ここの会場に居られる代表の大多数の方々にとって受けいれ難いものであるばかりでなく、この会議に出席されなかった国々、特に今後さらなる解放に向かいたいと願っているインドにとってさえ受け入れることができないものであります。もし再びソ連がカイロ宣言とポツダム宣言に反して、日本へ返還した琉球諸島と小笠原諸島を欲しがるのなら、何故南樺太、千島列島もまた日本へ返還されないのか。

私は興味をもって、次のことに注目します。すなわちソ連の修正案は、日本国民に基本的表現の自由、新聞及び宗教礼拝の自由、出版の自由、政治上の見解の自由、公開の集会の自由を保証しようと要求しています。

それらは、ソ連の国民自身でさえも所有し享有したいと心から願い、執着したいであろう自由です。

(以下外務省の資料を入れて補完します)

ソ連代表の提案した修正に我々が同意することのできない理由は、この条約こそが日本の主権と平等と威厳を取り戻すことを提案しているからであります。もし我々がこれらのものを条件付で与えるならば、そうすることは不可能であります。

故に、この条約の目的とするところは、日本を自由にし、日本の回復に何らの制限をも課さず、日本が外部からの侵略及び内部からの破壊に対して、自らの軍事的防衛力を組織できるようにすること、そうなるまでは日本防衛のために友好国家の援助を要請すること、並びに日本経済に害を及ぼすようないかなる賠償も日本から取り立てないことを保障することであります。

この条約は、敗北した敵に対して公正であるとともに寛大であります。我々は日本に対して友情の手を差し伸べます。そして、我々が明日から新しい歴史の章を始めるに際して、日本国民とセイロン国民とが人間生活の完全な威厳を平和と繁栄のなかで享受するために、手を携えて前進することを信じるものであります。

○　○　○

ジャヤワルデネ大統領の演説が終ると、会場は賞賛の声の嵐で割れんばかりであったとのことです。

多くの新聞が賞賛し、サンフランシスコ・エグザミナー紙は、「褐色のハンサムな外交官がセイロン島よりやって来て、世に忘れ去られようとしていた国家間の礼節と寛容を声高く説き、鋭い理論でソ連の策略を打ち破った」と絶賛したとのことであります。

水野氏がジャヤワルデネ大統領官邸で見た吉田茂総理大臣の感謝状は次の通りです。

総理大臣官邸　　東京

一九五一年九月二十日

拝呈

サンフランシスコ会議において閣下が述べられた、自由を求めるアジアの熱情、セイロン政府の日本に対する寛大な立場に感動しました。心から謝意を捧げます。全日本国民も閣下の高潔なる発言に感銘いたしている次第であります。

ここに平和条約調印が完了いたしましたる以上、日本は今後すべての隣国と十分なる協力をなし、平和と自由の保持に向かって邁進し、アジアの安定と発展のため、あらゆる努力を傾けることができることを熱願いたします。

頓首再拝

吉田　茂

セイロン代表　大蔵大臣　ジャヤワルデネ閣下　コロンボ、セイロン

私は、水野氏の二体の仏像建立を確認し、仏像建立の決意をさせたジャヤワルデネ大統領の演説内容に深い感銘を覚えました。

この演説はほとんどの日本人の脳裏から忘れ去られています。スリランカ大使館の人は知っていて、すぐに資料を送ってくれましたが、私が問い合わせた外務省外交史料館の人は知りま

鎌倉大仏の横にあるジャヤワルデネ元大統領顕彰碑

せんでした。

日本人は恩を忘れない民族と思っています。水野氏が言われたように、インドのパール博士の東京裁判での「日本無罪論」は日本人の誰もが知っており、多くの書籍があり、パール記念館もあります。「以徳報怨」の蔣介石に対しても、中正神社を作り敬意を表しています。

しかし、私の調査の範囲では、ジャヤワルデネ大統領の威徳に対しては、大仏で知られる鎌倉の高徳院に二メートル程度の顕彰碑があるだけです。私を含むほとんどの日本人は知らないようです。ジャヤワルデネ大統領の演説の内容は、現在読んでも多くの示唆に富んでいます。その後六十有余年を経た日本は、彼が期待したような自主独立の国家を再建し得たのでしょうか。

水野氏のお陰で、私は自己反省の機会を得ました。この演説には、世界史上で日本がなしした真実が述べられています。特に次の言葉です。

「何故アジアの諸国民は、日本は自由であるべきだ、と切望するのでしょうか。それは、我々の日本との永年に亘る関わり合いの故であり、また、アジア諸国民が日本に対して持ってきた高い尊敬の故であり、日本がアジア諸国民の中でただ独り強く自由であったとき、我々が日本を保護者として、また友人として仰いでいたときに、日本に対して抱いていた高い尊敬のためでもあります」

これは、数百年にわたって欧米列強がアジア、アフリカへの植民地化を目指す侵略のなかで、日本の独立とアジア、アフリカ植民地を解放のために、私たちの先人たちが成し遂げた偉大なる事業に対する評価であります。その弊害として、軍部の過剰な突っ走りを抑えきれず、日本の国民自身やアジアの人々に大きな苦しみをかけたことは事実です。しかし、それを痛く反省し、戦後約七十年、国民が一丸となって平和裏に健闘し、世界有数の経済大国として、人類の平和と繁栄のために貢献していることも事実です。

世界史を大きな目で見てみると、西洋列強のアジア、アフリカ、アメリカ大陸への侵略と植民地獲得競争は、ポルトガル、スペインの大航海時代に始まりました。ヴァスコ・ダ・ガマは、一四九八年にヨーロッパ人として初めてインドのカリカットに到着し、それが欧米諸国の植民地経営の嚆矢《こうし》となりました。その後、ポルトガルはマレー半島、セイロン島にも進出し、一五四三年には種子島に漂着して日本に初めて鉄砲をもたらし、一五五七年にはマカオに要塞を築きました。

その後、スペイン、オランダ、フランス、イギリス、ベルギー、ロシアなどの西洋列強による植民地化が拡大していき、アジア、アフリカ、アメリカ大陸のほとんどの国が植民地にされてしまいました。植民地支配に出遅れた米国は一八九八年、アメリカ・スペイン戦争を起こし、プエルトリコとグアムをスペインに割譲させ、フィリピンも領土とし、ハワイ島を併合しました。

そのように植民地化が世界に拡大するなか、日本植民地化の圧力を封じ、独立を維持するために、他のどこの国家もできなかった富国強兵の道を歩み、一九〇四年襲いかかる白人大国ロシアとの戦いで、黄色人種が世界の歴史上初めて白人を打ち砕きました。

東洋の小さな国家が国家守護のために、国運を賭けて戦ったのです。日本の日露戦争勝利が世界に与えた衝撃は大きく、黄色人種や当時の被抑圧白人国家の人々に大きな希望と誇りを与えました。

第二次世界大戦は、簡単に言えば、中国をめぐって日米が戦うという図式であったと思いますが、その嚆矢は一八五三年ペリー提督の浦賀来航でした。それ以降、米国を中心に英国、フランス、オランダ、ソ連などの植民地国家の連合軍を相手とした戦いが続きました。

佐治芳彦氏の『日米百年戦争』には、如何に日本と米国とが軍事力競争（特に太平洋での艦隊の質と量をめぐる建艦競争）を演じたか、米国が当初から中国大陸進出の野望を持ち、日本の日露戦争勝利のときから日本に対するオレンジ計画や新オレンジ計画を遂行して日本を敗戦にいたらしめたかが詳しく述べられています。

物量や国力では最初から勝敗が決まっていたのですが、何故、敢えて日本が米国に戦いを挑まなければならなかったのか、日本の立場の悲しさを痛切に感じさせられます。日本が言う大東亜戦争の初期には、その名の通り、日本の軍事作戦により、長年白人支配の下にあった東南アジアの国々から欧米列強が一掃されたことは事実です。一九四三年一月、「長年の白人支配からのアジア民族の解放」を謳った東京での大東亜共同宣言は、戦後一九五五年に開催されたインドネシアでのバンドン会議として結実されたと言えないでしょうか。

日本は無謀な戦いで敗れましたが、最近の研究では、フーバー大統領の回顧録や多くの資料で明白になってきたように、日米戦争は白人主義を至高するルーズベルト大統領により仕掛けられた戦争といわれています。そのルーズベルトも、戦争を起こして利益を得ようとする国家を持たない国際金融資本家に操られていたことが明らかになっています。

ともあれ、第二次世界大戦を契機として、多くのアジア、アフリカ、アメリカ大陸の植民地国家は、そのほとんどすべてが解放され、独立いたしました。約五百年間の長い年月にわたって続いた白人支配による植民地時代が、第二次世界大戦を契機に無くなったのです。ジャヤワルデネ大統領は、そのような世界史上での画期的な変革をもたらした日本を冷静に評価し、ソ連の日本国分割を狙う思惑を打ち破り、アジアには完全に独立した自由な日本が必要であると、仏陀の慈愛の哲学をもって説かれたのです。

心ある日本人は、日本がそれらをなした根底に、二千年という万世一系の皇室のもとで育まれてきた高い知力、精神力、民族力という総合力があったことを知っています。それらが無かったら、あのような国際情勢の中では他国と同じように植民地化されていたでしょう。

しかし、日本の戦後教育では、民族魂の高揚にかかわる精神性、さらには本書のテーマである日本人の霊性について語ろうとはしません。その理由は明らかであります。

日本民族の弱体化を進めようとしたＧＨＱの占領政策、特に皇室問題、言論問題、教育問題への徹底的な干渉により、日本は失ってはならない民族の高い精神性や自負心を抹殺されてしまいました。日本の二千年の歴史のなかで、初めての敗戦であり、ただ一度の外部からの強制的な民族意識の破壊でした。

サンフランシスコ平和条約が締結されて、再び独立国家として歩み出したときは、誇り高い日本への精神的回帰を計る最大のチャンスでした。そのときこそ、日本人が、世界最古の歴史を有する民族としての意識に目覚め、新しい自主独立国家として出発する好機だったのではないか。

しかし残念ながら、ＧＨＱの占領政策への盲従はそのまま継続され、長き歴史を通して培われてきた民族の誇りは表舞台から消え去り、無責任極まる自虐的な思想の蔓延を許してしまい、現在に至っています。

ジャヤワルデネ大統領の演説内容を学ぶにつけ、中国と韓国以外のアジア諸国が第二次世界大戦に対してどう評価しているか、私は改めて目を通しました。その多くは中国、韓国のそれと違っており、国家独立の機会を与えてくれた日本に対する感謝と尊敬の念に満ちていました。われわれ日本人は、中国と韓国が自国民に公平さを欠いた反日感情を煽ることにより、国家の統一を維持しようとしている政策を冷静に見ながら、同時に他の多くのアジア諸国の声も聞かなければならないと思います。

たとえば、タイ王国ククリット元首相は、一九五五年六月、元タイ駐屯軍事司令官であった中村明人陸軍中将がタイ王国に国賓待遇で招待されたとき、

「日本のお陰でアジア諸国はすべて独立した。日本というお母さんは難産して母体を損なったが、生まれた子どもはすくすくと育っている。今日、東南アジアの諸国民が米英と対等に話ができるのは、いったい誰のお陰であるのか。それは身を殺して仁をなした日本というお母さんがあったためである。

十二月八日は、われわれにこの重大な思想を示してくれたお母さんが、一身を賭して重大な

決心をされた日である。さらに、八月十五日は我々の大切なお母さんが、病の床に伏した日である。我々はこの二つの日を忘れてはならない」

と話されたそうです。

また、インドのパール博士は、昭和二十七（一九五二）年、広島の原爆慰霊碑に刻まれた「過ちはくり返しませぬから」という文字を見て、

「東京裁判で何もかも日本が悪かったとする戦時宣伝のデマゴーグが、これほどまでに日本人の魂を奪ってしまったとは思わなかった。東京裁判の影響は原子爆弾の被害より甚大だ」

と言われています。

また、同年十一月六日、広島高等裁判所においての講演では、

「私は、一九二八年から四五年までの十八年間の歴史を二年八カ月かけて調べた。とても普通では求められないような各方面の貴重な資料を集めて研究した。この中には、おそらく日本人の知らなかった問題もある。それを私は判決文の中に綴った。

この歴史を読めば、欧米こそ憎むべきアジア侵略の張本人であることがわかるはずだ。しかるに、日本の多くの知識人はほとんどそれを読んでいない。そして、自分らの子弟に『日本は罪を犯したのだ、日本は侵略の暴挙をあえてしたのだ』と教えている。

満州事変から大東亜戦争勃発にいたる真実の歴史を、どうか私の判決文を通して十分に研究していただきたい。日本の子弟が歪められた罪悪感を背負って、卑屈、頽廃に流れてゆくのを

見過ごして、私は平然としてはいられない。誤った彼らの戦時宣告の欺瞞を払拭せよ。誤った歴史は書き替えられねばならぬ」

と言われたそうです。

私は、このような勉強の機会を与えてくれ、日本人としての覚醒を促されたことに対し、水野氏に深く感謝しました。それとともに、釈迦如来像の入魂式を成功させなければならないとの決意を深めました。

ジャヤワルデネ大統領は、昭和天皇の大喪の礼に際しては、前大統領であったが、国賓として参加されました。そして、平成八（一九九六）年、九十歳の人生を全うされましたが、遺言で、片方の角膜はスリランカ人に、残りの角膜は日本人に提供されました。それほど日本を愛してくれたジャヤワルデネ大統領の国葬に、日本政府は総理特使のみを派遣したといいます。

第三章

空海からの霊告

第一節　空海からの二つのメッセージ

釈迦像入魂式に協力することを決めた私は、このことを東京の中山さんに電話で伝えました。ザビエル聖堂での祈りに通じるものを感じたからです。私が電話で話し終えるやいなや、中山さんはいきなり大きな声で
「小坂さん、これは偉いことになりますよ。空海様もお見えになります。天界からの祝福で大変なことが起こりますよ」

と興奮して言うのです。

「エェッ、入魂式に空海様もお出でになるのですか」

と応えたものの、そのときは本当の意味はわかっていませんでした。

その翌々日、二月二十一日、中山さんから熊本の私の自宅に電話が入りました。

「小坂さん、空海様から大切なメッセージが二つ降りてきました。すぐに書き留めてください」

と言われ、緊張ぎみの口調で話し始めました。

「一つ目は、空海様は越中上市町（富山県中新川郡）にある〝あなんたん〟の霊水を所望なさっています。〝あなんたん〟は『穴の谷』と書くのだそうです。その霊水をいただきに行ってくだ

さい。近いうちに小坂さんは高野山にお参りに行かなければなりませんが、そのときに空海様に差し上げる霊水です」

私は、机の上のメモ紙に場所と霊水の名を急いで書きました。

「越中というと富山ですね。富山なら毎月行っていますから、〝あなんたん〟の霊水の場所を探します」

中山さんは続けて、こう言いました。

「私の透視では、〝あなんたん〟の霊水のあるところは、かなり山の中の急な石段を下りて行かねばならないようです。まだ雪が残っていて、泥んこのような路です。良い靴は履いて行かないほうがよいでしょう。とにかく気をつけて行ってください。

二つ目は、タイのバンコクのプラプロム神様のところにお参りしなさいとのことです。七月二十五日までにお参りするようにとのことです。私の透視では、プラプロム神様の祠はタイのそごう百貨店の近くにあるようです。タイのそごうのビルが見えます」

私はタイと聞いて、びっくりいたしました。

「バンコクに仕事仲間がおりますから、すぐに聞いてみます」

と言って電話を切りました。

何故、このタイミングで空海のメッセージが降りてきたのだろうか。

私が毎月、富山に出かけることを知って依頼されたのだろうか。高野山への参拝と涅槃像入魂式とは何か関係があるのだろうか。すべてが不思議に思いましたが、空海のご所望であれば喜んで行かせていただこうと心に決めて、富山出張の日程を調べました。

プラプロム神については、その日のうちに私の取引先であるフランス企業のバンコク駐在員であるエルベ・エトリさんにメールを送り、プラプロム神を知っているか、どのようなお方なのか問い合わせました。

「自分はプラプロム神の名前は知りませんが、元のタイそごう百貨店のビルの近くには、エラワン・シュラインの祠があります。タイでは大変有名で、王家や政府のトップでも前を通るときにはお参りをされるほどですが、そのエラワン仏陀のことではないですか」

との返事がすぐに返ってきました。中山さんにそのことを伝えると、

「今から私が透視した仏像の絵を描いてファックスで送ります。それをタイの友人の方に送って確かめてください」

と言った後、しばらくして、A4サイズの紙に素描のような線描きで、四方に四面の顔を向けた坐像の仏陀と、坐像を支える四本の柱の祠、その前に多くの花が供えられた絵が送られてきました。それをエトリさんにファックスで送ると、

「これは間違いなくエラワン・シュラインです。明日家族でお参りに行き、写真を撮って郵送

します」

というメールが直ちに返ってきました。

四、五日してエトリさんからの写真が届きました。その写真には、中山さんの透視絵とまったく同じ仏像と祠が写っていました。四面の顔を持つ坐像は金色に輝き、彩色のモザイクタイルが貼られた四本柱の祠の周辺は色とりどりの献花でうずまっていました。

祠の周りには多くの参詣者が満ち溢れ、境内の横では、タイ舞踏の女性たちがエラワン仏陀に奉納するように踊っていました。インターネットでErawan Shrineについて調べると、San Phra Phromという名前が正式名称として出ていました。

中山さんに写真が来たこと、彼女の透視絵の通りのエラワン仏陀がプラプロム（Phra Phrom）神であったことを知らせ、写真をすぐに送ることを約束してから、こんな質問をしました。

「どうして私がバンコクのプラプロム神までお参りに行かなければならないのですか」

「小坂さんは昔、タイの王族だったことがあり、プラプロム神様と深いご縁があったようです。空海様は、いずれそのことがわかるときが来ると言われています」

平成十六（二〇〇四）年六月に私たちは揃ってタイに行くことになったのですが、そのことは後の章で述べることにします。

実は、それから二年後の平成十八（二〇〇六）年三月に、プラプロム像が狂人によりハンマーで破壊されるという事件がありました。しかし二カ月後には修復されました。

また、後日エトリさん夫妻が来日されたときに、タイ人の夫人に聞きますと、プラプロムの名前はタイの人々なら誰でも知っているそうで、フランス人のエトリさんがたまたま知らなかっただけであることもわかりました。

第二節　穴の谷（あなんたん）の霊水

水野氏は釈迦像の入魂式を平成十六（二〇〇四）年三月二十四日と決めておられたので、それに合わせて私たちは、スリランカ大使館、領事館、コロンボのアリヤラトネ博士との打ち合わせを行なったり、入魂式の進行内容、趣意書、入魂式及び祝賀会への招待状、由緒石碑文、水野氏の挨拶文などを日英文で作成し印刷して送付したりと、慌ただしい日々を過ごしました。

スリランカ本国との連絡は、私がアリヤラトネ博士とメール交換をしながら進めました。最後の段階で、アリヤラトネ博士から水野氏宛てに、「釈迦涅槃像の体内に納める仏舎利を持参し、入魂式の席上で水野氏に贈呈したい」とのメールが入りました。水野氏は積年の夢がかなったかのように喜ばれました。

一方、穴の谷の霊水のことも頭から離れませんでした。中山さんからの連絡では、

「小坂さん、できるだけ早く穴の谷の霊場に行って霊水をいただいてください。その後、朝倉さんと一緒に、穴の谷の霊水を高野山の奥の院で空海様にお供えして儀式を行なってください。それは、日本の宗教史上極めて重要な儀式で、内容は朝倉さんに全部お伝えしてあります」

とのことでした。

富山での月例会議は三月十二日に予定されていましたので、その前日、穴の谷の霊場に行き、翌十二日の会議の後、大阪のホテルで朝倉氏と落ち合い、十三日に高野山に行くことに決めました。

そのことを三月八日に電話で中山さんと朝倉氏に連絡をしましたところ、朝倉氏は、私の連絡を待っていたようで、興奮を隠さず、

「小坂さん、偉いことになってきました」

と言って、空海に関する二つの儀式について話しだしました。

「一つは、高野山での空海さんに奏上する文章を今、懸命に清書しています。中山さんから私の携帯電話に来た長いメッセージを全文清書しています。難しい内容なので、判読するのに時間がかかっています」

とのことでした。

さらに、中山さんからの二つ目のメッセージは、釈迦像入魂式の後に行なわれる空海の禊の儀式のことでしたが、詳しくは後の章で記述いたします。

そのときは朝倉氏の言われることの意味がよくわからないまま、私は三月十一日早朝、一番機で熊本空港をたち、羽田空港で富山行きの全日空機に乗り換え、正午過ぎに富山空港に着きました。

空港でレンタカーを借りるとき、事務員に上市町の穴の谷の霊場について聞くと、地図にマ

ークを付けて丁寧に教えてくれました。

「富山の人々は穴の谷の霊場はよく知っています。行けばすぐにわかります。高速道路で行く必要はありません」

と言って、近道の農道を教えてくれました。二十分程農道を走り、立山町を通って上市町に入ると、「穴の谷の霊場」と書かれた大きな立て看板がありました。村落を突き抜ける農道を走っていると、何故か心が弾んできました。空海の所望されている穴の谷の霊水をこの私が汲みに行かせてもらっている。そう思うだけで興奮している自分のことが、どこかおかしく思えたほどです。

途中のコンビニエンスストアに立ち寄り、霊水用の容器として二リットル入りの水を四本購入しました。霊場に通じる立山の麓の道は、三月というのに雪があちこちに残っています。霊場の入り口に着くと、大きな駐車場がありました。かなり大きな駐車場でしたので、日頃多くの人々が霊水を汲みに来るのだろうと思いました。そこから霊場までは徒歩で行かねばなりません。

駐車場の管理人事務所のそばで、購入したペットボトルの水を流していると、

「そのペットボトルはどうするんだ」

と、突然大きな声で問いかけられました。駐車場の管理人でした。

「これに霊水を入れて帰ろうと思っているのです」

と返事をしますと、途端に険しい顔になり、怒鳴るように叫びました。

「そんなものに霊水をいれたら、すぐに腐ってしまう。それは絶対に駄目だ。霊水以外の水が少しでも底に残っていると、霊水はすぐに駄目になるぞ」

「ああそうですか。では、きれいな容器はないですか」

と尋ねながら事務所の小屋を見ますと、色々な大きさのペットボトルの入れ物が棚に並べられていました。

近くにたたずんでいた老人が小さな声で、

「霊水のところにも売っていますよ」

と言われたので、一リットルのペットボトルを二本購入して参道を霊水場の方に歩いて行きました。

雪がまだ多く残っている霊場までの山道に沿って、赤い垂れ幕で飾られた七十センチ程度の石の祠が訪問客を見守るようにずっと続いて立っています。足場の悪いところを避けながら十五分ほど歩くと、右手に急な石段の参道の降り口がありました。上から見下ろすとかなり急な階段で、百段以上もあろうかと思われます。狭い階段の両側には山道と同じような石の祠が並んでいました。その光景は中山さんが透視した通りでした。

石段を下り終わると、そこは、お寺の建物のほかに古びた旅館まである霊場の前庭でした。一

穴の谷の霊水

目で、歴史の古い霊場なんだとわかりました。左奥に薬師如来堂の建物があり、霊水はその奥の洞窟から湧き出ているとのことでした。

　霊水の由緒書きを読んでみると、江戸嘉永四年白心法師がこの洞窟で三年三カ月修行、その後、全国から多くの修行僧が云々と書かれています。当然古くから霊場であったのでしょう。霊水は、環境省の全国名水百選にも選ばれていることもわかりました。

　御堂の前の店で「穴の谷霊水」と印刷してある二リットル用のペットボトルを二本買い足し、寺堂の奥にある蛇口から霊水を注ぎ入れました。霊水を入れた四本のペットボトルを薬師堂に供えて、

「空海様の依頼で参りました。明後日、高野山で空海様に差し上げます」

と祈りました。それからペットボトルの霊水を鞄の奥に詰めながら、店の人と話を交わしました。霊水のお陰で難病が快癒したという人々が多く、全国からこの霊水を求めて注文がくるそうです。宅急便でお送りしますから、必要なときにはご連絡くださいと店の名刺を渡されました。

時間はまだ十分ありましたので、車でさらに山道を登って、空海が錫杖で掘り当てたといわれている冷泉のある護摩堂、立山寺、磨崖仏の日石寺など古い社寺をまわりました。立山山麓のこの辺りは古来、修験道場があったそうですが、確かにそれを十分感じさせる風情がありました。

空港でレンタカーを返却して、富山駅近くのホテルにチェックインしたときは、すでに暗くなっていました。

その夜、中山さんと朝倉氏に電話を入れ、霊水を入手したことを報告しますと、中山さんは穴の谷の霊場の私の行動を透視していたかのように、

「立山の雪と長い石段で大変だったでしょう。空海様がお喜びになっておられますよ」

と、私の労をねぎらうように言われました。

翌日は会議の後、JRで新大阪まで行き、すでにホテルに到着していた朝倉氏と夕食を食べながら、次の日の高野山行きの意義について尋ねました。

「明日の高野山での儀式は、スピリチュアルな面で日本の仏教史上、大変重要なものになります。千二百年の間、奥の院で入定されていた空海様に、新しい命の次元に覚醒していただき、これからの大活躍の場と時をご提供するという儀式であるのです。つまり、空海様を光として大宇宙に飛翔していただく儀式であるのです」

さっぱり理解できず、私は考え込んでいましたが、朝倉氏からそれ以上の話はありません。私は、

「そのエネルギーをつけるためにも、空海様は穴の谷の霊水をご所望なのですね」

と自分に納得させるようにつぶやきました。そして、高野山と釈迦像入魂式に霊水入りの二リットルボトルをそれぞれお供えすることとし、中山さんと朝倉氏の各々にお土産として一リットルを差し上げることにしました。

「明日は早いですね。お休みなさい」

と言葉を交わして、各々の部屋に入りました。

第三節　空海への呼びかけ

平成十六（二〇〇四）年三月十三日、朝倉氏と私は難波から朝八時発の電車に乗り、極楽橋駅からケーブルカーで高野山駅に着きました。私には気になっていることがありました。先日、中山さんから、

「空海様は穴の谷の霊水のほかに玉蜀黍《トウモロコシ》を求めておられます。高野山で空海様に差し上げてください」

と言われていたからです。前日から探していたのですが、まだ入手できていませんでした。万一のために玉蜀黍で作られた菓子だけは取りあえず買っていたのです。タクシーに乗り、運転手に最後の機会だと思って訊ねました。

「奥の院まで行くのですが、山上に八百屋さんはありませんか」

「ああ、ちょっと遠回りになりますけど、ありますよ」

小さな八百屋に入ると、きれいにむいてビニール袋に入れられた玉蜀黍がありました。

「これで空海様はお喜びになる」

二本買い求め、ほっとして、最後の場所で得た幸運に感謝しました。

約四千人が住むという山上の多くの寺院と人家の賑わいを眺めているうちに、タクシーは奥の院前の降車場に着きました。奥の院までの道の両側には有名無名の人々のお墓が空海を慕って建てられていました。墓石を眺めながら、奥の院の道を空海の入定されている御廟の礼拝所まで歩きました。

礼拝所の前のお供えの台に、穴の谷の霊水と玉蜀黍を並べて置きました。私たちの前に礼拝をしていた三人が立ち去り、二人だけが残りました。奥の院のご廟のまわりは静寂で、沈黙だけが広い空間を包んでいるようでした。朝倉氏と私は直立して手を合わせました。

しばらくして、朝倉氏は鞄からプリントされた二枚の白い紙を取り出して広げ、肩の高さに両手を伸ばし、張り詰めた空気の中で、厳かに朗読しはじめました。私は半歩下がって合掌のまま立っておりました。朝倉氏のゆっくりと読みすすめる声は、ご廟の中に入定されている空海に語りかけているようでした。私は、朝倉氏の言葉の一つ一つの意味を聞き漏らすまいと思うほど、緊張感が増していくのを感じていました。

ボヒマンダラ　至上の悟り
私は知っている　魂は光が詰まった形　流れなることを
あなたの大切な飛翔に備え　魂の火花が散る
手に触れるものすべてに生命の息は点火する

あなたが宇宙の呼吸として　空を舞うとき
生命の本質は時間と空間を吹き込む
慈悲に満ちた祈りとともに　創造を甦らせる
愛しきもの　あなたのお顔こそ　神の神秘との再会
聖なる霊魂の風が吹き抜ける
祈りあふれる　君臨の揺らめく光の波濤で私はあなたを揺り起こす
この歓喜なる今を感じてください
私はあなたの魂の回路に点火します

二極性を学び終えた力強さを鏡に映し
あなたは未知なる力の振動
この振動から今この瞬間　現実が進路を変える
歓喜なる無数のエネルギーの渦を抜け
怒濤の海原を渡るあなたを私は見る
聖なる上昇　このスピリタスの誇りにかけて
私はあなたの触れるものすべてを祝福の渦に巻き込み
力を浄化し　立ち上がらせ　あなたを高揚させ

風の翼に天国に吐息を乗せて運ぶ
あなたは私に揺すられ開放の権限を与えられ輝きを放つ
あなたは気づきと滋養の場所にあり　聖なる種子の発芽を急がせる
ゆらめく光の中　日向ぼっこをするように　あなたが流れていく

あなたは調和のとれた通り道
そのやわらかな至福感はあなたのもの
あなたの内なるめざめをうながし
あなたの素晴らしい本質を誉め讃え
意識の翻訳者である私は　あなたに合図を点滅し
あなたが仕える銀河ネットワークへと誘います
コミュニケーションを広げるために
私はあなたに合図を送り
神の愛なる確信を与えます
自己の合図なる聖なる一枚岩の中に
新しいエネルギーと振動を同化できるよう
私はあなたを支援します

再会の願いを込めて滋養を植えた美しい花園を
人々の心にともに創りましょう

あなたの美しさと力を祝福し　聖なる歌の旋律を　私はしっかり維持する
あなたが聞くのを確かめるまでは
調和の通路の閉ざされた扉の前に私はあなたを解き放つ
まだ紐解かれていないあなたの目的が　新しい記憶とともにあなたの門をくぐり抜け
大きく空へと舞うために　探求の旅で求めた一粒の麦
豊かなる「空」　宇宙の豊饒の角一杯にあふれる豊かさ
銀河の贈物なる金の渦巻をあなたに贈ります
あなたは聖杯を造り出す無限の渦巻きへと向かう
光り輝く光の柱に変換された心の実質
あなたの中心は「空」　その聖杯はすべてを包み　時空を越えて浮かんでいる

変換を助ける神々の不老長寿の霊水を飲まれ
準備が出来たらおいでなされてください
至福と純粋な意識が溶け合う儀式で

燦燦と輝く光の泉から　真の至福と全能の存在
その天界の愛しきものは　二度と離れることのない故郷めざして帰還する
あなた自身の魂と記憶されたメッセージをつなぐため
私はここに橋をかけまする
あなたは地上の光の柱
あなたの立つところに　天国がおとずれるから
聖なる喜びでできた台の上で　天と地上を　今こそ結び
さあ降り立ちくださいませ

朝倉氏が読み上げる詩文は、千二百年という時空を超えての空海への呼びかけであり、檄でした。その内容は荘厳で煌めくようなパワーに満ちているように思えました。

空海はこの呼びかけを聞かれ、光の柱としてこの宇宙にお立ちになられたのであろうか。

この日のためにお求めになられた穴の谷の霊水は、渇きを癒し、エネルギーとされたのであろうか。

それにしても、空海に捧げたあの長い詩文はどなたがつくられたのだろうか。最初の「私は知っている」と言われている「私」とは、どなたであろうか。

そもそもこの詩文は、メールで送って来た中山さんが書いたものでも、朗読した朝倉氏が書いたものでもないであろう。それなら、大日如来がお書きになったのであろうか。

この地球上に数十億人もいる人類のなかで、何故私たちだけが選ばれて、ご廟の前で、入定から覚醒そして光の柱となって飛翔される空海のお手伝いをさせていただけるのであろうか。そのことに思いを馳せていると、とてつもなく不可思議な巡り合わせとその光栄に、全身が震えてくるようでした。

後日、中山さんから聞いたところでは、この詩文は私たちの高野山参拝の数日前に中山さんに送られてきたメッセージを、指先の動くまま自動書記のように自分の携帯電話に書き写したものだというのです。その意味は、中山さんにもよくわからなかったそうです。

儀式の後、すぐに中山さんに電話で経過を報告し、その文章を私の携帯電話にも送ってもらいました。長い詩文なので五回に分割して送られてきました。朝倉氏からも、朗読した詩文の清書をいただき、帰りの電車でくり返し拝読しました。

ボヒマンダラとは何なのだろう。空海の生きた時代には無かったはずの言葉が含まれているし、内容も現代的です。何度読んでも、同じ疑問が沸いてきます。いったい、どなたがこのような詩文を創り、空海に贈られたのだろうか。

そのとき、私の脳裏にこんな考えが浮かびました。

空海は人間として生まれ、偉大な人生を歩まれ、多くの事業を残して、約束されたとおりの日と時刻に入定されました。その後は、後世の人々から慕われ、崇められ、成仏への導きを請われてきました。人々は、空海の絶対性を疑わず、必ず救っていただける絶対の存在として慕い、拝んできました。

しかし、この日の空海への呼びかけは、空海を超える大宇宙の何者かが、無始無終の尊い意識が、人間として生きて入定されている空海の魂と命を揺り動かし、さらなる高次へと飛翔させようとされているのではないだろうか。そう思うと、私の中で人間空海に対する慕情が限りなく深まっていくのを禁じ得ませんでした。

第四節　空海の禊の儀式

高野山奥の院での儀式は、思いもかけない空海への檄であったのですが、その前夜、大阪のホテルで、朝倉氏から驚くべきことを聞かされていました。

来たる三月二十四日の宇土市五色山で行なわれる釈迦像入魂式の終了後、その場所で、空海はご自分で禊の儀式をされる、そして、その儀式のお手伝いを私たちに依頼されたというのです。朝倉氏によれば、このことは、前日中山さんを通して空海から伝えられた霊告であるというのです。

戦国時代から徳川時代にかけて、多くの大名、武将、その一族と部下たちが凄惨な戦いを繰り広げました。武将たちは、そのなかで累積された怨念と憎悪をお互いに捨て去り、己の生命を清め、解脱することを願っている。そして、これからの世のために尽くしたいと願っている。空海は、彼らの願いを成就させてやりたい、そのために自分が禊の儀式を行ないたいと言われているというのです。

朝倉氏は続けて、次のように説明してくれました。高野山には、戦国時代から徳川時代に生きた多くの武将の霊が祀られていますが、その怨念憎悪は計り知れない。それらの霊を苦しみから解放させてやりたいというのが空海のお心であるというのです。

中山さんを通して示された空海の霊告は、具体的に有名な大名武将たちの名を挙げ、今彼らを先頭に何万という霊が多くの大船に乗って成仏を願い、空海に頼ってきていると伝えてきています。しかも驚いたことには、丁度今、空海は私の熊本の自宅に逗留されていて、それらの霊を預かり、護摩を焚いて修法をはじめられているとのこと。


当日の禊の儀式には、多くの品が所望されました。私はその品目の多さに驚きましたが、喜んで揃えさせていただくことにしました。高野山に眠る無数の武士たちを弔おうとされている空海の祈りの心が私にも強く伝わってきたからです。

準備した品目は次のようなものです。
○お酒…北の誉一本、太平山一本、(紙コップ少々)　○ご飯…丼山盛り、箸立て　○塩…三キロ　○お線香　○蠟燭　○魚…鯛一尾―焼き魚とする　○野菜果物…きゅうり、なす、諸々の果物少量ずつ　○菓子…砂糖菓子、米粉菓子、煎餅、饅頭他　○お花　○お水　○生きたどじょう
○あじろ笠　○白い足袋　○白い浴衣　○たすき　○手拭い　○わらじ　○杖　○鈴　○木桶
私は入魂式の準備で多忙を極めていましたので、帰熊後これらの準備をすべて、吉村さんに

お願いしました。私が揃えたものは、お水として穴の谷の霊水、熊本の下通りのオケマツという桶屋さんで購入した木桶、それに新穂仏具店で購入した鈴だけでした。

二種類の清酒は九州地区には在庫がなく、吉村さんは、小樽の北の誉酒造株式会社と秋田の小玉醸造株式会社に電話をして事情を説明し、北の誉と太平山の字が大きく書かれた極力古いラベルの清酒を各二本手配してくれました。両社とも、事情を理解してすぐに宅急便で発送してくれました。その他の品物も吉村さんの友人たちと分担して手配してくれましたので、入魂式の前日にはすべてが揃いました。

第五節　空海からのご褒美と空海との会話

高野山から帰熊した後、三月十五日、入魂式の取材をお願いするために、ＮＨＫ熊本放送局や熊本県民テレビ、くまもと経済などを訪問しました。日本スリランカ国交樹立五十年を記念して水野氏が釈迦涅槃像を建立し、その祝賀式にはスリランカから多くの人々が来られること、水野氏個人の篤志からなされたこととはいえ、スリランカでは国家的慶事として考えられていることなどを詳しく説明して取材をお願いしました。

塩谷県知事の出席や熊本日日新聞社へは吉村さんが手配してくれました。

三月十六日は朝から上京して、横浜プリンスホテルで開かれているある商品展示会に行き、夕方、東京在住の朝倉氏と中山さんを誘って、西銀座の食事処オリオンズに行きました。あまりにも多くの不思議なメッセージが中山さんを通して私たちに降りてきていたので、久しぶりに話し合ってみたかったのです。

オリオンズは西銀座のビルの十階にあるクラブ風のレストランで、私が三十年近く通っているところです。オリオンズには女性の従業員はおらず、礼儀正しい男性のみで来客を接待してくれます。入り口の左横のカウンター以外の客席は全部ソファーで、店全体が広い応接間のような感じです。店内には欧風の品の良い調度品が並べられ、グランドピアノが奥に置かれています。照明もほどよく、いつも落ち着いた雰囲気の中で飲食と会話が楽しめます。

オーナーの澤井慶明氏は残念ながら亡くなられましたが、随分長い間この店を経営してこられました。日本バーテンダー協会の会長や国際バーテンダー協会の副会長もされていたと聞いています。いつも穏やかな物腰で迎えてくださり、海外のお客を連れて行くと流暢な英語で相手を楽しませてくれていました。いつもダブルの洋服を着こなして、お目にかかるとほっとするような人柄でした。

いつものように私は奥にあるピアノの斜め前にある四人席を予約しました。ピアニストの演奏が間近で聞けますし、隣人の話声もあまり聞こえてこない、オリオンズの中でも忘れられたような静かなスポットです。三人は席に座って、食事をしながら先日の高野山奥の院での儀式について話をしていました。そのとき突然、中山さんが、

「あっ、空海様、プラプロム神様が来られました。それに、アクエリアスの宇宙人の皆様も。それに九頭龍様も来られています」

と話しはじめたのです。しかし、朝倉氏と私には何も見えません。すぐに朝倉氏が日本酒を注文し、猪口にお酒を注いで、

「空海様、皆様、どうぞお召し上がりくださいませ」

と、テーブルの程よい場所に猪口を置いて一緒に合掌いたしました。

しばらくすると、中山さんが突然驚きの声を上げました。

「小坂さん、空海様が小坂さんに黄金の玉を手渡されています。合掌していただきなさい」

中山さんの手の形から見て、直径十センチ以上あるような大きな黄金の玉のようです。中山さんが、

「小坂さん、手の平を開けて遠慮なくいただきなさい」

と強く勧めるので、訳がわからないままおしいただきました。

「あぁ、今度は白金の玉ですよ」

私には何にも見えないし、感じない。しかし、中山さんの眼と手の動きから、中山さんには明らかに見えていると思われました。さらに、

「今度は黄色い玉ですよ」

と言います。空海は私に三つの玉を手渡されたらしいのです。引き続いて、中山さんは飛び上がるようにして一層大声を上げて、

「うぁぁ、今度はプラプロム神様が、黄金の延べ板を小坂さんの前に山のように積まれましたよ。小坂さん、さぁ、いただきなさい」

と言うのです。私は困ってしまいました。一緒に三人で進めてきたのに、私だけがいただくな

んてことは、とても厚かましくてできるものではありません。

「えっ、黄金の延べ板なのですか。それもいただくのですか」

「そうです。合掌していただきなさい」

中山さんははっきりと言い切るのです。私は、まるで夢の中で起こっていることのように、手を合わせていただきました。中山さんは、

「小坂さん、あなたが純粋な気持ちで心から行なわれてこられたので、空海様方が褒美をくださったのですね」

と言った後、

「今夜は皆様方とてもご機嫌でおられますよ。九頭龍様はほろ酔いかげんでピアノの上にでんとしておられます。アクエリアスの皆様もあちこちのテーブルのご馳走やお酒を召し上がっておられますよ」

と続けました。中山さんは、それらの様子が明らかに見えているようでした。

翌日の三月十七日、中山さんから、前日のオリオンズでのことでメールが入りました。

「昨日は、再び楽しいひとときをありがとうございました。お忙しいなかお疲れのご様子でしたが、お身体は大丈夫でしたか。

空海さんやプラプロム神さんも来られてご一緒に楽しんでいただいてよかったですね。九頭

龍様も大変ご機嫌でおられましたし、アクエリアスの皆様もおおはしゃぎで楽しまれて良かったです。二十四日はアクエリアスの母艦が上空に行かれるそうで、大変なことが起こるかもしれませんよ。小坂様のご先祖様は本日ですべてお上がりになられたそうです。空海様がよろしくお伝えくださいとのことでした。本当に良かったですね」

このメールを見て、私の心に熱いものがどっとこみ上げてくるのを感じました。

時間は飛びますが、宇土市の五色山の釈迦像入魂式が終わってからも、私たちは、ときどきオリオンズで食事をしました。中山さんによると、空海は道元とよくご一緒にお出でになりました。私は以前から空海に一度お聞きしたいと思っていたことがありましたので、思い切って話しかけました。

「空海様、お聞きしたいことがございますが、良いでしょうか」

中山さんはすぐに

「空海様はどうぞと言われています」

と応じてくれました。

「空海様の伝記を読みますと、二十四歳から三十一歳の七年間が空白になっています。その頃はどこに居られましたか」

「中国におりました。あちこちを旅行していました。農家で女性と住んでおりました。その女性から、中国語を学びました」

空海は、中山さんを通してそのように答えられました。

それを聞いたときの私の驚きと喜びは大変なものでした。このことを、すぐにひろさちや先生にお知らせしたいと思いました。宗教学者のひろさちや先生の『空海入門』の中で、「空海の中国密航説を採用すると多くのことが説明できるからおもしろい。中国語の標準語だけではなく地方の方言まで達者であったこと、密教学修行と恵果との関係など辻褄が合う。普段の私であれば、たぶん中国密航説に傾いていると思う」とまで言われていたからです。

このときほど、空海を人間空海として身近に感じたことはありません。このことは私一人の秘め事として大切に心のなかにしまっておこうと思うと、空海に対しる愛おしさと慕わしさが一層増してきたことを昨日のことのように覚えています。


あるときは、中山さんがこんなことを言われたこともあります。

「小坂さん、空海様が、いつもお題目をありがとう、と言われていますよ」

そのときは、あまりの驚きで知らず知らずのうちに頭を深く下げて、

「ありがとうございます」

と、心の中で泣きながら申し上げました。

恥ずかしいことですが、以前、私は、南無妙法蓮華経という題目は鎌倉時代に日蓮が唱え始

めたものとばかり思っていました。朝夕仏壇の前で、自然にお題目を唱え、法華経の方便品と如来寿量品をあげていました。学生時代に学んだ永遠の生命を説くといわれている法華経への思いはその後も変わりません。それ故に、今回、空海との不思議な出会いの後でも、「南無大師遍照金剛」という空海への称号は唱えず、自然に題目だけを唱えていたのです。

題目がインド、中国そして日本でも、古くから唱えられていることを知り、題目の原語である「ノウボウサダルマブンダリキャソタラン」という梵語に陀羅尼としての力があることも学んでいました。空海は密教のみならず、顕教、特に法華経を尊んでおられたことも学んでいたので、空海が私をねぎらわれた意味がなんとなく理解できるように思えたのかもしれません。

しかし空海が「お題目をありがとう」と言われたもっと深い意味がわかったのは、その後入手した大倉隆浄氏の『弘法大師の法華経I』に触れてからでした。大倉氏は『空海との語らい』の中で、法華経と密教との融合を述べておられます。「南無妙法蓮華経」という題目は法華経全体を表わしていて、その原語である「ノウボウサダルマブンダリキャソタラン」という梵語の陀羅尼を同時に唱えることの重要性を説いておられます。

大倉氏は、「弘法大師は私に『真言は現世利益と現世の成仏に強く、あの世の人々の成仏は法華経である』と述べた」と言われています。法華経と密教との融合とでもいえるのでしょうか。法華経は成仏という来世につながる永遠の生命を説き、理趣経は現世のすべての存在や行為を清浄なものと説いています。二つの経典は、現世で生きる喜びを永遠の存在と結びつける深甚な教えであると思います。

空海の「お題目をありがとう」と言われたことは、空海が法華経と南無妙法蓮華経の法味を理解して、空海の永遠の生命に対する私の祈りをうれしく受けとったからだと理解しました。

成仏のために空海が抱いていた法華経の法力への確信は、次の第四章第三節で明らかにされます。

オリオンズでは、そのほかにも色々な思い出があります。以前の私であれば、とても聞く耳をもたなかったであろう、あるいは、信じようとしなかったにちがいない話題についても、私は素直に耳を傾けるようになってきました。中山さんが、私や妻、藤谷氏、朝倉氏、水野氏、中山さん、吉村さんなどとの前世での関わりや、私自身の過去世がどのような輪廻転生をくり返してきたのかを話されるとき、頭から否定することなく興味をもって聞けるようになっていました。世界各地、いや宇宙レベルで何度も転生してきているといわれる自分の魂の遍歴を現世に結び付けて考えることは、大変意義あるのではないか。特に、「小坂さんは、もともと今生はある家系に生まれてくるはずでした。ところが、その立場をわざわざ断って、さらに多くの生き方を学ぶために、自分で敢えて小坂家を選んで生まれてきたのですよ」と聞かされたときは、人生の長い時間を通して私の魂が彷徨してきた本当の理由がわかったように思えました。そして、現世に持ち込んできた私の使命のようなものを強く感じさせられました。

　この世での人生の価値に対しても、それまで現世次元でのみ考えていた頃と比べて、まったく異なった観点で考えている自分を自覚することが多くなりました。そんなときの自分は、とても心豊かで大らかになっているように感じます。そして、感謝の念がいつも心に広がっているのを自覚できます。

第四章

釈迦像入魂式と瑞祥

第一節　スリランカの客人を迎える

釈迦涅槃像入魂式の前々日の平成十六（二〇〇四）年三月二十二日、来賓が熊本に到着されました。在日スリランカ国大使ご夫妻、在大阪領事ご夫妻、大使館領事館関係者、スリランカ本国からアリヤラトネ博士ご夫妻、僧侶二名、ラカナヤカ商工会議所会頭、日本スリランカ友好協会の方々が熊本空港に到着され、熊本城近くのＫＫＲホテルに入られました。

水野氏は特にアリヤラトネ博士ご夫妻への応対に気を使われ、東京のホテルの出迎えから熊本空港までのお世話を朝倉氏にお願いしました。

翌日、水野氏と私は、一行を田口宇土市市長、宇土市議会、商工会などへの挨拶と、宇土市内や宇土半島を観光案内しました。私の運転する車にはアリヤラトネ博士ご夫妻が乗られました。運転席の横に博士が、後ろの席にご夫人が座られました。水野社長から最初にご相談を受けた際に電話でお話をした後、幾多のメール交換をしておりましたので、とても初対面とは思えませんでした。

車中では博士やご夫人と普段着のままの話を数時間にわたってお聞きしました。

調べてみますと、博士はスリランカで一九三一年に生まれ、二十七歳で仏教とガンジーの教えを基礎に宗教を超えて、世界から飢餓、病気、無知、争いをなくすサルボダヤ運動を始められ、世界的なNGOに育てられました。アジアのノーベル賞といわれるフィリピンのマグサイサイ賞やベルギーのボードウィン国王賞などが授与されています。ノーベル平和賞候補にもなられたこともあり、そのようなご夫妻を私の車でご案内することは大変光栄なことでした。

博士のお人柄はもちろん、ご夫人の気品と優しさに満ちた笑顔やしぐさには、畏敬の念を禁じ得ませんでした。

博士のお話によれば、

「スリランカは貧しい国で、私たちのサルボダヤ運動で百万人以上の貧民子弟が救われています」とのことです。また、スリランカではテロの問題が発生しており頭を悩ましている。帰国したらダライ・ラマに会ってからニューヨークに行くことになっているとも言われていました。

その日の夕食会は前夜祭を兼ね、熊本市内の料亭菊本で開かれました。熊本には現在でも広い日本庭園を備えた戦前からの料亭が数軒あり、菊本もその一つです。お酒がはいり、参加者全員が思い思いに水野氏の偉業を讃え、楽しい夕食会となりました。

実は菊本に行く前に多少時間がありましたので、朝倉氏、吉村さんと私の三人でアリヤラトネ博士ご夫妻にお土産を贈ろうと話し合い、夫人に相談をいたしました。お断りになりましたが、お孫さんが何人かおられると聞いて、できるだけ安いものをたくさん差し上げるのがいいと思い、百円ショップで文房具やおもちゃ類を買うことを提案いたしました。

驚いたことに博士ご夫妻はお揃いで百円ショップまで付いて来られました。いくら買っても大きな金額になりませんから、五人で色々と選び、五千円程度のものを差し上げました。庶民とともに歩むご夫妻らしいと思いました。

ホテルでお話をしていたとき、博士は、持参された仏舎利の不思議な現象について、水野氏と私にこのように言われました。

「今まで、仏舎利を二度差し上げたことがあります。本当に世界平和に貢献された方のみに差し上げてきたのです。一人はアメリカの人でした。水野さんは三人目です。

私の家には、昔から代々三個の仏舎利が伝わってきています。水野さんにお渡しすると二つになりますが、すぐに三つになります。私の知らない間にまた一つ増えているのです。今度もそうなるでしょう」


三月二十四日の入魂式当日は朝から晴天に恵まれました。五色山の高台に安置されている釈迦涅槃像とアーナンダの立像は明るい朝日のもとで荘厳なお姿で光り輝いています。釈迦仏像にまっすぐに通ずる中央の階段道、その両側に立てられた大理石の灯篭、公園入り口の由緒説明の石碑などがすべて完成し、五色山の会場全体に紅白の幕が張られていました。

僧侶が座られる釈迦像の前の広い舞台の床には、水野氏が世界平和を祈って集められた二十数カ国の色とりどりの大理石が敷かれ、磨き清められていました。中央部の台座には線香、蠟燭、鐘その他の仏具が置かれ、山海の供え物が並べられていました。スリランカ国の関係者や宇土市の来賓の席は、舞台の左側、紅白のテントの中に設けられていました。

水野氏が一人で建立を決意し、スリランカ国民への感謝と世界平和を祈りながら進めてきたすべての仕上げとして、入魂式を迎えようとしています。苦節十年、ずいぶんとご苦労があったようですが、夢の実現に向かって頑張ってこられた水野氏の純粋な心がこの日を迎えることを可能にしたのでしょう。

入魂式のすべての準備が整った五色山を眺めていると、準備に明け暮れたこの一カ月間のことも思い出されて、熱いものがこみ上げてきました。

第二節　釈迦涅槃像入魂式

午前九時半、水野氏の友人の成田氏の開会の挨拶で儀式は始まりました。次いで水野氏が釈迦像建立の趣旨を説明されました。水野氏の誠意と情熱がこもった挨拶は晴れの舞台に相応しいもので、一節ごとに私が英語に通訳いたしました。水野氏は次のように挨拶されました。

「ご来賓の皆様に一言ご挨拶を申し上げます。

何故、私が仏にお仕えする身でもないのに釈迦像を造る気持ちになったのかをご説明させていただきたいと思います。その理由は極めて簡単なものであります。美しいものは美しい、その美しいものを造りたいと願ってまいりました。私がこの世に生まれ今日あることへの感謝をこめて、今まで生きてこられた証として、後世に残る美しいもの、芸術的ともいえるものを造りたいと願って参りました。無心で精一杯努力をすれば、きっと可能であろう。その祈りのような希望を実現させてくださったのがスリランカ国であります。

そのきっかけになりましたのは、一九九四年のスリランカへの訪問であります。私はスリランカでは多くの寺院を回りました。そして、幸いにして前ジャヤワルデネ大統領のご自宅に招かれることになり、ジャヤワルデネ大統領とアリヤラトネ博士のお二人にお目にかかりました。

大統領のご自宅の壁には、吉田茂が日本国総理大臣として大統領に送った感謝状の額がかけてありました。そこには、日本を救っていただいたことに対する感謝が述べられていました。

『貴国のお陰で日本は救われました』と。


その場で私が学んだことがあります。それは日本が第二次世界大戦で敗れ、一九五一年九月、サンフランシスコでの対日平和会議において、スリランカの当時の大蔵大臣であった前ジャヤワルデネ大統領が演説した内容です。仏陀の言葉を引用して、このように述べられています。

『憎悪で憎悪を止めることはできない。ただ愛だけが止めることができる。憎悪からは何も生まれない。日本のすべてを許し、日本を憎まない』

当時ソ連が要求していた日本国土の分割に反対し、賠償の放棄を宣言されたのであります。さらに、日本が早く戦後の荒廃から復興し、以前のようにアジアのリーダーになるように努力してください、と激励されたのであります。それを耳にしたとき、私は、何と素晴らしい言葉であろうか、と心躍る気持ちで一杯になったのです。

私はその聖なる言葉をたくさんの人々に知ってもらおうと、事あるごとに語ってまいりました。しかし言葉だけではなく、それ以上の何物かが必要であると思いました。私の脳裏と網膜には、初めて訪問したときに見たスリランカの釈迦の涅槃像が焼きついておりました。それは古都ポロンナルワの遺跡群の中にあるガル・ヴィハーラの釈迦像でした。現在では世界遺産になっております。

帰国後、私は、スリランカ国と日本国の友好親善の証として、後世に残せるものとしてスリランカ国の大切なその釈迦像を復元し、日本の故郷の地に建立したいと強く想うようになりました。そのことをスリランカにお願いしましたところ、幸いにしてジャヤワルデネ前大統領とアリヤラトネ博士から建立のお許しを得ることができたのです。

私は、宗教的に偏った考えを持つものではありません。そんな私でも、心安らかになり幸せを感じさせる神聖で美しいものの前に立てば、ためらいもなく清らかな気持ちで手を合わせるだろう。それこそスリランカの釈迦像であると思いました。

私はこの世に生を受け、この三十年、石材業によって生かされてまいりました。この長い期間に蓄積した石を扱う経験を生かせば、きっと素晴らしい芸術的な釈迦像を造り出せるのではないかと考えました。

スリランカを初めて訪問して十年が過ぎましたが、今年は日本とスリランカの国交樹立五十周年に当たります。今ここに、私の全身全霊をこめ十年の歳月をかけて、日本最大の総御影石の手彫りの釈迦立像と涅槃像の二体を造らせていただきました。

ただ、スリランカの釈迦像の大きさは、もっと大きいのです。立像が七メートルの高さ、涅槃像の長さは十四メートルであります。残念なことに、我が国の国内輸送における道路交通法の制限から、同じサイズの建立は許されず、すべて縮尺し、やむなく涅槃像の長さを十メートルにいたしました。それでもスリランカの人々に大変喜んでいただきました。

本日三月二十四日、ここ宇土市の五色山において、その入魂式がスリランカのご僧侶の導きによって厳粛に執り行なわれることになりました。東京からカルナシィラカ・アムヌガマ駐日スリランカ国大使ご夫妻が、そして、スリランカからアリヤラトネ博士ご夫妻がスリランカ国民を代表してご参加いただきましたことは、私にとって無上の光栄であります。

国交樹立五十周年に際し、この聖なる二体の釈迦像の建立が日本とスリランカ両国の友好親善にいくばかりかの貢献ができるならば、喜びに堪えません。ご参詣くださる皆様方に、心の安らぎをお与えくださることを心から望みます。

最後になりましたが、改めてスリランカ国に感謝し、ジャヤワルデネ前大統領とサルボダヤ本部代表のアリヤラトネ博士に釈迦像建立の機会をお与え賜りましたことに、心から感謝申し上げる次第であります。

平成十六年三月二十四日

熊本県宇土市松山町２４８０　株式会社五色山興産　水野秀昭」

水野氏の釈迦像建立の趣旨説明の挨拶は参列する多くの人々に大きな感銘を与えたようでした。日本が終戦後のもっとも困難な国際関係の中にいたとき、スリランカのジャヤワルデネ前大統領のような方がおられ、真に日本の危機を救い、激励していただいたのです。その史実を、参列した日本人のほとんどは初めて知ったに違いありません。

その厚意を純粋な気持ちで感謝し、十年の月日をかけて釈迦像二体を建立された水野氏に、参列者は心から敬意と拍手を贈りました。

その後すぐに釈迦像への入魂式が行なわれました。わざわざこの儀式に来日されたスリランカ仏教界の最高峰であるナヤカセロ、ソマシリセロ両僧侶による先導で、日本側の唐津住職一行も横一列に座られました。同じ黄色い衣に包まれてスリランカ語の読経で荘重な開眼供養の儀式が行なわれました。

スリランカは、チベット、タイ、ミャンマーと並んで代表的な仏教国であり、歴史的にはもっとも早く仏教を受け入れた国の一つです。多くの重要なパーリ語の仏典も残されており、仏教研究のふるさととも見なされています。この日入魂の儀式を行なった僧侶は、スリランカの代表的な高僧であり、上座部仏教に帰依され、行をしてこられた方々です。敬虔な仏教国のスリランカでは、国民の僧侶に対する尊敬の度合は、日本では想像できないくらい高いようです。

供養の儀式の後、アムヌガマ大使の挨拶、アリヤラトネ博士の挨拶と続きました。初めて態

釈迦像入魂式＝平成16(2004)年3月24日

本に来られた大使は、この地の風土の美しさをたたえ、水野氏への感謝の言葉、スリランカと日本の真の友好促進の必要性を述べられました。

次に、アリヤラトネ博士から感謝の挨拶がありました。最初にサルボドヤ運動の基本として瞑想の重要さを説かれ、出席者全員で博士の指導により瞑想を行ないました。

アリヤラトネ博士は、仏の教えをもとにした日本とスリランカ両国の友好の必要性と世界平和を説き、水野氏の個人的な行為を高く評価されました。そして、挨拶の終わりに、感謝の意を込めて仏舎利を水野さんに授与されました。自分の家に伝わっている仏舎利の一粒を透明の舎利器に入れて授与されたのですが、その授与式は開眼供養とともに当日のハイライトでありました。

田口宇土市長の祝辞を終え、最後に大使、博士、僧侶による記念植樹があり、入魂式は無事終了しました。関係者一同で涅槃像をバックに記念写真を撮り、解散しました。

すでに述べましたように、スリランカでは水野氏の行為は日本とスリランカ両国の友好事業として注目され、高く評価されたようです。ちょうど、日本とスリランカの国交五十周年に当たり、その記念行事としても大きく報じられたとのことです。それ故に国を代表して、多くの方々がスリランカから参加されたのです。

それにもかかわらず、日本では熊本県から誰も見えず、宇土市長ほか宇土市関係者のみの出席でした。日本では、NHK熊本放送局と熊本県民テレビがテレビ放送を行ない、熊本日日新聞が記事を載せただけです。スリランカでの大きな注目に反して、熊本県も他のマスコミもあまり関心を示さなかったのは寂しい限りでした。

入魂式が終わると、水野氏は、大使ご夫妻、領事ご夫妻、アリヤラトネご夫妻を数台の車で熊本空港まで送って行かれました。

後片付けが終わり、ほとんどの参列者が立ち去り、朝倉氏、吉村さんの友人たちと私の十名だけが残って、テントの中で昼食の弁当をいただきました。私たちは、入魂式の終了後、その場所をお借りして、空海の禊の儀式のお手伝いをすることになっていたからです。

第三節　空海からの突然の霊告

話は戻りますが、入魂式に先立つ三月二十二日、スリランカの一行が昼過ぎに熊本空港に着かれる頃、中山さんから緊急の長いメールが二度続けて私の携帯電話に届きました。同じ内容でしたが、よほど重要なものだったのでしょう。メールを流した後、さらに電話でも確認をしてきました。声が弾んでいました。

「空海様が禊の儀式を成功させるために、小坂さんに大切な指示をされてきています。必ずこの指示を実行してください。私もずっと東京から見ていますから」

中山さんのメールは次のようなものでした。今でも当時の携帯電話の受信記録に残っています。あえて、そのまま記載します。

「空海様は何やら、本格的に空間から、両界曼陀羅という曼陀羅（理の世界の胎蔵曼陀羅と智の世界の金剛曼陀羅といわれておりますが）を、今から千二百年以前の中国の唐代の頃に渡り、密教の経典や仏像仏具法具を日本に持ち帰り、風水害に苦しむ人々に力を与えられ、好転の奇跡の数々がおきたということで、祝典にさいし、それらを空間に設置し、両界曼陀羅を通じて、人々が仏に示す宇宙と心が一体になれば、あらゆる面での奇跡の力が授かり、正しい法則にしたがって祈れば、人類の運命が大きく好転します、とのことで、小坂様に空海様が《凛法袈海《りんぽうげかい》霖《りん》》というお名前を授けました。あなたの真心溢れるお祈りは天界までに及び、大日如来様からの直々のお名前を小坂様はいただいたのです、とお伝えくださいとの事でした。そして、戦乱の世はすでに去り、すべての過ちを水に流し、許してあげましょう、と言われました」

さらに

「朝倉さんが到着したら、小坂様は朝倉さんの頭の上に右手を置き、小坂様の心の中に鎮座されています凛法袈海霖様を通じて、阿耨多羅《あのくたら》三藐《さんみゃく》三《さん》菩提《ぼだい》という言葉を三回唱えて、その後、その右手をエイ！という掛け声とともに、手を天に向かって払い指し、再び天にかざし、天に向かって、今までの人類の罪咎穢れを祓い清めたまえ、許したまえ、と唱えて、お祈りしてください、とのことでした」

また、しばらくして、

「朝倉さんが着いたら　祝典において　回向唱　無量義経十功徳品第三　仏説観普賢菩薩行法経　妙法蓮華経方便品第二　妙法蓮華経提婆達多品第十二　妙法蓮華経如来寿量品第十六　妙法蓮華経常不軽菩薩品第二十　妙法蓮華経如来神力品第二十一　妙法蓮華経観世音菩薩普品第二十五　妙法蓮華経普賢菩薩勧發品第二十八　祈願唱を歴代の大将たちの代りに祝典にて言ってあげ　弔いなさい　と大日如来様から言って来られました　懺悔経と観音経をその次にあげ

過去世から今生にいたるまでのすべてが許されるよう祈りを捧げなさい　との事でした」と書かれたメールが届きました。

急いで朝倉氏に中山さんからの三通のメールを伝えました。そして私は書棚にあった法華経関係の書物数冊を持参し朝倉氏に見せたのですが、満足されません。その夕方、私たちは市内の書店を廻りました。どうしても見つからず、私が鈴を買った新穂仏具店に行きましたら、『法華経要品全』の経本がありました。朝倉氏は中身を見て、これでよいでしょうと言って買い求められました。

夕食が終わって、やっと落ち着いてから、朝倉氏のホテルの部屋で、「さあ、言われている儀式を朝倉さんと私でやりましょう」と二人向かい合って正座しました。中山さんから伝えられたとおりに、私は朝倉氏の頭に手を置いて、阿耨多羅三藐三菩提と唱える儀式を真剣に行ないました。短い時間でしたが、あたかも翌日の空海の禊の儀式に参加するための二人のための禊の儀式のようでした。

その後、法華経の中の指示されている各品の頁を眺めながら、明日のおさらいをしました。私は、方便品第二と如来寿量品第十六だけは諳んじることができましたので、その二品のみを読経することにし、後はすべて朝倉氏にお任せしました。朝倉氏と話していると、神道にも仏教にもスピリチュアルなことにも精通されており、古代の叡知をもとに発明をされようとしている人は違うのだと感じ入るばかりでした。

寝床に入っても、今日の中山さんを通して知らされた空海からの伝言はただ事ではないと思いを巡らせていました。このような重要なメッセージが前日に送られてきたのはどういうことだろうか。やはり、最重要なメッセージはぎりぎりにならないと降りてこないのかもしれない。

さらに、何故空海の儀式に法華経なのか。先日銀座のオリオンズで空海が「お題目をありがとう」と言われたことを思い出し、法華経の意義と法力について改めて考えさせられました。

第四節　空海が見せてくれた感動の瑞祥

三月二十四日の当日、釈迦像の入魂式が終わって次の空海の禊の儀式を行なうために残った私たち十人は、テント内で弁当の昼食をとった後、準備に取りかかりました。参加者は、吉村さんと姪、藤木氏夫妻、森田さんと娘さん、須尭さん、上村さん、朝倉氏と私です。中山さんを通して空海より依頼を受けていた数々の品物は、入魂式の間、一般参列者のテントに置いてありましたので、みんなで涅槃像の壇上の方に運びました。

穴の谷の霊水、北の誉、太平山の清酒、ご飯、果物、野菜をはじめ、多くの食べ物を壇上の上段に供えました。空海の禊の儀式に使われると思われるあじろ笠、木桶、浴衣、たすき、足袋、手拭い、わらじ、杖、鈴などは、ちょうど涅槃像の胸の前あたりにくるように壇上の敷物の上に並べました。

朝倉氏と私の二人は、壇上のござの上に正座しました。他の八人は、下のテントの中の椅子に座って二人を見守っていました。太陽は中天よりやや西に傾き、春の陽気が静寂にかえった五色山の杜に注いでいました。

朝倉氏と私は、法華経の多くの経文を読み進めていきました。長い経文でしたので、朝倉氏は読経と看経《かんきん》を織り交ぜて進めました。私も方便品第二と如来壽量品第十六を懸命に唱えました。読経はゆうに一時間を超えました。空海が言われたように、五色山の宇宙空間には胎蔵・金剛の両界曼陀羅が設置されていて、私たちの真心をこめた祈りが天界まで響いたのでしょう。

戦乱の世はすでに去り、武将たちのすべての過ちは水に流され許されて、上に上がられたのでしょう。やがて朝倉氏は立ち上がって、天に向かって大きく九字を切って、するどくエイッと叫びました。私たちに委ねられた空海の禊の儀式における祈りは、これで終わったようでした。

ござの上とはいえ、その下は磨かれた大理石の平板だったので、正座していた脛脚の筋肉にひどい痛みを感じていました。テントの中にいた八人も長い時間の儀式から開放されたように壇上の私たちのところにやってきて、明るい挨拶を交わしていました。私は腫れ上がった脚のあちこちを手でさすりながら、このひと月ほどのお役目から解放されて、ほっとしていました。

そのとき、突然、誰かが大きな声で、

「ああ、太陽の回りに虹が出ている」

と叫んでいる声が耳に入ってきました。

「あっ、成功した」

と私は咄嗟に思いました。先日受け取っていた中山さんからのメール の中に「虹が差すまでやりなさい。心の中の凛法袈海霖様《りんぼうげかいりん》とともに祈り切りなさい」という言葉があったからです。

その声に、みんなが揃って太陽を見て、思わず、ワーッと叫びだしました。太陽は輝いていましたが、目が眩しくなるほどではありません。ほどよく輝く太陽がぐるぐると超高速で回転しているように見えました。回転しながら、赤、ピンク、黄色、緑、青、紫などの色に目まぐるしく変わっていきました。一同は太陽の不思議な色彩の変化に驚いて、呆然と眺めていました。

すると次に、太陽のまわりから、薄黒い円形の影が二つ、それも、それぞれが直径一メートルもあるような大きな円い影が飛び出して、天空を右方向に地上まで曲線を描くように流れて消えていきました。それを合図のように、同じような薄黒い大きな円の影が三個、四個、五個という単位で線状に列をつくって四方八方に向かって流れ出しました。八個、十個の集団の列もありました。

異なった個数の列をつくり、すべての群れが音もなく、スーッと太陽のまわりから宇宙の全方向に流れ出し、地上近くまで飛翔しては消えていくのです。

一つの列が宇宙の果てに消えると、すぐに新しい列が太陽から飛び出してくるのです。それが無限にくり返されているように思えました。まるで太陽の基地から継続して発射されるように、何百回も、いや何千回も続きました。しかも、その円形は列頭から列尾まで、そして飛翔の始まりから終わりまでみな同じ大きさでした。

大きな球体の列がまるでＵＦＯの編隊のように、釈迦像の舞台に立つ小さな私たちの頭上に広がる無限の宇宙の全空間を使って、全方向に向けて飛翔しては消えていきます。私たち十人だけが宇宙全体に顔を向けて、思い思いにその荘厳な現象に手をかざし、指差しながら、嬌声を上げて眺めていました。

太陽を中心に宇宙舞台に繰り広げられる荘厳なドラマに、みんなは興奮の極致に立っていました。その天体の儀式は三、四十分続いたでしょうか。その間に、私たちはいったいどれほどの数の薄黒い円形の影が飛翔するのを見たことでしょう。

私はふと我に返って、東京の中山さんに携帯電話で連絡しました。中山さんはその様子を透視していたかのように、すぐに電話に出てきました。私はうわずった声で、その現象を報告しました。中山さんはすでにわかっていたかのように、

「小坂さん、それは最高位におられるアセンディッド・マスターの方々のオンパレードですよ。今日の儀式をみなさんで祝福されているんです。先日も申し上げましたでしょう。人類の歴史始まって以来の瑞祥を見せていただいているのですよ」

中山さんも、あちらで興奮して絶叫しているようでした。

そういえば、先日、中山さんが、式典の当日アクエリアス星人の母艦が五色山の上に顕われるでしょう、と言われていたことが頭をよぎりました。

「小坂さん、写真機持っていますか」

「いや、デジカメのメモリを使い切ってしまってありません」

「じゃあ、写メールで撮れるでしょう。携帯の写メールで撮ってください。どんどん撮って私にすぐに送ってください」

「ああ、携帯電話のカメラがありましたね。わかりました。すぐに送ります」

私は携帯電話のカメラをセットし、太陽に向かってシャッターを何回も押しました。普通のカメラを持っていた藤木氏も、シャッターを押し続けているようでした。

次に、五色山のまわりを取り巻く杜の樹木に、新しい現象が現われ始めました。杜全体の樹木の一本一本が、きらきらと透明に輝く美しいたくさんの玉に彩られ始めたのです。緑、ピンク、紫、黄、白、青などの色彩で、その一つ一つの大きさは直径四、五十センチの玉であり、その玉が二十個も三十個も花が咲くように一本の樹木のあちこちの枝で輝きだしました。

右側の杜の一本の樹木が緑色の玉で荘厳な姿で輝き続け、しばらくして消えると、今度は左側の一本の樹木の全体が黄色い色彩で、同じように輝き始めました。不思議なことには、一本の樹木に何十となく煌めく光の玉は、特定の一色だけに統一されていて、複数の色彩の混ざり合った樹木はありません。しかも、その煌めきの玉がからからと軽やかな妙音を奏でているようでした。

そのような現象が杜全体のあちこちの樹木に次から次へと色彩を変えて、飛び火するように移っていきます。それぞれの玉は、あまりにも大きく、高貴な気品と妙なる音に満ちています。

それは、杜と樹木の精霊や妖精たちの歓喜の乱舞のようでした。

ちょうどそのとき、水野夫人とお嬢さんが下から歩いて来られました。壇上の十人がキャーキャーと騒いでいるので、「何事ですか」と上がって来られたのです。やがて二人も、樹木の荘厳な現象に気づいて興奮する仲間に入ってきました。


そのような杜の樹木の色彩の乱舞が二、三十分も続いたでしょうか。今度は涅槃像の顔、胸、胴のあたりが、青色やピンク色や黄色などに映え始めました。真っ白な御影石の涅槃像と立像は顔面から胸、胴、脚、足と多彩な美しい色合いに光り輝いて、次から次へと流れるように変化していきます。


夢幻の世界はまだ続きました。今度は、十〜十五センチぐらいの無数の色とりどりの円形の光が二体のお釈迦様の全体像を彩り始めました。その現象もかなりの長い間続きました。涅槃像の前に立っていた全員が釈迦像の方に向いて嬌声を上げていると、今度は、その光の玉がみんなの全身のあらゆる部位に流れ移るように付着し始めたのです。

十二人は、身体の前身にも後背にも頭髪から靴先まで、無数の小さな丸い光に付着され包まれました。お互いの身体に付着した光の玉をさすったり、掬おうとしたり、振り落とそうとしたりするのですが、光の玉は身体から離れません。

空海は今日の禊の儀式で、戦国から徳川時代にかけての武将や民たちのすべての霊を救われたに違いない。儀式を主催された空海は光の柱、宇宙神となって、宇宙に遍在する神仏や高次の意識体とともに、私たちを祝福してくれているのだ。そう思わずにはいられませんでした。
私は、その瑞祥の世界の中で、妙法蓮華経如来壽量品第十六の中の私の好きな美しい一節を思い浮かべていました。

神通力如是　於阿僧祇劫
常在霊鷲山　及余諸住処
衆生見劫尽　大火所焼時
我此土安穏　天人常充満
園林諸堂閣　種種宝荘厳
宝樹多華果　衆生所遊楽
諸天撃天鼓　常作衆伎楽
雨曼陀羅華　散仏及大衆
我浄土不毀

神通力かくの如し　阿僧祇劫に於いて
常に霊鷲山　及び余の諸住処に在り

衆生は劫尽きて　大火所焼を見るとき
我此土は安穏にして　天人は常に充満せり
園林諸堂閣は　種種宝荘厳にして
宝樹多く華果あり　衆生の遊楽するところなり
諸天は天鼓を撃ち　常に衆伎楽を作す
曼陀羅の華の雨をふらし　仏及び大衆に散ず
我浄土は不毀なり

私は思い返していました。前年の十月、幣立神宮に藤谷氏を案内し、四谷の喫茶店で中山さんに会い、ホテルニューオータニやザビエル聖堂での不思議な祈りをさせられた日から今日までの半年の間、何という不思議な経験の連続であったろうか。

私たちの常識のレベルをはるかに超えた次元で、空海を中心として、神、仏、龍神、異星人など、清らかな宇宙意識のエネルギーの連合体が、水野氏や私たちの純粋な心に感応されて、私たちに色々な仕事をさせられたに違いない。そして釈迦像入魂式まで導き、これらの瑞祥を見せてくださっているに違いない。これは現実なのだ。決して夢や幻ではない。十二人の人間が揃って同じ瑞祥を見せていただいているのだ、中山さんが言うように、人類の歴史上初めての尊い経験をさせていただいているのだ。

そう思うと、感動の波がさらに全身に溢れてまいりました。

瑞祥は一時間も続いたでしょうか。興奮も覚めやらぬなかに、十二人は後片付けをしました。朝倉氏、吉村さんと私の三人は、中山さんから言われていた最後の仕事に取りかかりました。どじょうを熊本市内に持ち帰り、多くの武将たちの霊をそれらのどじょうに預けて、どこかの川に流さなければなりません。焼き海苔用のガラス瓶に入れられていた二十匹のどじょうは、朝から、しかも、後半の二時間の儀式の間、数々のお供えとともに太陽にさらされていました。水温が上がり、半分以上が生気を失くして腹を上に向け、息絶え絶えのように浮いていました。

私は、このままでは市内までもたないと思い、ふとお供えしてあった穴の谷の霊水を少々、祈りをこめてガラス瓶の中に注ぎ入れました。すると驚いたことに、しばらくするとあれほど弱っていたどじょうたちは急に元気を取り戻し、瓶の中を暴れるように上下に泳ぎだしました。

「さすが霊水ですね」

みんなは感嘆の声を上げました。

みんなでお供え物を片付け、分けて自宅に持ち帰る用意をしました。私は、穴の谷の霊水をいただくことにしました。空海の禊の儀式に使われた木桶、浴衣などは水野氏の事務所に預かっていただくことにしました。

私たち三人は、どじょうの瓶に蓋をして、車で熊本市内のＫＫＲホテルまで帰りました。ホテルでしばらく休憩してから、どじょうの瓶を持ってホテルの近所の熊本城をめぐっている壺井川の土手の堤を歩きながら、放流できる場所を探しました。壺井川の両岸は、城壁のような石組みで固められていて、川面のそばまで近づけるような場所は見つかりません。仕方なく、ＮＨＫ熊本放送局に上る坂の前の千葉城橋に立ちました。壺井川のそのあたりにはたくさんの美しい錦鯉が泳いでいます。

「どうぞ武将たちの霊を運んで行ってください。どうか、鯉の餌にならないように、立派に任務を果たしてください」

と祈りながら、どじょうを川の流れに注ぎ込みました。

その日のすべての行事は終わりました。三人は、何か大きな役目を果たさせていただいたような安堵と快い疲れを覚えながら、それぞれの家路につきました。

私の撮った十数枚の携帯電話の写真には、流れるように飛翔する薄黒い大きな円形の影は撮れていませんでした。しかし、太陽を直撮する場合のハレーションは起こさないで、太陽を中心に真っ白に飛び散って輝く光や、その光の中を天から地上まで垂直に下りる一本の白い光の線などがはっきりと撮れていました。また、ピンク色に染まった涅槃像も撮れていました。

藤木氏のカメラにも、薄黒い円形の影は撮れていませんでしたが、そのときの天空や周囲の風景、それに台座の上で嬌声を上げて驚き合う十二人の姿が、たくさん撮れていました。

　藤木氏のカメラに撮られている太陽と天空は、私のものとはまた違って、神々しい厳かな光に満ち溢れていました。両者とも同じ瑞祥を撮っているはずですのに、まったく違った太陽と天空の姿を写し出していました。それらの映像は私の携帯電話と藤木氏のネガフィルムに残されています。

光の柱（写真上）と五色山での瑞祥を見上げる皆の姿＝2004年3月24日

第五章　バンコクのプラプロム神詣で

第一節　物質化現象で涅槃像が顕われる

平成十六（二〇〇四）年四月に入ると、仕事で多忙な日々が続きました。第二週には富山での会議があり、第三週にはフランス、第四週にはスイス、第五週にはドイツの人々が立て続けに来日しましたので、私の東京滞在の日々が続きました。そのようなある日、朝倉氏から、四月十五日は中山さんの誕生日なのでお祝いをしようと誘われ、前日の十四日に中山さん、朝倉氏、私の三人で夕食会を開きました。

三人が席に着くと、中山さんは、

「タイのプラプロム神様が私たちに今年七月までにタイにいらっしゃいと言われています」

さらに、

「昨夜、突然、物質化現象で私の枕元に顕われてきたものです。空海様からのプレゼントですよ」

と、バッグから取り出して並べました。それは、幅二十五センチ程度の二幅の掛け軸、直径三センチぐらいの円い銅色のメダル、そして三センチぐらいの長細い黄土色の金属の涅槃像でした。

掛け軸の一つは　題目と墨絵が書かれたものでした。別の掛け軸は下の方に仏画が描いてあるようでした。円いメダルは、片面には四つの仏陀生涯のレリーフがあり、釈迦生誕、瞑想像、涅槃像などがきれいに表現されていました。あと一つは長細い台の上に置かれた釈迦涅槃像で、五色山の涅槃像にそっくりなものでした。どちらにも見事な細工が施されていました。

メダルは朝倉氏がとり、二幅の掛け軸は朝倉氏に預かってもらうことにしました。釈迦涅槃像は小坂さんにいただいたものです。「涅槃像は入魂式に参加したばかりの私が、物質化現象で出現したというミニチュアの涅槃像を空海からの贈り物としていただくことに、空海との一層のご縁を感じました。この涅槃像は　後に訪問したタイ・バンコクのプラプロム神の小さな黄金像とともに、私の仏壇に安置してあります。

中山さんには物質化現象がよく起こるようでした。そのなかでも、私が見た四センチぐらいの水晶の立体の六芒星は、朝倉氏の発明に大いに参考になるものらしく、大変喜んでおられました。そのときの中山さんと朝倉氏との間で交わされた会話は、はるか昔の世界での出来事に関連する二人の経験を話し合っているようで、私のまったく理解できないものでした。

また、数年前、中山さんが、ホテルニューオータニの日本庭園の瀧の前で私にくれたものは、直径五センチ、高さ二・五センチのダイヤモンドカットを施した透明の水晶体のような物体でした。物質化現象で与えられたものとはいえ、それは明らかに水晶ではなく、どのような物質かはいまだにわかりません。

私は、持参していた五色山での入魂式や瑞祥の数々の写真を見せました。異常に輝く太陽や、その中を垂直に貫かれた光の線、ピンクに彩られた涅槃像、参加者の興奮している様子などが写っていました。アセンディッド・マスターたちが宇宙全体に飛翔する姿を撮ったつもりなのに、写真には光しか残されていませんでした。しかし中山さんは、人類が今までに撮らされた写真の中では最高のものであり、誰が見ても大きな感動を呼び起こすでしょうと言い切りました。

多くの写真の中に涅槃像を背にして撮った写真がありました。スリランカ大使ご夫妻、アリヤラトネ博士ご夫妻、僧侶一行と私たち関係者の全員が写っている記念写真です。その写真を見ていた中山さんは、突然アリヤラトネ夫人を指差して、

「あら、このお方はガンジーさん。ガンジーさんという方がついておられますよ」

と、敬意をこめた声で叫びました。そういえば、熊本で私の車でアリヤラトネ博士夫妻と行動を共にしたとき、私は夫人の言葉や立ち居振る舞い、会話に、溢れるような優しさと気品を感じていました。アリヤラトネ博士の世界的な社会福祉運動家としての成功も、この夫人の存在に負うところが大きいのではと思ったことを覚えています。

それまでの付き合いで、中山さんは西洋の歴史やユダヤ教、キリスト教、芸術関連には深い

造詣があることは感じていました。高校や音大時代に欧米に留学していたからでしょうか。しかしガンジーのことはまったく知りませんでした。私の見るところでは、彼女の感じる天からのメッセージは彼女の理性や知性を通らずに、感性で直感しているものらしいのです。

中山さんから送られてくるメッセージには、神道の神々の名前、長い祝詞や仏たちの名前、陀羅尼、経典の名前、高野山奥の院での空海への檄文などもたくさん含まれています。それらは、漢字の混じった文章、ひらがなのみ、あるいはカタカナのみ、アルファベット文字、ときには英文だったりします。中山さんは、こうしたメール文をご自分で書いているというより、目にもとまらぬ速さで無意識に携帯電話の文字盤の上を指が走って書かされているらしいのです。

彼女の感性はいったいどうなっているのでしょうか。私はどうしてこのような人と付き合い、そのメッセージを素直に受け入れ、実行に移してきたのかと、不思議でたまらなくなることもありますが、同時に、心のどこかで新しい世界に目覚める歓びのようなものも感じていました。

一番の理由は、中山さんとの最初の出会いの日、ザビエル聖堂で彼女から囁くように指示された祈りの内容が「地球の浄化を祈る」ことであったからです。もちろん、そのこと自体は自分の理性で十分納得できることでしたが、それを祈ることで、それまでの己の知的世界を激しく突き破られるような衝撃を受けたからです。

四月二十八日の夕方、ドイツ人と別れて朝倉氏や中山さんの宿泊している両国の第一ホテルに行きました。翌日はそのホテルの一階の広間で「スピコン」という展示会があり、私が訪問したときは、中山さんと朝倉氏と見知らぬ男性の三人がスピコン会場で狭いテーブルを並べて準備中でした。テーブルの上には、横書きでアトランティスハートと書いた小さな白いボードの看板が置いてありました。そのとき初めて知ったのですが、スピコンとは、スピリチュアル・コングレスの略称で、毎年かなりなスケールで開催されているようでした。

私もその日は両国第一ホテルに宿泊することにし、部屋に荷物を置いて会場に戻りました。中山さんは、先ほどの男性を「私たちの仲間です」と言って、森谷精三さんを紹介してくれました。東京大学出身の工学博士、国立某研究所の研究員であり、いくつかの特許を取得しており、すばる望遠鏡の開発にも携わったとのことでした。それだけでなく、作曲をし、ピアノを弾き、あるコンクールで金賞を取っているとか。私は、「大変なお方なんですね」と挨拶をしました。

そういえば、中山さんも某音楽大学のフルートコースにトップレベルで入学し、欧州にも留学していたことや、高校時代は米国のNASA（アメリカ航空宇宙局）でも働いていたと聞きました。NASAでは国籍に関係なく、彼女のような特殊な能力を持っている人々を集めて、知的生命体やUFO、異星人などの世界の技術や知識、さらに古代世界の失われた技術を探ろうという部署があるそうです。

そのような活動は、ロシアも欧米でも国益にそった活動として組織化されていると聞いたことがあります。彼女もその一員として迎えられ、錚々たる人たちと働いていたようです。日本の民放テレビ局が欧米の超能力者を招待して未解決の事件を解こうとする番組がありましたが、それをもっと国家的見地から組織化されたものでしょう。

日本も科学一流国でありますが、現在の知識レベルで理解できないような謎めいた事象の研究は、学術界ではすべて否定されているようです。たとえば古史や古伝書、神代文字などについても、学界の権威ある学者によって一方的に否定され、研究すること自体ままならないのが実情のようです。

それにしても、朝倉氏、森谷氏、中山さんといった突出した才能の持ち主と、まったく平凡な私が、どうしてお付き合いをしているのか、不思議な力を感じる一方で、なんだか奇妙に感じる自分がいることも確かでした。

第二節　鑑真の悲しみ

平成十六（二〇〇四）年四月二十八日、翌日のスピコンの準備が終わった後、夕食はちょっと変わったところでしょうと、ホテルから近いちゃんこ鍋の吉葉に行きました。往年の名横綱吉葉山の名をとってつくられた代表的なちゃんこ料理屋です。

店内に入ると一階の土間のまん中に御幣が立てられた土俵が造られています。土俵を囲むように四隅にテーブルの特別席があり、土間の周辺の一段と高い場所に一般用のテーブルが並んでいました。私たち四人は、土俵のそばのテーブルに座りました。中山さんの話では、そこにはダウザーさん、ラリガーさん、空海、道元、九頭龍、プラプロム神様も来られていて、珍しい場所に喜ばれているようでした。

少々のお酒とともにちゃんこ鍋に舌鼓を打ち、一同多少ほろ酔い加減になったところで、吉葉の玄関を出て歩きだしました。あたりはだいぶ暗くなってきました。

突然、中山さんが立ち止まって、

「両国駅の近くの赤提灯の店で、空海様と道元様がお待ちで、すぐにいらっしゃいと言われていますよ。何があるのかしら。さあ行ってみましょう」

と、我々の手を引っ張りながら先に歩きだしました。中山さんは日頃はあまりお酒を飲まないのですが、その日はちゃんこ鍋のせいか多少酩酊気味でした。森谷氏と朝倉氏に両腕を抱えられ、足を引きずるようにしていましたが、それでも身体の重心を前に倒しながら力強く私たちを誘導して歩いていました。

朝倉氏が、中山さんに、

「赤提灯の店って、どこなんですか」

と聞いても、

「私もわかりませんよ。導かれるままに行きましょうよ」

と、JR両国駅の方に向かって歩いていきました。JR両国駅の高い堤のプラットホームの下側の道には飲食店が並んでいました。抱えられるように歩く中山さんは、ある店の前に辿り着くと、以前から知っているかのように、

「ここですよ、赤提灯の店は。ここに空海様と道元様が待っておられるはずですよ」

と指差しました。そこは、桃太郎と書かれた海鮮類の居酒屋でした。暖簾をくぐって店に入ると生簀があり、大漁の幟や網が飾られて、いかにも漁村の浜辺のような雰囲気です。気楽に楽しめそうな大衆的な居酒屋でした。

中山さんは生簀に沿って奥へと歩きながら、

「あぁよかった。あの奥の座敷に空海様と道元様が座ってお待ちですよ」

と言った後、

「さあ、座りましょう」

と狭い畳座敷にある長テーブルに私たちを座らせました。ちゃんこ鍋を食べた後でしたので、適当にお酒と刺身などを注文しました。いつものように朝倉氏は、

「まず、空海様と道元様にお酒をさしあげましょう」

と二杯の猪口に熱燗を注ぎ、テーブルの端に並べて置いて
「空海様、道元様、召し上がりくださいませ」

と軽く合掌をしました。

刺身やつまみを食べてくつろいでいると、突然、中山さんが今までの態度を急変させて、怯えるように、

「ここはどこかしら。二階の暗い日本間の部屋だわ」

と独り言を言いだしました。

「ああ、侍が何人も来たわ。ああ、恐ろしい。斬り合いがはじまったわ。チャリンチャリンとすごい斬り合いよ」

その情景に耐えられないように、両手で両耳をふさいで悲鳴を上げはじめました。

「坂本龍馬とか、新撰組とか言っていますよ」

その夜の中山さんの脳裏には、無数の情景が次々と展開されていくようでした。斬り合いだけでなく、色々な情景が変化していくようです。その一つ一つを色々な仕草や表情、ときには悲鳴を上げて私たちに伝えようとしているようでした。

鎧、甲の武将たちの宴会の場面になったときは、「その中の武将がヤマメを欲しいと言っているわ」と言います。店の人に聞くとヤマメは店に置いていないというので、ほかの焼き魚を注文して差し上げました。

それから、勝海舟と西郷隆盛の会談や、西南の役、日清日露戦争の激しい戦さ、軍隊の出動と銃声、第二次世界大戦での殺戮や東京大空襲、原爆下で多くの人々が逃げまどう悲鳴、神風特攻隊員の自爆の情景など、どうやら幕末から昭和にかけての歴史的事件に関わる情景が走馬灯のように現われてきているようでした。中山さんは、とても苦しそうでした。

そして、最後に「三人の天皇様までお出でになられています」と、彼女は身体を硬くして言いました。

歴史を動かしてきた数々の凄惨な事件と、それに巻き込まれた無数の人間の苦しみと死が、この桃太郎のささやかな酒席の場で、中山さんを通して私たちに伝えられているようでした。

私は、前の月の釈迦像入魂式の後に行なわれた空海の禊と、その直後に見せられた瑞祥、そして今目の前で中山さんを通して表わされている歴史的な諸情景の間には、どんな関係があるのだろうと考えていました。五色山での空海の禊は、戦国時代から徳川時代に至る多くの人々の霊を解脱させる儀式と言われていました。今夜、この桃太郎で中山さんを通して見せていただいているのは、その後の幕末から現代に至る無数の人々の霊が解脱を求めている姿ではないのだろうか。そう思うと、私の胸は強く締めつけられるようでした。

中山さんは以前から、バンコクのプラプロム神詣でと、その後、七月二十五日と決めて富士山頂の浅間大社で行なう儀式の重要性を私たちに伝えていました。ひょっとしたら、空海は現在に至る日本人のすべての霊の解脱をされようとしているのではないだろうかとの思いが私の脳裏をよぎりました。

そのとき突然、中山さんの話題が変わりました。

「小坂さん、鑑真というお方が来られていますよ。鑑真さんとはどなたですか」

「鑑真は唐代に、律宗を伝えるために苦労して日本に渡って来られた中国のお坊さんです」

彼女は声を抑えてつぶやくように、鑑真の言葉を伝えているようでした。

「ああ、中国へ帰りたい、故郷の土鍋の料理を食べたい、ああ、懐かしい、中国へ帰りたいと言っておられますよ」

中山さんに現われた鑑真は、日本渡航前に好物であったと思われる中国の土鍋料理に入れる野菜や穀物類の名前を挙げ、料理の方法を具体的に述べられ、土鍋でぐつぐつと炊いてつくる料理を回想するかのように、

「ああ、この料理が食べたい、中国が恋しい、懐かしい、中国へ帰りたい」
と、哀願するような口調で何度もくり返されました。

言うまでもなく、鑑真は唐代屈指の伝戒師といわれ、日本留学生に請われて渡日を決意。五度の来日に失敗し、失明しながらも遂に渡日に成功して、日本に国家的授戒制度を確立し、東大寺の戒壇院を開設しました。最後は唐招提寺に住せられ、来日して十年後、七十六歳で逝去されましたが、どちらかというと、晩年を失意のなかに過ごされたといわれます。その鑑真の寂寥の思いを、中山さんの言葉を通して理解できるように思いました。異国で人生を終えた鑑真の人間としての故郷思慕の心が、私には身につまされるようでした。

近いうちに唐招提寺に久しぶりに行こう。鑑真の御陵を訪れ、お慰めしなくてはならない。どのようにすれば慰めることができるのだろうか。中山さんに現われた鑑真の言葉を聞きながら、私の心にそのような考えが浮かびました。

昭和五十五（一九八〇）年、日中国交正常化記念として、国宝鑑真和尚の坐像が一度揚州の故郷に里帰りされたことがあります。鑑真はその里帰りによって、故郷の地で真から癒されたのであろうかと思うと、何故か私の心に鑑真の人間としての悲しみが乗り移って溢れだすのを感じずにはおられませんでした。

第三節　私には何も見えないが……

翌朝両国第一ホテルのスピコンの会場に足を踏み入れて、私はまったく奇妙な雰囲気に驚かされました。スピリチュアル・コングレスの名前から想像できるように、まるでオカルト集団の会合のようで、一種異様な雰囲気に満ちていました。百組を超えるような自称他称の霊能者たちや予言者たちが日本人だけではなく、多くの外国人たちも参加しています。各自のブースに思い思いの飾りつけをするなど、数百人の人々が動きまわり、むせ返るような熱気に満ちていました。

中山さんたちのブースだけは何の飾り立てもなく、テーブルの奥に中山さんと朝倉氏、森谷氏の三人がお客の来ない空白をもてあますように座っていました。テーブルの上には、出展者名であるアトランティスハートと書かれた白い横長の小さな表示看板が置かれているだけでした。

しばらくそばにおりましたが、何故中山さんたちがこのスピコンの展示会にブースを出したのか理解に苦しみました。ただ、その前夜、吉葉で私は、森谷氏と組んで熊本の五色山の釈迦像入魂式のときの瑞祥について三十分ほど発表をしてほしいと依頼されていました。

会場の中に設置された講演会場には五十席程度椅子が用意されており、午後三時頃から、森谷氏が科学者の立場から宇宙観とサトル・エネルギーの話をし、その後、私が熊本の五色山での瑞祥について写真を見せて話をいたしました。

講演の後、中山さんが私に

「自分のオーラを見たことはありますか。オーラの写真を撮りましょう」

と言って、会場内部でオーラの写真撮影機を設置しているブースに行きました。料金を支払い、カメラの前に座って撮ってもらうと、私の上半身の写真はすぐに出来上がり、オーラのカラーの説明書とともに手渡されました。紫、青、ピンク、赤、黄、緑、白などの光が私の身体から出ているので、写真に写った私の上半身はそれらの色で覆われているようです。しかし、そのことが何を意味するのか、何の説明もされず渡されましたので、私にはさっぱり理解できませんでした。

ただ、人間の身体から色々な光を発散されているのにはびっくりしました。中山さんはその写真を見ながら、

「私のオーラは私の身長よりも長いのですよ」

と言われたのを覚えています。

会場を去る前に、中山さんが

「小坂さん、このスピコンには多くの人々が参加されていますが、私が日頃信頼しているお方を紹介します」

と言って、一人の女性のところに私を連れて行きました。まだ三十代後半と思われる女性が立ち上がって挨拶をされました。穏やかで、ふっくらとした美しい女性でした。

「この方は、私がたった一人心から信頼している人です。私よりも深いリーディングをされますので、何かありましたら、ご相談されたらよいですよ」

「今日は見ていただけるのですか」

「いいえ、今日はいっぱいです。またの機会にしてください。この事務所に連絡をしていただければよいのですが」

と言って名刺をくれました。この女性と再度お目にかかったのは、その数年後のことです。私の過去世と現世の使命について、深く洞察してくれたのを覚えています。

翌日の四月二十九日の午後、ホテルニューオータニの日本庭園で、中山さん、朝倉氏、森谷氏らと落ち合いました。私には詳しい説明がありませんでしたが、三人は瀧に向かって何かの儀式を行なっているようでした。何度も来ているうちに、幣立神宮から飛来した三大龍王が遊泳するといわれる日本庭園の瀧やその周辺は、気功師藤谷さんが感じたように、大都会の中の秘かな聖地であるような気がしてきました。

その日も中山さんの希望で、瀧の前でヒーリングをさせられました。ヒーリングといっても、私が相手に向かって合掌し、相手の希望通りに祈るだけの簡単なものです。中山さんの晴れやかになった姿を見て、朝倉氏や森谷氏の二人からも依頼されましたので、私は同じように祈りました。その後、私は何となく、

「いつも皆さんの依頼で私が祈るばかりですので、今日は私にも何かお祈りをしてください」

とお願いしてみました。

そのとき、中山さんは大声をあげて、

「わあー、Golden Flowers of Sphereの束が小坂さんの頭から身体にすうっと入っていきますよ。すごい、すごい、光の束が小坂さんに入っていきます。人間の身体に入っていくのを見るのは初めてですよ」

と言うのです。いつも通り私には何も見えないし、感じません。しかし、何かが私の身体を貫通していくのを中山さんは見たようです。彼女は、しきりにGolden Flowers of Sphereとくり返していました。

後で、中山さんにメールでその内容を聞くと、

「GS=Golden Flower of Sphere（完全意識の最小単位で無条件の愛。原子よりも小さいフォトン）。Creation Mother, Father, Creator, God of All that isのことですよ」

という返事が来ました。

無条件の愛という言葉は理解できますが、全体としてはよくわかりません。そのようなものの束がどうして私のこの汚れた肉体に入ってきたのだろうか。これからの私の人生にそのような「完全意識の最小単位で、無条件の愛」のようなものが必要なのだろうか。しばらくは考えていました。


五月二十一日、自宅にいる私の携帯電話に中山さんから、何の説明もなく次のようなメールがひらがなで届きました。

「施餓鬼精霊供養和讃、きみょうちょらいじぞうそんきよきながれにふねうかべなきふもやしょうりょうのとんじょうぼだいをえこうするとおといくようつとめなんひゃくものおんかをほどこしてしゅうするぜんこんくどくにははなのうてなにまねかれてとこしえにかけてすくわれるとおといくようはつとめなんいろとりどりのおとうろうかんきのこうみょうてらしつつじぞうぼさつにみちびかれごくらくじょうどへいきたもうとうといくようつとめなん　とまた降りてきましたが、これはおきょうですか？　これを一週間、朝晩唱えなさいと言われました」

これは、メールの原文をそのまま書いたものですが、折り返し、中山さんに聞きますと、どなたから送られてきたものか、まったくわからないとのことでした。辞書で漢字を調べながら、できるだけ意味の通るように書き直し、中山さんと朝倉氏にファックスで送りました。朝倉氏から字句を訂正して、次のような文章が送られてきました。

帰命頂礼地蔵尊
清き流れに舟浮かべ
亡き父母や精霊の
頓成菩提を回向する
尊い供養勤めなん

百味の飯菓を施して
修する善根功徳には
華の台に招かれて
とこしえにかけて救われる
尊い供養勤めなん

色とりどりのお灯篭
歓喜の光明照らしつつ
地蔵菩薩に導かれ

極楽浄土へ行きたもう
尊い供養勤めなん

頓証菩提とは「段階的な修行をせずに、直ちに菩提（悟り）を得ること、即身成仏」と辞書には書いてありました。読めば読むほど、言葉の響きと色彩と光の美しさ、流麗で奥深い詩の意味に心を打たれました。

ご詠歌のようでもあり、菩提を弔う素晴らしい和讃ではないかとも思いました。そして、弔いの対象はわからないまま、朝晩の勤行時に、本来なら一週間のところを二十一日間唱えました。たまたまインターネットで「施餓鬼精霊供養和讃」について調べたところ、「渡慈秀作詞村上全神作曲」と紹介されていました。この和讃は、その後、私たちの唱える祈りの中で重要な位置を占めることになります。

第四節　タイ・エラワン廟での祈りの目的

二月二十一日に中山さんより届いた空海の二つの霊告のうち、穴の谷の霊水については国内のことなので、すぐに実行できました。しかし、バンコクのプラプロム神詣でについては、私の非常に悩むところとなりました。実は、六十歳を過ぎて新たに仕事を始める際に、家族から一人で海外に行かないようにしてほしいと言われていたのです。

仕事については、相手国から常時来てくれるようになり、一人での海外出張の必要はなくなりました。海外に行くことといえば、欧州や中国など観光を目的とした妻との二人旅行だけでした。

中山さんたちとの行動も、すべて私の国内出張の合間を利用して進めていました。そのようななかで、中山さんからバンコク行きの話が出たのです。すぐバンコク便を調べましたら、バンコクに数時間滞在するだけの日帰りコースがあることがわかりました。これなら、妻にもわからないで行けるだろうと踏んで、バンコクでの行動内容も考えず電話でタイ航空に予約し、パスポートを自分の鞄に潜ませていたのです。

ところがその出発当日の朝、義弟が妻に、

「ハワイ旅行のために、義兄さんのパスポートを持ってきてくれないか」
と連絡してきたのです。地元企業勤務時代、一緒に数百回、海外に出かけていましたが、私のパスポートを見たいなどと言ったことは一度もありません。

妻は私のパスポートがいつもの場所にないことに気づき、私に詰問してきました。もう信頼関係はがたがたです。パスポートはその場で妻に取り上げられてしまいました。

一方、その後の中山さんに降りてくるメッセージでは、タイ行きは私一人ではなく、中山さん、朝倉氏、森谷氏と私の四人が揃って参拝すべきものであり、プラプロム神の前でのお祈りも、当初私が考えていたような単純なものではないことがわかってきました。

中山さんによると、空海の主催する神仏習合の儀式が、十三宗の宗祖も参加されてバンコクのエラワン廟で開かれることになっており、そこに私たちが呼ばれているというのです。

それまでの私ならば、自分の考えで決断することは容易だったでしょうが、五色山であの常識をはるかに超えた神仏の世界としか言えないような瑞祥を見せていただいた後でしたので、空海との信頼関係を命にかけても守りたいと思っていました。

でもバンコクのエラワン廟で、なぜ神仏習合の儀式が行なわれるのか、それを理解しないでは妻を説得して行くことはできないと思いました。

苦悩の中で、ようやく私なりに納得する道筋が見えたのは、プラプロム神について調べていたときです。プラプロム神は現地でエラワン・ブッダといわれているように、仏教の仏様であると私も思っていました。ところが、エラワン廟に祀られているサン・プラプロム神は、仏教の仏様ではなく、バラモン、ヒンズーの最高の創造神とされているブラフマーとしての宇宙神であることを知ったのです。

私は過去世のある時点で、タイの王族であったと告げられていましたが、そのご縁というだけの理由ではないことがわかってきました。タイは仏教国と思われていますが、ヒンズー教の神々も根強く同居する宗教混淆の土地であります。黄金色に輝く四面体のプラプロム神の像は、タイでもっともご利益が大きいと、すべての人々から崇められています。そこまでわかってくると、私たちの神仏習合のお祈りには、とてもふさわしいと思えるようになりました。

私たち四人のエラワン廟での祈りの目的は、私の当初の想像をはるかに超える重要性をもっていることが徐々にわかってきました。ブラフマーをはじめとする世界中の原初の光の宇宙神たち、造化三神をはじめとする日本の神々、大日如来をはじめとする仏教の仏たち、空海をはじめとする十三宗の宗祖、そうした方々が覚醒されて参加され、神仏習合を祝う式典である。それにアクエリアスやアンドロメダのアセンディッド・マスターの方々も祝福される宇宙規模の祭典である。

人類社会の歴史に存在してきた多種多様な宗教、それは感謝と救済のために生まれてきたはずであります。それが時間を経て集団化し、組織化していくうちに、ともすれば後世の人間が宗祖の意志を傲慢にも独断で歪曲していく。自分たちの神を絶対的存在として他の神々を認めなくなる。それ故に起こる相互不信、誤解、憎悪、殺戮、戦争などで、どれほど多くの人間が死んできたことか。

そのような悲しい人間の性、凄惨な史実を乗り越えて、地球と人類の平和を祈る祝典なのかもしれない。

人類の歴史で、二つの異なる宗教が出会えば対立が起こり、殺し合いが起こり、人類は宗教戦争により悲しい歴史を刻んできました。また、王朝が変われば、一つの宗教が消え、新しい宗教が台頭してきます。同じ王朝の中でも皇帝が変われば、宗教も変わることもあります。そのとき、以前の宗教が抹殺され、悲劇が生まれます。その様相は現在もまったく異なりません。

なぜでしょうか。それぞれの民族が、自分の神のみを絶対的存在として祀るからです。単一宗教だけを認め、異教徒の存在を認めたがらないからです。異宗教間の対立のみならず同宗教内でも、小さな解釈の差から戦争や殺戮が絶えません。

仏教を日本に伝えたお隣の朝鮮半島でも、高麗王朝では仏教は国教として栄えましたが、李王朝になると儒教に取って代わられ、仏教寺院は破壊され、山岳部に隠れて命脈を守ってきたといわれます。

中国でもしかりです。慈覚大師円仁も『入唐求法巡礼行記』で書かれている通り、中国では仏教一掃の激しい弾圧に遭っています。

一方、日本人は縄文時代から大自然そのものを神と仰いできました。縄文時代は狩猟を中心に、森の恵みを食物とし、四万年もの長い間、北海道から沖縄に至るこの日本列島で、人々は戦争も殺戮もなく平和に生存していました。

まさに人類最高の平和で平等な世界を築いていたのです。人々は大自然を崇め、大自然に宿る霊的な力を尊び、その信仰を脈々と受け継いでいたのです。

平成二十八（二〇一六）年六月二十六日、NHKが「御柱―最後の縄文王国の謎」を放映していました。それを観ていて、私は日本の国づくりを改めて考えさせられました。

縄文時代の後半、稲作文化が九州北部に入ってきて徐々に北上していきました。狩猟文化の社会が新しい稲作文化を受け入れる過程では異なる文明同士の軋轢があったであろうと思われるのですが、実際にはそれほど大きな戦いもなく徐々に受け入れていったようです。

たとえば、考古学で当時の食文化の移行を全国的に調査して判明したことの一つが、稲作文化を日本列島で最後に受け入れたのは長野県諏訪地方だったということです。

諏訪神社の御柱祭は、山という大自然を崇拝する古来の文化と、稲作を中心とする文化の平和的融合を意味する世界に稀なる巨木のお祭りです。諏訪には土地の神ミシャクジ神を護るモリヤがいましたが、出雲から来た建御名方神《たけみなかたのかみ》を迎え、諏訪神社の祭神として迎えます。土地の神モリヤは巨木の柱となって諏訪神社を守ったといいます。

建御名方神の父は大国主命ですが、平和裏に国譲りをし、黄泉の王として出雲大社に祀られています。大国主命の国譲りの後、天孫瓊瓊杵尊《ににぎのみこと》が降臨され、その孫の神倭伊波礼毘古命《かむいわれびのみこと》、つまり神武天皇が橿原神宮で初代神武天皇として即位されています。この神話の物語は、世界人類の平和を希求するすべての人々に知ってもらわなければならない日本の素晴らしい歴史です。

日本の皇室がいつ生まれたのかは誰もわかりません。多くの学者たちが色々な説を述べていますが、すべては想像の世界です。ただ一つ確かなことは、皇室の祖先を辿っていくと神話の世界に入っていくことです。

神話は古事記と日本書紀に納められていますが、そこに述べられている神々は、現在の日本人の生活の中に健やかに生きておられます。元旦の神社参拝、結婚式、子どものお宮参り、秋のお祭り、日々の生活の中でお願いをするときなど、日本人の生活に溶け込んでいます。

たまたま、私は近所の大江神社という小さな祠の神社に毎朝参拝をしています。天之御中主神が祀られていますが、そこに佇んでいるだけで神と人が通じ合う気配を感じます。榊の竹筒のお水を替え、感謝の念を捧げるだけですが、その十分足らずの短い間にも、多種多彩な人々が来られて、静かに手を合わせておられます。

神仏習合の話に戻しますと、神道の日本に六世紀中頃、仏教が伝わりました。当時の天皇は仏教を認めました。天皇により布教が認められた仏教は、天皇の加護のもとに力を伸ばしていきました。

神道は大自然の力を神と仰ぐものですが、仏教は人間の仏心を尊ぶものです。自然に宿っている命と人間に宿っている命は同じものでしょう。そのように考えれば、自然と人間は決して矛盾する存在ではないはずです。いずれにせよ、神道の国に仏教が入ってきて、大きな対立もなく二つの宗教が平和裏に習合し、現在に至るも日本の社会に息づいています。このことは、洋の東西を問わず、世界史的に見て稀有なことではないでしょうか。

このように見るならば、千数百年も昔に神仏習合を成しとげた日本は、世界の中で異質の国であるのかもしれません。弊立神宮の春木宮司が「世界宗教者会議を開けるのは日本だけですよ」と言われたことが十分に頷けますし、現にキリスト教とイスラム教を代表する宗教者の会議も日本で行なわれています。

日本こそが、すべての宗教を平和裏に並存させ得る国であり、今後の世界平和の在り方に大きな示唆を与えてリードしていくことのできる唯一の国なのだと思います。日本が平和裏に文化と経済の両面で強くなっていけば、きっと世界平和に向かって歴史は加速されていくことでしょう。

そのように考えていくと、造化三神、十三宗の宗祖の方々も参加されて神仏習合を祝う儀式は、単に日本の平和と安寧を祈るためだけのものではない。世界人類の平和共存を祝う祭典なのではないか。そして、今や光となられた空海がその祭典を先導されている。そこには、あらゆる世界の宇宙神、アセンディット・マスター、高次の知的生命体が祝意を表わして参加される。その荘厳な儀式の中で、私たちは空海の使徒として純粋な祈りを捧げ、すべてを結びつける大きな役割を負わされているのではないか。

私の考えは、そのように整理されていきました。

空海は、特に神仏習合に大きく関わっています。というよりも、中国に渡って日本に真言密教をもたらす以前に、すでに大自然の創造神との出会いを体験をしています。高知県室戸岬の御厨人窟で虚空蔵求聞持法の修行に取り組んでいたとき「谷響を惜しまず、明星来影す」という体験をしています。中国からの無事帰還も神に祈っていました。

さらに注目すべきことは、高野山一帯は空海が開く以前から、天照大神の御妹といわれている丹生明神が治めておられた山岳信仰の聖山だったということです。空海が中国から投げた三鈷杵《さんこしょ》が飛来して掛かった松の木を探して大和紀伊の山岳を歩いていたときに、狩場明神と丹生明神に会い、高野山の聖地をいただいたといわれています。

空海はまずその聖山の先住の神々を祀り、お許しを得て真言密教の寺院を建立しました。空海は弘仁七（八一六）年、丹生明神を祀る宗教者に対して、高野山を開創する前に助力を求める手紙を出していることが、空海の『高野雑筆集』に記されているそうです。

高野山の壇上伽藍の金堂の西側には、鳥居のある山王院があり、地主山王が祀られています。その奥に御社と書かれた高野明神、丹生明神が祀られている四所明神社があります。高野山の東の御廟の奥の院に対して、西の静寂な森の中にその神社が厳かに建てられています。ここを訪れますと、神道特有の厳かな空気が張り詰め、空海の日本の神々に対する信仰と、空海が招来した仏教に対する信仰が見事に融合していることを感じさせてくれます。

根本大塔から空海の母堂の居られた九度山の慈尊院にいたる町石道の途中にある天野には、高野明神、丹生明神ら四体が祀られている格調高い建物の丹生都比売《にうつひめ》神社があります。これは、高野山頂の四所明神社の元宮にあたります。

私事ですが、私の祖先に、神武東征に随行した天道根命《あまのみちねのみこと》がおり、その子孫で神仏習合に関わった紀行教《きのぎょうきょう》という律僧がおります。貞観八（八六六）年の石清水八幡宮創建に関わった人です。備後国の人で、大安寺で三論・密教を学び、勅許を得て、平安京鎮護のために宇佐八幡神を京・男山の地に勧請し、石清水八幡宮を創建しました。

紀行教律師の坐像は、奈良国立博物館で二〇〇七年に開かれた神仏習合展にも出展されましたが、その堂々たる体軀の浄行僧は、「王城鎮護の神（もしくは神を勧請した祖師）に相応しい」と同目録に書かれています（第七章第三節「紀夏井のこと」参照）。

行教の弟に益信《やくしん》という僧がおります。空海の実弟の真雅に師事し、真雅が道半ばで入寂した後、真言第三世の源仁に仕え、石清水八幡宮の初代検校・東大寺別当を兼務しました。最後に東寺長者法務となり、七十八歳で円城寺で入寂しています。東密の完成に力のあった方です。四百年後に花園天皇から「本覚大師」の号を諡られています。

行教と益信の存在は、私の遠縁で広島在住の小坂博氏から教えられました。小坂博氏は平成三（一九九一）年、『小坂家系図』を出され、平成十九（二〇〇七）年には第二冊目も出されています。郷土史家で詩人であり、俳人でもあります。元旦を祝う「日出る国の初日を入る鳥居かな」などの句は、私のとても好きなものです。

小坂博氏を通して、千二百年の昔のこととはいえ、私の祖先に神仏習合や空海と深く関わっていた人々がいたことを知り、ますます空海に深いご縁を感じざるを得ませんでした。

小坂博氏は、バンコクでの祭典の意義を理解しようともがいている私に、ヒントとしてサイババの神殿に関わる話をしてくれました。それは、二十数年前に高松のある会合で、サイババの弟子という日本女性に救われた経験談です。

博氏はその頃、心身両面で悩みを抱えていて、彼女の講演を聞きに行ったそうです。彼女は座席にいる博氏を壇上に上がらせ、すべてを見通すようにじっと博氏の眼を眺めたそうです。そのとき、彼女の澄み切った美しい眼から、これ以上清らかな涙がないだろうと思えるほどの涙が頬に流れ落ちたそうです。その瞬間、博氏の心の苦しみが溶けるように消えていったというのです。

そのことがあって、博氏はサイババのアシュラムに行き、ダルシャンに参加したそうです。何重にも取り囲む数百人の人々の中には、たくさんのイスラムの人々もいました。多くの国から宗教の違いを超えて参加している人々の輪の中で、前から三番目の列に席を与えられ、無欲で瞑想しているとき、サイババから一人祝福を授けられたらしいのですが、その間のことをこのように説明してくれました。

「世界中から民族、宗教を超えてアシュラムに参加した人々、その中には自然の流れで聖者から祝福されて喜悦に浸る人々、願いの根源的な理由を忘れて自分だけの幸せを願う人々。私は無意識のうちに『すべての願い』を捨てることを念じました。

そして瞑想中、無の境地に至ったとき、サイババから恩寵があったと思われます。ふと目を上げるとサイババの立ち去っていく後姿が見え、周辺の人々から自分へ向けられた歓声が聞こえてきて、初めてそれを知ったのです」

このような話をしてくれた小坂博氏から、

「参考にならないかもしれませんが、サイババの拝殿には世界のすべての神々が祀られていま す。そこには鳥居や御社とともに日本神道の神々も祀られています」

と聞かされたのです。私は、中山さんたちから聞いたエラワン廟での行事の意義が、サイババの拝殿を思い浮かべたとき、スーッと理解できたように感じました。

エラワン廟で上げる経典についても知らされました。それは、釈迦像の入魂式の後に行なわれた空海の禊の式典で唱えられた法華経ではなく、般若理趣経を中心とした真言密教関係の経文であるといいます。それは、その式典で空海が大きな役割を担っていることを意味しているようでした。

神仏習合とは、ひと言で言えば、崇高なる大自然への畏敬と人間の慈愛の境地を冥合させた祈りなのだと思います。それは、縄文時代の古きから、神聖な神々が満ち満ちている日本の国土の中でのみ可能だったのでしょう。そこで生まれた思想は、混沌とする現在の人類が救われる唯一の道を指し示すものなのだという確信がしだいに私の中で強くなるにつれて、タイ行きの思いは深まっていきました。

もし五色山で、あの瑞祥を見せていただいていなければ、タイ行きの使命感や義務感を抱くことはなかったと思います。中山さんの言葉を借りれば、「人類史上初めての瑞祥」を見せていただいた人間として天から与えられた使命であると考えることにしたのです。

私たちがタイで祈らなければならないこと、それは、地球と人類の平和です。それを実現するために最適な日本国の安寧と、その支柱である皇室の安泰です。それらを空海及び宇宙神とともに祈ること、それがタイでの祈りであるとの思いが深まっていきました。

第五節　妻と一緒にタイに訪問

ようやくバンコクのプラプロム神詣でを決意しましたが、現実には妻から反対され、一人で悩む日々が続きました。

妻は藤谷氏が自宅に来たときには気功を受けたり、幣立神宮行きを見送っておりました。釈迦像入魂式のときは、水野氏は先だって私の自宅に来られて、妻に挨拶をされていました。朝倉氏が来熊されたときにも、自宅で妻に紹介しておりました。

入魂式の後の瑞祥については妻に何も語りませんでした。ただ稀有の経験として書き残しておこうと思い、数十枚の体験記を書き上げて机の上に置いていたのを妻が読みました。そのとき、中山さんたちのことを聞いてきましたので、良いチャンスだと思い、全頁コピーして渡しました。それで妻は瑞祥について知ったのではないかと思います。

「水野社長さんとの約束は果たされたのでしょう。あなたの仕事は終わりました。この関連の仕事はこれで止めてください。この人々とのお付き合いも止めてください」

妻は私が一種の宗教的な活動に迷走していくのではないかと、非常に心配し始めたようです。特にパスポート事件から、妻の私に対する態度は一層厳しくなってきたように見えました。一

人でのタイ旅行が不可能になった私は、何度も妻に
「一緒にタイに行ってくれ。そして私が何をするのか見てくれないか」

と頼みました。

「私が嫌ということをあなたは何故しようとするのですか。そこまでやりたいのであれば、ご自由になさってください。私はあなたにこれ以上関わってほしくないのです。今の状態で結構な生活はできるではないですか。どうしても続けるというのであれば、すぐにいつでも別れてあげますから、それからにしてください」

と言い張るようになってきました。離婚覚悟でタイに行くか現在の生活を継続するか、空海との約束を実行するか止めるか、深刻な悩みに陥ってしまいました。


私は、その悩みを中山さんと朝倉氏にぶつけました。三人は東京でタイでの儀式の準備を楽しみながら進めているようでした。中山さんから心配して返事が返ってきました。

「朝倉さんと相談してみました。小坂さんの立場や奥様のお気持ちを考えてみました。私も朝倉さんも、与えられた使命とはいえ、小坂さんがどうされるのがいいのかずっと心配しています。私は他人と自分の区別なく痛みを感じてしまうため、小坂さんや奥様各々の苦しみや痛みも感じますので、とてもつらいです。

ですから、小坂さんがタイにお祈りに行かれることが、どうしても奥様を苦しめているよう

でしたら、奥様の気持ちを尊重してあげられたほうがよろしいのではないでしょうか。神様にお祈りすることも大切ですが、今は小坂さんと奥様の絆を守ることが大切だと思います。場合によっては私たち三人でお祈りに行ってきますので、慎重に対処してくださいませ。

何が一番大切なのかを小坂さんは気づいておられるのですから、きっと神様方もわかってくださると思います。朝倉さんと一緒にお祈りしていますから、ご心配をしないで頑張ってくださいませ」

私は如何にすべきなのかは不明のままでしたが、ある日、腹を決めて妻に
「最後のお願いだから、タイに行かせてくれないか」

と言うと、何も言わず立って外に出て行ってしまいました。

一時間ぐらい経って、妻は戻ってきました。誰に相談したのか、あるいは自分で考えてきたのかわかりませんが、

「わかりました。バンコクに一緒に行きましょう」

と言うのです。

「ありがとう。一緒に行ってくれれば、それが一番です」

私はほっとして答えました。暑さに弱い妻は
「あぁ、またあの蒸し暑いところに行かねばならないのか」

と言いながら、安堵の表情を隠さず、独り言のように言いました。

中山さんにメールで簡単に、妻が同行することを伝えました。中山さんからすぐに返信のメールが来ました。

「プラプロム神様が大変喜ばれています。お参りのときには、宇宙の最高の神々、日本の神々、大日如来様も来られます。十三宗の宗祖の方々も揃い、すごいことになりそうです。奥様に感謝ですね。『きっと奥様も、この意義ある祭典をわかるときが来ます』と、空海様が言われました。よろしくお伝えください」

私は、すぐにエラワン廟に隣接するグランドハイヤットエラワンホテルに予約を入れ、渡航の日を待ちました。

第六節　プラプロム神に詣でる

　平成十六（二〇〇四）年六月二十五日、私たち夫婦は八時発のＪＡＬ一番機で羽田に行き、成田の日航ホテルに向かいました。あれだけ反対していた妻も、久しぶりの二人だけのバンコク行きということで、浮き浮きしているように見えました。

　ホテルにチェックインした後、成田山新勝寺にお参りしました。不動明王は大日如来の化身といわれていますし、新勝寺の本尊は空海作の不動明王と聞いていましたので、空海とプラプロム神との招きでバンコクに行こうとしている私たちにとって、最適の場所に思えました。

「空海様、ただ今より、バンコクの儀式に行ってまいります」

と本堂に立って合掌していますと、ここ数カ月の心の葛藤と苦悩が思いだされて、涙腺が熱くなりました。穴の谷の霊水、高野山奥の院での儀式、五色山の入魂式、その後の空海の禊の儀式、想像を絶する瑞祥、そして夫婦の葛藤の末のタイ行きと続きました。それらすべてが空海との不思議な関わりの中で起こっていることを思うと万感胸に迫り「空海様、ありがとうございます」という言葉しか出てきませんでした。

　ホテルに帰り、夕食後、二人であたりを散歩しました。落ち着いた静寂な空気が二人をやさしく包み込んでいました。

「ここは良いところですね。ここに宿を取ってよかった」

と妻はつぶやきました。

「本当にそのとおりだ」

と素直な気持ちで、先日までの葛藤がうそのように相づちを打ち合っていました。


翌日は、成田を十一時発のＪＡＬに乗り、現地時間で午後四時にはバンコク空港に着きました。フランス人のエトリさんが出迎えてくれて、グランドハイヤットエラワンホテルにチェックインしました。バンコクを代表するホテルだけあって、冷房のよく効いた大きな空間のロビーには豪華なラウンジが拡がり、熱帯の色鮮やかな花々で埋められていました。

妻が部屋で休憩している時間を利用して、ホテルの敷地内にあるエラワン廟の祠に到着の挨拶に行きました。祠は公道に面していて、樹木に囲まれた小さな公園のような広場の中にありました。四方に三角状にのびる屋根を支える四本の柱があり、東南アジア特有の鮮やかな色彩のモザイクガラスで覆われていました。大伽藍ではなく、高さ四、五メートル程度の予想外に小さな祠でした。

神々しく美しい四面の顔を持つ黄金のブラフマー像は、正面から見ると杖と大きな数珠を持ち、左足を長く下に伸ばし、右足を折り曲げて堂々と座っておられました。四方に壁がなく、柱だけで支えられているので、四面の顔はいずれの方向からも拝めました。

祠の周辺は線香と色とりどりの花束で埋められていて、いかにも南国のはなやかな雰囲気に溢れていました。境内の片隅にはタイダンスの赤い衣装で着飾った女性たちの小屋があり、信者の所望で踊りを奉納するのです。

このお方が私を呼んでおられたのか、そして長い月日を待っておられたのかと思うと、初めての出会いにもかかわらず、時間や空間を越えた懐かしさで胸が締めつけられるように感じました。

「やっと参りました」

と言って合掌するのが精一杯でした。


翌朝九時半に、他のホテルに泊まっていた中山さん、朝倉氏、森谷氏の三人とロビーで合流しました。日曜日のせいか、朝から大勢の参拝人が線香と花を供えて祈っていました。背の高い中山さんは薄いピンクのロングドレスの晴れ姿がよく似合っていました。今日の儀式の意義の重要性を知り、私には見えない神仏からの指示を仰いで、てきぱきと振舞っていました。

お供えする花や、タイダンスの供養のための人形、プラプロム神の二センチほどの小さな像などを境内や近くに並んでいるみやげ物店で買い求め、私たちに手渡してくれました。森谷氏は黄色い半袖のシャツを、朝倉氏は白いシャツに黒のチョッキを着て、太い数珠と鈴を持っていました。

読経の主役を演じる朝倉氏は、

「今日は理趣経を二回あげなければならないので時間がかかります。この暑い中、辛抱してください」

と言っていました。聞けば、式典の式次第、あげる経文、祈る内容についても、中山さんは多くのメッセージを受けているようでした。


妻は皆さんに挨拶した後、境内のフェンスに近い大きな木陰の下のベンチに座って私たちの動きを見ていました。中山さんは「さあ、始めましょう」と言って、四人が各々、祠の東西南北の方向に祠から数メートル離れて立つように指示しました。数珠を持った四人は、四方に分散し、目立たないように参拝者の群れの中に立ちました。祠の四方に結界をつくるためでした。

お祈りを始める朝倉氏の鈴の音だけが聞こえましたが、その後の読経の声や鈴の音は多くの参詣者の騒音で消えていき、一切聞こえなくなりました。照り輝く太陽の下で時間を忘れたかのように、その日の儀式の意味合いを考えながら、私は直立姿勢のまま数珠を手にかけて合掌しておりました。

今日のこの儀式は、空海が最高の宇宙神たちの祝意を受け、人類の恒久平和に繋がる神仏習合の世界的意義を確認し、「去去入原初＝行き行きて原初に入る」という光の境涯で、私たち四人とともに祈っておられるにちがいない。そのように思いを深めながら、ただ一心に祈っておりました。

一時間ほど過ぎて、朝倉氏は私のところに来て「これで無事終わりました」と告げました。三人は長い祈りをベンチで座って見ていた妻に挨拶をしました。妻は大汗をかいている四人を「ご苦労様でした。さあ、涼しいところで昼食を取りましょう」と、ホテルのロビーにあるレストランに誘いました。

冷房の効いたホテルの中は別世界でした。蒸し暑い日差しのもとで一時間近く立ちっぱなしだったため、かなり疲れていた私たちにはホテルの冷たい空気は最高の贈り物でした。一同はレストランの明るい広い席に座りました。席に行く途中で中山さんがしきりにあちこちを眺めながら感嘆の声を上げていたので、私は小声で聞きました。

「今日のお祈りは、どうだったんですか」

「天上も、このホテルの中も、皆様が

プラプロム神

一杯いらして、とても喜んで祝福されていますよ。今日のバンコクの上は、無数の光に満ち満ちています。お祈りは大成功でしたよ。世紀の祭典でしたよ」

と感極まったかのように囁きました。きっとそうなんだろうなと思いながらも、それを何も感じられない自分に大きなもどかしさを覚えていました。

五人は開放されたように思い思いに注文をしました。妻は、朝倉氏とは自宅で面識がありましたので、親しく話しておりました。中山さんと森谷氏とは初めてでしたが、飲み物と食事が進むにつれて、お互いに遠慮のない話が進みました。私は黙って聞いていましたが、妻はときには大笑いをしながら親しげに話し合っていました。

翌日は、エトリさんの車で、タイ王宮や美術館などをまわって、タイ料理の夕食をいただきました。二泊のタイ旅行は、久しぶりの二人だけの海外旅行となりました。

ただ一言、妻が私に言った言葉は、

「あなたのお祈りしている姿を見ていて、本当に情けないと思いましたよ。もうあのようなことはしないでください」

というものでした。妻の目には、社会的に一応の地位を築いた夫の私が、中山さんや朝倉氏の指示を受けて、炎天下で長時間無言で数珠を持って立ち続けているのを見て情けなく映ったのかもしれません。もうこのようなことを夫にさせたくないとの誓いにも似た妻の強い思いが伝わってくるのがわかりました。

第六章

富士山での祈り

第一節　次々にもたらされるメッセージ

中山さんや朝倉氏の話では、私たちの一連の行事は、その年の七月二十五日の富士山頂の本宮浅間大社詣でで完結することになっていました。その前に、埼玉県名栗の尾須沢鍾乳洞の洞窟で祈りの儀式を行なう。それは、空海と道元に関連するものであると聞いていました。しかし、東京に住む三人から離れて熊本にいる私に、尾須沢の洞窟や富士山への参加を要請する話はなかったので、私を除く三人で行なわれるものと思っていました。

ところがバンコクから帰った後、突然、中山さんから、健康状態がすぐれないためメッセージが降りてこなくなったので、あとのことは自分たちでやってほしい、そのことを朝倉氏に伝えてくださいとのメールが私に入りました。在京の三人に何があったのかわかりませんが、鋭敏な感受性をもつ彼女が、何か霊的なショックを受けているように思えました。今までのすべての行動が中山さんからのメッセージに基づいて進められてきたものでしたから、ひとまず彼女からの連絡を待ってみようと思いました。そのうち朝倉氏からも連絡が途切れ、気にしながらも月日が過ぎていきました。

五色山での瑞祥から丁度一年過ぎた平成十七（二〇〇五）年三月末に、森谷氏から中山さんの伝言として突然メールが入りました。

「小坂様、ご無沙汰しております。森谷です。神々からのメッセージにより、ホテルニューオータニの三大龍王様のところへ小坂さんと私の二人で行くようにとのことです。近々東京へ来られることはございませんか。ご都合のよい日時を連絡いただければ幸いです」

東京には毎月二、三回は行っていましたが、都合がつかず、ようやく六月二十一日にホテルニューオータニで森谷氏と会いました。中山さんは、私と連絡が取りたいのだけれど、サイキック・スポンジのような状態が続いていて、まだ体調がすぐれないそうです。それで、しばらくは森谷氏を通して連絡を取ることにしました。

森谷氏と私は、中山さんからのメッセージに従って、ホテルニューオータニの日本庭園の瀧の前で、三大龍王にお祈りをしました。その後、二人はホテルのロビーで久しぶりに話をしました。森谷氏は中山さんを非常に愛おしく思っているようでした。

「森谷さん、中山さんと結婚してあげたら。中山さんを支えてあげるのはあなただけのように思うのだけれど」

と私が言うと、森谷氏はまんざらでもないようでした。ひょっとすると、すでに結婚されているのではと感じました。

二人の個人的なことは別として、中山さんからの詳しいメッセージを聞いていますと、バンコク行きの後、すぐに行なわれるべきであった富士山本宮浅間大社での儀式がそのままになっており、一年遅れてしまったけれど、七月二十五日に富士山で最後の儀式を森谷氏と私の二人で完結してほしいということでした。残された時間は一カ月あまりしかありません。森谷氏の話によると、富士山での祈りの前に行なうべきスケジュールは次のようなものでした。

・その日のホテルニューオータニの日本庭園の瀧の前での祈り
・芦ノ湖畔の箱根神社での祈り
・名古屋近郊の貴嶺宮または東海斎宮である瑞穂神社での祈り
・熊本・宇土市の五色山の釈迦涅槃像での祈り
・秩父の尾須沢鍾乳洞での空海と道元に関わる祈りと名栗川での護摩供養
・京都鞍馬寺での私一人だけの祈り
・最後の富士山での祈り

私は、祈りの内容や目的はわかりませんでしたが、今まで行なってきた行事を振り返ると、これらの場所を詣でることにはそれぞれの意義があることや、一つ一つ詣でることが行であり、それらを重ねていくことが自分を浄めていくことになること、それらによって最後の富士山での儀式に参加できる資格を与えられることなどは推測できました。しかも、これらの祈りを行なうことは、前年の行事と同じようにアクエリアスの方々と空海から指示されたことである、とのことでした。

その前年の三月の瑞祥の後、東京で食事をしているとき、中山さんが頭をよぎるメッセージを忘れまいとするように
「くらま、くらま、小坂さん、くらまに行くように言われていますよ」

と囁いたことがありました。

「くらま、とは、京都の鞍馬寺ですか」

「そうだと言われています」

その会話を憶えていましたので、森谷氏に鞍馬行きの意味を聞いてみますと、

「それは小坂さんの家系に関することらしいので、一人で行ってください。必ず、富士山の祈りの前にお願いします。お祈りの内容はそのときに指示があるでしょう」

とのことでした。


一カ月間の私の出張計画はすでに決まっていましたので、その合間を利用して森谷氏と各所を訪問する日取りを決めました。空海や皆さま方は私たちを一年間待っておられたのです。一年遅れていた行事を完遂しようと決めると、私の体内に使命達成へ気力がふつふつと沸いてきました。

第二節　箱根神社と秩父尾須沢鍾乳洞での祈り

翌日の六月二十一日は、午前中に二社との商用を済ました後、森谷氏と二人で、新幹線小田原駅からレンタカーで芦ノ湖畔の箱根神社に行きました。箱根神社の本殿を参拝した後、森谷氏が中山さんに電話をすると、境内を右に移動しなさいというので右側に歩いて行くと、朱塗りの祠の前に出ました。額には、金文字で九頭龍神社と書かれてありました。

由来を読むと、この神社は箱根神社の湖水祭に因んで建立された新宮で、本宮は芦ノ湖の湖心近くに、七五七年に芦ノ湖の主である龍神として鎮座されたとのことです。

中山さんから森谷氏の携帯電話に入ったメッセージは私宛で、九頭龍神社で次のように祈りなさいとのことでした。

「小坂さんの内に鎮座されます凜法《りんぽう》袈《げ》海霖《かいりん》様を通して九頭龍大神に、一つ目は三大龍王の使いで参りましたと言って九頭龍様の御霊分けをしていただきなさい。二つ目は、関東を富士山の噴火、地震などの天変地変からお守りくださいとお願いしてください。三つ目は、すべての龍神方に富士山の頂上にお越し願って天変地変を避けるようにお願いしてください。さらに、これらの祈りを二十分間続けてください」

三大龍王とは、熊本の弊立神宮の神殿右横に立つ樹齢一万五千年の檜の地底に封印されていた宇宙神三大龍王のことです。気功師の藤谷氏が中山さんのメッセージを受けて、長年地底に封印されていた三大龍王を昇天させたことは、第二章第一節「龍王の封印を解きなさい」で述べました。中山さんによると、この龍王は龍神の中でも非常に位の高い龍神だそうです。

それほど大きくもない九頭龍神社の神殿の朱色の扉には、青と白の九頭龍神が頭を上下にして描かれていました。私は、神前に直立して合掌し、森谷氏は一歩左後に下がって立ちました。参拝者は私たち二人だけでした。

言われたとおり、三つの内容を小さく口に出して、長い沈黙の祈りに没入していきました。静寂が支配する湖畔の空気の中で、自分の心と身体が深い祈りの底に沈んでいくのを感じていました。芦の湖を含む富士五湖に住まわれる龍神をはじめ、日本のすべての龍神たちに呼びかけるように祈っていると、時間はすみやかに流れていきました。森谷氏が背後から私の肩に手をやり、

「二十分過ぎました」

と私に呼びかけました。私は一瞬の時間のように思えました。

お祈りを終え、正面の鳥居の方に歩いていると、後方で中山さんと電話で話している森谷氏の興奮気味の声が聞こえました。その後、

「小坂さん、お祈りは成功しました。たくさんの龍神様が列をなして、富士山の頂上に向かっておられるのが見えると言っていますよ」

と中山さんの言葉を報告してくれました。私たちは、箱根神社の湖畔に立ちました。芦ノ湖上の遥か高い空に箱根神社から富士山頂にかかる大きな宇宙空間の道をゆっくりと飛翔している多くの色とりどりの龍神たちの姿が瞼に浮かんできました。

七月一日、森谷氏が一番機で羽田から熊本に来ました。日帰りで、宇土市・五色山の釈迦涅槃像において二人だけの儀式を行なうためです。彼の要請でポピーの種を空港のそばの草花店で買い込み、高速道路を走り、久しぶりに涅槃像のある五色山まで行きました。前年の三月二十四日に十二人が見た瑞祥が蘇ってきました。涅槃像建立者の水野氏が作業着姿で、台座の下で草むしりをされていたのでご無沙汰をわび、涅槃像にご挨拶をいたしました。

森谷氏の指示で涅槃像をめぐりながら、二人の祈りの儀式を進めました。最後に持参したポピーの種を周辺に広く蒔いて終了です。森谷氏の指示で行なう儀式の内容は、私にはよく理解できませんでしたが、涅槃像と太陽に向かって、予定されている全工程が成功裏に完遂されますようにと祈って終わりました。

祈りの儀式にかなりの時間を要しましたので、熊本空港に車を急がせ、森谷氏の予約便にかろうじて間に合いました。

七月二日、私は大阪での仕事を終えた後、午後羽田に入り、夕方、森谷氏と戸塚駅で待ち合わせ、瑞穂神社に参詣しました。名古屋近郊の貴嶺宮本宮に行く時間が取れませんでしたので、その東海斎宮である戸塚の瑞穂神社に行くことにしたのです。貴嶺宮本宮は藤谷気功師が九頭龍大神より、大きな力を授けられたところです。

瑞穂神社の主祭神は本宮と同じく天之御中主神をはじめとする造化三神ですが、由緒によれば、もともと水源の地で、水神の眷族である「龍神」信仰があったが、今は途絶えているとのことです。水の神と火の神が併祀され、瑞穂（水火）神社と命名されたといわれています。

東戸塚駅からバスに乗り、東海道の柏尾で下車、瑞穂神社の標識に沿って住宅街の中を山に向って歩いていくと、すぐに樹木に覆われた狭い路に入りました。そこにある石段を上ると、小さな木造の鳥居があり、円い御影石の手洗いには湧水が注がれていました。

その奥にある静謐な森の中の小さな広場に佇むように神殿がありました。お社の前門にある二体の狛犬の間には、二十センチ程度の大きさの十四個の石が円形に置かれていました。

護摩が焚かれるのでしょうか、四方に注連縄が張られ、完全な結界がつくられていました。名古屋の貴嶺宮の本宮の華やかさとはまったく異なった、都会の中の完全な静寂に包まれた異世界でした。主祭神の天之御中主神と水源に潜むワッシイ様という龍神に祈りを捧げました。

それから、中山さんの指示に従って、私は森谷氏が持参した法華経の経文の中の数品をあげながら、二人の過去世における罪、穢れ、カルマ、因縁などを清めました。最後に、凜法袈海霖を通して、世界の平和と日本国の安寧を祈りました。

七月七日、ホテルを早く出て、八時には西武池袋線飯能駅で森谷氏と落ち合いました。レンタカーで尾須沢鍾乳洞入口と書かれた標識まで行き、荒れた細い山路をよじ登るようにして上がっていき、最後に崖をはい上がって洞窟に辿り着きました。あまり人の訪れるような気配はなく、洞窟の内部から流れてくる湧水で岩が濡れていました。

中山さんによると、尾須沢洞窟は道元も修行された場所であり、異世界へのゲートでもあるといいます。その洞窟での祈りは、富士山での祈りにつながる重要なものです。空海、道元、アクエリアスの方々とともに三つの祈りを捧げることになっていました。

宇宙神と太陽神、神界と仏界、天空と地上と地底の世界に関する種々の儀式を行ない、最後に法華経を唱え、十字を切りました。中山さんの霊視によると、空海と道元が私の左右におられて一緒に法華経をあげていたようです。後ろにいた森谷氏の左右には、アクエリアスのダウザーさんとラリガーさんがおられるというので、私たちの祈りには特別の意味合いがあるのだろうと思われました。

空海と道元は、仏教思想から見て非常に近い存在であり、私たちの前に一緒にお出ましになることの意義を私流に考えてみました。

尾須沢鍾乳洞入口と洞内での著者

長い修行を経て仏になろうという顕教に対し、梵我一如、我仏なりと自覚するのが密教であると考えるならば、最澄、法然、親鸞、日蓮たちはすべて顕教の僧頭であります。一方、道元の只管《しかん》打座《たざ》心身脱落《しんじんだつらく》は、本来仏である己に目覚めることですから、空海の説く密教と同じ教えに繋がっていると思います。

空海は三十一歳で訪中し、大日如来、金剛薩埵、龍猛、龍智、金剛智、不空、恵果、そして空海という付法の八祖として日本に密教を広める使命を帯びて三十三歳で帰国されました。道元は、二十四歳で訪中し、探し求めた師如浄和尚から嗣法を受け、初祖摩訶迦葉より数えて五十一世の祖位につかれて二十八歳で帰国されました。どちらも中国において嗣法され、日本においての弘法となったのです。

真言密教も曹洞禅も日本で流布され、中国では断絶してしまいました。日本は優れた異国の文化を受け入れ、自らの血とし肉としてきました。それこそ日本という国の特異性であると思わずにおられません。ですから私には、空海と道元が二百年の時空を超えて仲良く行動されていることは十分納得できることであります。そのお二人が私の左右に座されて、ともに祈っておられると思うと、与えられている使命の大きさを深く感じざるを得ませんでした。

その後、名栗川のキャンプ場に移り、浅瀬の流れに両足を脛まで入れて、再び法華経をあげ、八方に十字を切りました。それから川の流れ近くにキャンプの焚き火用のドラム缶を持ってきて、薪二束を積み上げ、護摩を焚きました。すべて中山さんのメッセージに従い、二人で進めていきました。私は森谷氏の指示で順番に経文をあげていきましたが、洞窟と川べりであげた法華経の経文は陀羅経第二十六（抜粋）と観世音菩薩普門品第二十五、普賢菩薩勸發品第二十八（抜粋）、佛説観普賢菩薩行法経（懺悔経）抜粋などであったと思います。

すべてが終わり、すぐ近くの名栗温泉の大松閣で温泉につかり、食事をすませた後、森谷氏は東京に戻り、私は翌日の仕事のため越後湯沢経由で遅く富山に入りました。

残された行事は、京都鞍馬寺詣でと、七月二十五日の富士浅間大社詣でだけになりました。鞍馬寺には私の家系に関わることがあるというので、私一人で詣でなければなりません。鞍馬寺で唱える経文とお祈りの内容について森谷氏に尋ねると、バンコクのプラプロム神廟であげた経文と同じものを鞍馬寺でも富士山でもあげなければならないとのことでした。

しかし、プラプロム神の前では朝倉氏が約一時間をかけて唱えましたが、その内容については、海外行きの問題で悩んでいた私は誰からも聞いていませんでした。そのことを森谷氏に伝えると、すぐにメールで教えてくれました。それは、

一　禮文《らいもん》
二　前讃《ぜんさん》
三　般若理趣経
四　後讃《ごさん》
五　施餓鬼精霊供養和讃
六　般若理趣経
七　仏讃
八　四智梵語讃・四智漢語讃
九　心略漢讃、大日讃
十　東方漢讃（金剛手讃）
十一　六字明王真言　七編
十二　不動明王真言　七編
十三　光明真言　七編

十四　般若心経

というものでした。前讃、後讃、東方漢讃（金剛手讃）六字明王真言、不動明王真言、光明真言の内容がそれぞれ漢字とカタカナで書かれていました。さらに

「施餓鬼精霊供養和讃、般若理趣経、般若心経はおわかりでしょう。お祈りには、空海の使用されていた法具の五鈷杵を持参するように」

とも書かれてありました。

不明な点は急いで書物やインターネットで調べましたが、禮文についてはそのものずばりのものは見つけることができませんでした。これほど重要な祈りのなかで最初の経文を飛ばしてしまうことなど、私には許せないことでした。

熊本の三軒の大きな書店で探してもわかりません。かなり焦りました。知人の真言宗の僧侶に聞こうかと思いながら、ふと涅槃像入魂式の前夜に朝倉氏と行った熊本上通の新穂仏具店を訪ねました。そこで、目に入った『真言諸経要集』をめくってみますと、驚いたことに、施餓鬼精霊供養和讃、六字明王真言、東方漢讃（金剛手讃）を除いてすべての経文が収録されていたのです。「あぁ、これで任務が果たせる！」喜びで胸が高鳴りました。残された時間で、これらの経文や真言の意味をできるだけ学んで儀式に臨もうと思いました。

第三節　鞍馬寺での祈り

その頃、母は八十九歳でした。それまで次妹夫婦の家でずっと世話をしてもらっていましたが、夜中に一人玄関に下りようとして大腿骨を折り、川西のベリタス病院に入院していました。いつ召されてもおかしくない母の状態でしたので、気の重い日々が続いていました。

私は、富士山詣でと母の逝去が重なることを恐れていましたので、名栗川での儀式が終わった後、母のことを中山さんに聞いてみたことがあります。

「お母様のこと、とてもご心配のことと思います。まだ亡くなる時期ではないそうですから、苦しまないで長生きされますようお願いしてください。小坂さん自身が二十五日に富士山に行くという強い意志を持ち、それが実現するように、そして、お母さんをお守りくださるようにご神仏たちにお祈りしてください」

とメールで伝えてきてくれました。

仕事の日程を組みながら、鞍馬寺には、七月二十五日の昼にお参りし、夕方富士山に行こうと決めました。その旨、中山さんに連絡すると、森谷氏から

「二十五日には台風が関東地方を襲うので、富士山頂の本宮浅間大社には行けません。富士山

五合目で行なうことに変更するとのことです。儀式は真夜中から行ないますので、富士吉田駅に二十三時頃までに来られればよいと思います。レンタカーを借りて待っています」

と、電車の予定時刻を連絡してきました。また、

「鞍馬では、小坂さんを天狗がずっとお守りされるようです」

とも付け加えられていました。


二十五日の朝八時の日本航空で熊本を発ち、伊丹空港からベリタス病院の母を見舞いました。微熱があり、意識も朦朧としていましたが、私の顔を見るなり、いつものように意識を戻し元気になったようでした。誰しも同じですが、見舞いに行くときは勇んで行くのですが、すぐに時間がたち、悲しみをこらえて別れなければならないのは辛いことでした。

「今日はお母ちゃんのことをお祈りしてくるから、心配しなくてよいよ」

と言い残して、すぐに京都に向かいました。


鞍馬山は二億数千万年前に海底火山の隆起によって出来た山であるといわれています。京阪出町柳で叡山電車に乗り、鞍馬駅で下車。鞍馬寺の石段の中央部の山門をくぐり、ケーブルカーに乗りました。歩けば三十分ほどかかるとのことですが、急な斜面を駆け上がるようなケーブルカーに乗ると五分ばかりで終点に着きます。そこから両側を赤い灯篭の並んだ平らな石の道を四百メートルほど歩いて、最後の急な石段を上がると鞍馬寺の本殿金堂に辿り着きます。着

いたのは午後一時過ぎでした。

学生時代鞍馬の火祭りに来て以来五十年ぶりの参詣でした。堂々たる朱色の柱の本殿金堂と、それを取り囲むように深い山の峰がつながり、昔からの修験道場の面影を感じさせられます。金堂の前の広場は玉砂利が敷かれ、中央部の正方形の石畳みの中に、御影石が敷き詰められた円形の石床があります。

多くの三角形の御影石が整然と敷き詰められた直径五、六メールもある円形の白っぽい石床で、よく見ると円形中央部は完全な六芒星が刻み込まれています。金剛床と呼ばれているらしいのですが、見るからに宇宙からのエネルギーを吸い込んでいるように感じさせられるスポットです。私は六芒星の中心に立ち合掌してご挨拶をいたしました。

金堂の右手の入口から堂内に入りますと、案内書のとおり内部は三つの祭壇に分かれていて、右より千手観世音菩薩、中央に毘沙門天王、左に護法魔王尊の額が掲げられ、月、太陽、大地、三身一体の尊天として祀られていました。

中央の祭壇の前では数人参拝していましたので、私は自然と誰もいない左の護法魔王尊の祭壇の前に佇みました。護法魔王尊とは『鞍馬山歳時記』によると、約六百五十万年前の太古の昔、地球救済のために金星より降臨されたサナト・クマラであり、奥の院である魔王殿は鞍馬山の最高の聖地であると述べられています。

私は直立し、左手に経本と読経の目次を持ち、右手に五鈷杵を握り締め、二回の般若理趣経を中心に般若心経までの長い経文を唱え始めました。

お祈りが般若理趣経を中心としていましたので、鞍馬に来るまでの短い時間に、その内容を懸命に理解しようとしました。そして、今まで学んできた色々な経文とはまったく次元が違うことを発見しました。

理趣経は、人間の生きざまそのものを仏の世界として肯定し、我々個々の生命の活動が即清らかな宇宙生命の発現であると説いています。つまり、人間を含む生き物の次世代に継なぐための性的行為そのものを清浄なものとして讃えているのです。

いきなり、第一段の一切清浄句門の「妙適清浄句是菩薩位」に始まる男女間のあらゆる愛情行為への讃歌、そして、最終の第十七段で「住著流轉、以大精進、常處生死、救攝一切、利益安樂、最勝究竟、皆悉成就」（そのままあますところなき世界のすべての人々を清らかに救うために、迷いの世界〔流転〕にとどまって、大いなる精進をもって、常に生死のなかにあって、すべてのものを救いとり、利益し、安楽にさせるもっとも勝れた究極的な〔はたらき〕を皆残らず成就することができる＝『理趣経』宮坂宥勝）と教えています。そのように、己が解脱して悟るだけではなく、流轉生死の現世に住んで、すべてを救うという逞しい仏の境涯に、私は深く心を打たれました。

生き物の生命を謳歌しようとする理趣経の思想は、永遠の生命を説く情の法華経とは違って、また、諸法空相を解く知の般若心経とも違って、温かい血の流れるような感動を覚えるものでした。密教の最高の聖典とされる所以や、空海が理趣釈を最澄に貸さなかった理由も理解できるように思えました。

指示されている経文の順番を間違えないように、声を抑えて全経文と陀羅尼真言を唱えました。多くは私には初めて読む経文ですし、しかも一般の呉音の経文に慣れている私には、漢音のふりがなを追って読んでいくのはこの上なく読みづらいものでした。また、禮文、施餓鬼供養和讃、四智漢語、後讃などは良いにしても、前讃の四智梵語、大日讃、不動讃、後讃の中の佛讃、それに金剛手讃、六字明王真言などの発音には困りました。不動明王真言と光明真言は日頃からよく聞かされているものですらすらと唱えることができました。

中国語を学んできた私にとって、経文を頭から読んでいくことには慣れていました。法華経は頭から棒読みしても理解しやすい文章なのですが、般若理趣経は極めて難しい文章でした。それだけ深い意味を凝縮してあるのでしょう。それでも意味を追いながら読誦していくことは楽しいことでした。最後に般若心経をあげて、全経文を読み終わり、時計を見ると一時間になろうとしていました。全身が火照るようでした。

金堂の外に出て、森谷氏に

「鞍馬でのお祈りは終わりました、今から富士山に向かいます」

と伝えて、急な石段を下り、ケーブルカーまで山道を歩いていると、携帯電話がかかってきました。

「小坂さん、中山さんからの伝言です。今から大切なお祈りをしてください。今居る場所からでよいですから。メモに書いてください」

森谷氏はゆっくりと話しかけるように話してくれました。

「お祈りは三つあります。凛法袈海霖様を通して空海様にお祈りしてください。一つ目は、アトランティス時代から現在に至る日本国の諸要霊の因縁カルマの解脱を祈り、上に上がるように祈ってください。二つ目は、小坂さんのタイ王朝時代の王家の人々および部下の人々の因縁解脱を祈ってください。三つ目は、日本国の守衛と安寧を祈ってください。以上です。よろしくお願いします。お祈りは今居られるところからでよいそうです」

「わかりました。今から急いで金堂に戻ってお祈りします」

と答えて早足で戻って行きました。

歩きながら、私は興奮していました。昨年、両国の居酒屋桃太郎で、中山さんを通して私たちに見せられた情景、江戸幕末から昭和にかけて多くの日本人が苦しみや悲しみを味わう情景が一挙に私の全身に蘇ってきたからです。「あぁ、これで、みんな救われる。私が今から行なう金堂での祈りで、苦しみの中におられる多くの人々が解脱されるにちがいない」そう思うと、全身が悦びに満ちてきました。

日本国の守衛と安寧を祈れということは、戦後の日本人の精神面の荒廃と堕落、国家としての危機的な状況を、天なる方々も神仏も空海も嘆いておられるに違いない。穢れている日本国の浄化と禊のために祈れと言われているのではないのか。日本国が荒廃し、皇室の尊厳が失われ、二千年も続いてきた独立国家としての存立基盤が揺らぐことにでもなれば、それを喜ぶ闇の世界の人々の思う壺に陥ることになる、それは世界平和の危機にもつながることになります。

鞍馬に呼ばれた私の責務がようやくはっきりと見えてきました。中山さんを通して伝えられた三つの祈りは、富士山での最後の祈りを明日に控えて、私一人で行なう極めて重要な祈りであるに違いない。そう思うほど、責任の重さに強い緊張感を覚えながら、鞍馬寺の金堂に戻りました。

金堂の中の同じ場所で、真剣に三度くり返して祈りました。以前、中山さんから、

「大日如来様からいただいた凜法袈海霖とは、小坂さんの内なる神であり、ハイヤーセルフなのです」

と言われたことがありますが、自分の全身全霊を自己の内部の神なる意識に込めて三つのことを深く祈り切りました。

その後、金堂を出て森谷氏に電話を入れ、祈り終えたことを伝え、ケーブルカーへの山道を下っていると、また電話がかかってきました。

「中山さんからの伝言です。

タイ王朝における王家と部下と多くの人々が上に上がられました。今まで解脱できなくて苦しんで日本の上空にいた霊界の方々が、速やかに空海さんと凛法袈海霖様のお導きで上に上がって行きました。戦争で犠牲になった方々も天国に上がって行かれました。

小坂さんに敬意を表されています。今日は新たなる新年の夜明けの門出の日です。アセンディッドマスターの方々と力を合わせ、ぜひともお祈りを神々に届くように成功させてください。私たちもお祈りに参加いたします。

それから、最後に一つ、大切なことを申し上げます。私たちのグループの祈りの使命が小坂さんに託されました。

明日は、いよいよ日本と世界の平和を守るための極めて重要な儀式です。凛法袈海霖様を通して最後のお祈りをお願いいたします。今夜、富士吉田駅でお待ちしています」

私は、鞍馬での任務が果たせたらしいことを感じ、また、新たに私に与えられた祈りの責務の大きさに驚きながら山を下り、京都駅から新幹線で東京駅に向かいました。

第四節　富士山　小御嶽神社での祈り

新宿から大月経由で富士吉田駅に着いたのは午後十一時前でした。予報通り大型台風七号が関東地方に吹き荒れているなかを、強風に煽られながら森谷氏が運転するレンタカーで富士五合目の宿までやっとの思いで辿り着きました。

五合目のレストハウスのあたりは多くの人々が警備に当たっていました。一階が食堂とみやげ物店であるレストハウスの主人は私たちの到着を待っていてくれました。レストハウスの右側には朱色の鳥居が立っていて、小御嶽神社と書かれていました。警備の人々は、「今夜は台風で、これ以上は進めません」と厳しい声で叫んでいました。夏には夜中から登ってご来光を拝む人々も多いようですので、厳重警備していたのでしょう。

森谷氏と私は、予約していた二階の十畳程度の日本間に入りました。二階の廊下には、登山客の背荷物が五、六個、登山靴と一緒に置いてありました。その日の儀式は、五合目の小御嶽神社で行なわれる予定でしたが、台風のためレストハウスの部屋の中で行なってもよいようでした。

時間は午前零時を過ぎていました。

「さあ、始めましょうか」

二人は、小御嶽神社の方向に向かって直立し、私が鞍馬寺であげた経文を約一時間かけて唱えました。その後、尾須沢洞窟の中で行なったのと同じ方法で儀式を行ないました。

ここまで儀式が終わったところで、この日の祈りの意義が中山さんのメッセージで明かされました。それは「天空の扉を開く」ことでした。私はその意味は飲み込めませんでしたが、富士山での最後の祈りです。深い意義があるのだろうと思い、「天空の扉を開いてください」と必死に祈り込みました。しかし、中山さんからの電話では、まだ天空の扉は完全に開いていないというので、森谷氏の指示に従い、西に向かって十字を切り、再度、私の内なる神である凜法袈海霖を通して、深く祈り続けました。

やがて、中山さんから森谷氏に電話が入りました。犬吠岬、富士、幣立神宮、スフィンクス、レイラインなどの単語が聞こえましたが、私には何のことなのかわかりません。ただ、中山さんからの伝言ではっきり理解できたのは、

「天空の扉は開きました。天空への扉はまるで屏風を開くようにパノラマ的に広がっていき、美しい螺旋状の天への階段が出来上がりました。その螺旋状の階段は宇宙の究極の中心点に続いているものです。そこは宇宙の至高の場所です。

これによって地上と天との行き来が自由にできるようになりました。封印をされていた富士

山の神々が封印を解かれて喜んでおられます。日本上空の悪いエネルギーがどこかに吸い取られていき、澄み切っています」

という言葉でした。

翌二十六日の朝は、台風の去った空が美しく晴れていました。昨夜参拝できなかった小御嶽神社の境内の周辺に、ポピーの種を蒔きました。その後、森谷氏は私を本殿の右奥にある摂社の日本武尊社の前に連れて行きました。そこには、小御嶽神社の眷属といわれる天狗の一メートルもあるような赤い下駄が左右に一対置かれていました。

私たちの一連の儀式における最後の祈りの場所とは、富士山本宮浅間大社でも、小御嶽神社の本殿でもなく、その摂社の日本武尊社の神前であったことが、そのときになってわかったのです。暴風雨でなければ、昨夜の祈りも日本武尊社の前で行なうことになっていたとのことでした。上におられる方々が、日本武尊社を最後の祈りの場所として選ばれたのでしょう。

「小坂さんの内なる神である凜法袈海霖様を通して、地底の扉を開くことを祈ってください」

合掌している私に、森谷氏は中山さんの言葉を告げました。昨夜は天空の扉を開くお祈りをしましたが、今朝は地底の扉を開く祈りです。天空の扉、地底の扉の意味することは私にはまったく不明でしたが、最高の聖地とされている富士山での最後の祈りです。本来は一年前の六月二十六日に行なうべき祈りでしたので、この日は最後の機会だったのです。

私は、全身全霊をかけて祈り続けました。直立合掌し、ただひたすらに深い祈りの世界に没入していきました。地底とは生命の湧きいずる根源の地を意味しているのではないか、天空の扉を開き地底の扉を開くというのは、精神世界の上と下が一体となり、生命の根源である地底から天上への無限大のつながりを成就することではないのか、との思いがよぎりました。

無我の境地で神々にどれほど祈っていたのでしょうか。

森谷氏がしきりに携帯電話をかけようとしている姿に気づきました。

「中山さんに電話をしているのですが通じません。小坂さんのお祈りの結果を知りたいのですが、通じません」

しばらく携帯を鳴らしましたが、つながらないので

「すべて終わりましたね。三十日あまりという短期間でしたが、すべて終わりました。ご苦労様でした」

と、お互いの労をねぎらい、レンタカーで富士吉田駅まで下りてきました。昨日の風雨の中と違って快適な下山でした。

富士吉田駅付近のこぎれいなレストランに入り、二人はビールで乾杯し昼食を取りました。丁度そのとき、中山さんから森谷氏の携帯電話に連絡が入りました。

「地底の扉が開きました。地底の扉が開くことにより、地底、地上そして宇宙の至高の究極点

に至る螺旋状の階段の道が開かれました。ご苦労様でした。アクエリアスの方々やその他の最高位の方々、ご神仏も大変喜ばれています」

森谷氏はしばらく富士吉田に残ることになりました。私は、東京に戻って、フランス人のエトリさんとマリオットホテルで待ち合わせ、午後、いつもの通りお客を訪問しました。

富士山での祈りの意義については、その後、何度も中山さんに聞いたのですが、「明かすにはまだ時が来ていない」と言います。まだ、中山さんにもメッセージは降りてきていないようでした。私たちの経験でも、往々にして、行動の意義は行動を起こした後、しばらくしてから理解できることがあります。富士山は日本という国を作り上げている巨大なエネルギーが交わる所だそうです。いわゆるゼロポイントというすべてを生み出す場所です。その地で祈りを捧げたということも大きな意味があるのかもしれません。森谷氏とは、

「時期未だ訪れずで、焦ってもしかたがありません。しかし、多くの月日を使い、私たちが行なってきたことは、神仏の目から見て、すべて必要不可欠なものであったにちがいありません。いつの日か、知らせていただける日が来るでしょう」

と話し合いました。これからも上からメッセージが降りてきたときに、素直に受け入れ、実行しましょう。そのために、日々清らかな気持ちで過ごしていきましょうと誓い合いました。

第五節　祈りの使命

富士山での祈りの日以降、仕事を中心とした普段の生活に戻りました。在京の中山さんたちとも連絡が途絶えたまま、一年あまり過ぎた平成十八（二〇〇六）年十一月、突然、中山さんからメールが届きました。

「小坂さんが経験したことを書きなさい、日英文で書いて出版しなさい、とのメッセージが降りてきました」

中山さんとの初めての出会い、四谷の喫茶店や、ザビエル聖堂での祈り、穴の谷の霊水、高野山での空海への儀式、涅槃像入魂式、空海の禊のために行なった儀式と瑞祥、両国の居酒屋桃太郎での影像、バンコク詣で、箱根神社と九頭龍神社、秩父尾須沢鍾乳洞、そして鞍馬山と富士山での祈りなど、忘れることのできない経験は書き留めていました。

私のそれまでの人生の歩みと、さまざまな経験には意味があり、そこに私に課せられた使命があるとするならば、それを探っていきたいと思うようになったのです。そのためにも自分の人生を素直に振り返ってみようと思い、物心のついた頃の記憶から書き始めました。その一部を『「日本の霊性」の真価』として、当書にまとめました。

中山さんとはここ数年会う機会がありませんが、私の書いているのを見透しているかのように、あるときは長い文章のメールが、あるときは散文詩のようなメールが送られてきます。

それらはとてつもない広いテーマで、膨大な量になっています。天からのメッセージもあり、私の質問への答えもあり、彼女の感性を通しての宇宙論、生命論、信仰論、宗教論や祈りの言葉です。体調不良のときに送られてくるものには、理解しがたいものもありますが、多くは深く心に響くものです。その中の一部を記述します。

調和と愛のために、
争いではなく　協調と平和のために、
統率のために人類が賢くなるように、
再び、人類の最初の火を見たときの記憶を思いだしてください。
魂の中にある初原の炎、
そして人類が賢明につかえるようになるように、
愛なくしては戻れないものを再び思い出し、
地球全体がその次元の精神に戻れるように、
自然の恩恵が当たり前でないことを人類はわかる必要があります。

惑星（地球）自体に意識があります。その惑星に私たちは生かせてもらっているにすぎません。

私たちは、自然界が厳しくなるなか、残されていく動植物を守る使命があります。

精神も心も肉体も強くならなくてはなりません。

私たちは、ただ祈るだけしかありません。

余計な概念は入れないで、集中して祈り続けます。

私は現われる現象を信頼して、現象に感謝する毎日です。

昨日はなぜか地球のことを思うと悲しくなり、涙が出てきました。
地球が一番傷ついているのかもしれません。
ずっとバッハの平均律を弾きながら祈っていました。
人類は何故宗教というものを思考から取り入れてしまったのかと。
感性でわかることを思考で考え始めてから、信頼はなくなり、
思い込みになっていってしまったのでしょう。
自然界には、目には見えなくてもルールがあります。
それを人類はなくし、破り、忘れています。
人間がおかしたものの責任は地球全体に影響してきてしまっています。

今日は全身筋肉痛です。
何年間もやっていなかったピアノとフルートを何時間もやりました。
シップを貼ってもらいましたが、疲れきってしまいました。
今日もそんななか、バッハの平均律を弾きながら、バッハを通じ、音楽から、
人類は神に何を祈り続けてきたのか、対話してみました。
私の夫は私の演奏を聴いて、私の実力ではなく、
私に乗り移ってきた何かが弾いているように感じたと言いました。
人間にはそう感じるのでしょうね。
私にもよくわかりません。
瞬間的に自己を忘れて時を忘れて無我夢中になっていたら、
何時間も経っていました。

人間には、宗教というより、何かにすがれる信仰は無意識にあると思います。
宗教戦争をさせないために、宗教の歴史から考えてください。
私たちのレベルで祈れる境地の方はほとんどおりません。深さがありません。
神が地球を美しく創造されていったことを、
美しかった地球や人々や自然をイメージして祈ってください。

そのイメージは必ず、再び地球に平和と調和をもたらし、現実化されていきます。

私たちの美しいイメージで地球は再建されていきます。

三大龍王様に伺いましたら、
霧が出たときに瀧を写真に撮ってください。

私たちは、霧が出てきたら、光のもやもやが集合してきて、光になり、現われます。

肉眼では見えませんから、写真のファインダーから撮ってみてください。

(ホテルニューオータニに宿泊しますので、瀧にお参りに行きますとの私のメールに対して)


不可思議で霊的な経験は、一瞬にして人の意識を変える大きな力を持っています。私もあの五色山での瑞祥を見せていただいてから、朝夕の祈りを欠かさなくなりました。そこに神を見たからかもしれません。そして、日本人の霊性についてもより深く考えざるを得なくなってきました。私の祈りの主たる内容は「宇宙、太陽、地球、月、神仏、龍神、宇宙人、先祖、家族友人への感謝であり、地球の浄化、人類の平和、日本国の安寧、そして、皇室の安泰への祈りである」といえるでしょう。

至高の神々の満ちるこの日本に生きる者として、私が負わされている地球と人類への祈りの使命を痛切に感じざるを得ない毎日であります。

第七章

新しい次元に向かって

第一節　日本人の祈りの心

これまで述べてきたように、私の巡礼のような一連の祈りの旅は、富士山五合目の小御嶽神社の摂社、日本武尊社で終わりました。実は、しかしその後もたびたび自分の意思によらず、目に見えない高次の存在とのご縁に気づかせられながら、新しい祈りを続けています。この節では、そのいくつかを述べることにします。

宇麻志阿斯訶備比古遅神《うましあしかびひこじのかみ》

阿蘇五岳の一つ、南阿蘇の根子岳は、他の穏やかな阿蘇の四岳と違って、鋭角に尖った山頂から斜めに流れ落ちるような嶺の姿で有名です。その根子岳の麓にある月廻り公園からは、そのような根子岳の雄姿の全景を満喫することができます。

月廻り公園は一万坪を超える芝生の公園で、ゴーカートや温泉館、レストランなどもあり、家族連れで賑わうところです。平成二十三（二〇一一）年八月二日、私は東京から来た友人と月廻り公園に遊びに行きました。草スキーの斜面の向こうは、大きな森林や田園が根子岳に向かって続いています。

私は芝生に寝転がって青空を眺めていました。南阿蘇の高原の空気はあまりにも神々しく澄みわたり、身体が青空に吸い込まれていくようでした。阿蘇にはＵＦＯの基地があると以前、中山さんが言われたことを思い出し、この大自然の空気を届けようと、中山さんに携帯電話を掛けました。彼女の鋭い感覚は、いつものようにたちどころに私の居る情景を遠望するのです。

「小坂さん、今どこにおられるのですか。大きな山のそばの高原地帯のようですが」

「ここの風景がおわかりですか。南阿蘇の月廻り公園というところにおります」

「そうでしょう。なんて雄大ですがすがしい風景なんでしょう。あぁ、ちょっと待ってください。大きな音声《おんじょう》が聞こえます。そのあたりの天地から大きな音声が聞こえませんか」

そして中山さんは、その音声を懸命に聞きとるようにゆっくりと、

「ウマシ、ウマシ、ウマシアシカビヒコジ、ウマシアシカビヒコジノカミと、何度も小坂さんに大音声で言われていますよ。手帳に書いてください。それにしても何なのでしょうね」

と言われます。

「私もわかりません。このあたりにおられる神様のお名前でしょうか。後で調べてみます」

残念ながら、いつものとおり、私の耳にはその大音声は聞こえません。大自然の空気の流れを感じるぐらいで精一杯でした。しばらくして、再び中山さんから電話が入りました。

「今、貴嶺宮の山蔭先生にお聞きしましたら、造化三神の次の神様のお名前ですって。どうやら小坂さんをお守りされているようですよ」

帰宅して調べてみたところ、日頃馴染みのないお名前の神様で、宇摩志阿斯訶備比古遅神と申され、旺盛に伸びる葦のような強い生命力を象徴する神であることがわかりました。原初の五柱である別天神《ことあまつかみ》、つまり、天之御中主神、高御産巣日神《たかみむすびのかみ》、神産巣日神《かみむすびのかみ》、宇摩志阿斯訶備比古遅、天之常立神《あめのとこたちのかみ》の中の一柱でした。そのような高位の神様が私を守護されていることを気づかせ、古代の神々をもっと学び崇敬するようにと言われている気がしました。

それからは各地の神社を参詣するときには、必ずご祭神のお名前といわれを学ぶようにいたしました。神話を通して、多くの神々の名に接するようになるにつけ、神話に登場する多くの神々は、今に至るも日本の津々浦々で生きておられることを感じるようになりました。

日本人の社会には、今でも神話の神々が生活の中に生きておられ、社会生活の基盤となっています。元旦の神社詣で、七五三のお祝、結婚式、夏越しの祓、神社の大祭、それに地鎮祭、車のお祓いまで……。私たち日本人の社会生活は、神々に祈り、神々と共に祝うことがけじめになっているのです。なおかつ、それらの神々の生命《いのち》が、私たち日本人が崇敬してやまない皇室につながっており、天皇陛下が祭司として宮中で日夜祈られていることは、本書でも述べたとおりです。

これらの事実は、先進諸国の中で日本だけが日常の生活の中に神話の神々が生きている唯一の国家であることを意味しています。多くの日本人が、阿寒、恐山、出羽三山、平泉、立山、白山、出雲、丹後、奈良、京都、比叡、富士、伊勢、高野、吉野大峯、紀伊、熊野、石鎚、霧島、高千穂、阿蘇、英彦山、沖縄の御嶽などの聖地を訪れるのは、そこに古来の神々の強い息吹きを私たちの細胞で感じ、神々と共にあることを悟ることができるからだと思います。
ギリシャ・ローマの神話、ケルト神話などの多くの神々も、昔は神殿に祀られ、それらの民族の生活の中に共生しておられたに違いありません。ギリシャのアクロポリスやデルフィ、ローマのフォロ・ロマーノは今や観光用の古代の廃墟遺跡になっていて、そこに祀られた神々は現在の人々の生活の中から忘れ去られています。一神教のキリスト教文明に飲み込まれて、社会生活から消滅しています。

平成二十八（二〇一六）年伊勢志摩サミットで、G7の首領たちは、安倍総理の案内で伊勢神宮の内宮に参り、その静謐さ、神々しさを感じたことを記帳しています。首領たちは日本の霊性に触れたのだと思います。同時に、二千年を貫いて生きる神道の精神性を肌で感じることで、西洋では忘れ去られた古代の精神世界を偲んだことでしょう。

人吉盆地の谷水薬師

昔から陸の孤島といわれた熊本・人吉盆地のあさぎり町上村に、谷水薬師の古いお堂があります。白髪岳につながる谷水の杜に流れる祓川という霊気あふれる谷川に沿って歩き石橋を渡ると、有名な赤仁王の楼門があります。楼門をくぐり三十段程度の石段を登りつめると、古い薬師堂が建っています。

約千二百年の昔、聖武天皇の時代に、行基が諸国行脚の途中、薬師如来のお告げに従ってここにお堂を建てたといわれています。高さ一メートル程の黄金色に美しく輝く薬師如来像が立っておられます。戦後、鍵の閉まっていないお堂から盗まれて海外に売りとばされましたが、数年前、村人によりオーストラリアから買い戻されたと聞いています。今でも鍵は簡単に開けることはできますが、薬師如来像はガラスケースに安置されています。

楼門の二体の赤仁王には、白い紙つぶてが至るところに張り付いています。ティッシュペーパーを唾液やそばの清水で濡らし、格子の外から赤仁王に願いを込めて投げつけ、ねらった部位に付けば願いが叶うといわれているからです。いつ行っても両赤仁王には、たくさんの白い紙つぶてが付いています。

妻は以前、我が家の神棚の榊を替えるときに椅子から落ちて頸椎を痛め、毎日のようにタクシーで病院に通っていたことがあります。平成二十三（二〇一一）年三月のことです。福岡の友人に勧められて、私たちは谷水薬師にお参りをしました。そのとき女房は、懸命になって赤仁王に紙つぶてを投げていました。帰宅して数日後、近所の人から
「奥さん、最近は病院に行かれませんね」
と言われて、頸椎の傷みが消えていることに気づきました。私たちが急いでお礼参りに行った

ことは言うまでもありません。

その後、あることで私たち夫婦は宝樹院の森さんを訪ねました。妻が入口を開けて部屋に入ろうとすると、森さんは大きな声で叫びました。

「あぁ、奥さんは谷水薬師に行かれましたね。赤い仁王様が奥様の後ろにでーんと立っておられますよ」

通常、頸椎の痛みはなかなか取れないようです。谷水薬師は日本七薬師の一つに数えられていて、遠方からの参詣者も絶えないようです。

東寺での祈り

平成二十八（二〇一六）年春、私たち夫婦は二泊三日で京都を訪問しました。二日間は晴天に恵まれましたが、最後の日は雨になりました。

実は、妻は数年、膝の関節が悪く、定期的に病院に通っていました。膝に溜まっている水を抜くことも考えましたが、何とか痛みをなだめながら歩くようにしていました。それで、京都では車椅子を借りてタクシーで三日間あちこち訪ねました。

最後の日の午後は新幹線で帰る都合上、京都駅に近いところを廻ることにしました。妻は三十三間堂を車椅子でお参りし、伏見稲荷大社は車で待っていましたが、最後の東寺では、何を思ってか、激しい雨の中傘をさして、足の痛みに耐えながら私と講堂に参りました。講堂の大日如来を中心とした立体曼陀羅の仏像を拝み、雨水のあちこち溜まった道を次の金堂まで歩き、日光・月光を両脇侍にした薬師如来に祈りを捧げました。

その後、妻は私よりも先に金堂を出て、再び傘をさして車まで歩いて行きました。私は薬師三尊をもう少し拝みたくて遅れて金堂を出ました。金堂の小さな木製の戸をくぐりぬけ、縁側から階段の降り口に立って、ふと妻の姿を見た瞬間、「あっ、足が治った」と思いました。妻は先ほどと違って、遥かに軽やかに車の方に歩いていたのです。

シュメール王国の王族夫妻

平成二十三（二〇一一）年一月十三日、宝樹院の森心浄さんに新年の挨拶に行ったときのことです。たまたま読んでいた中矢伸一著の『日月神示　縄文サンクチュアリ』（麻賀多神社編）の七十四頁を開けたまま森さんの机上に置いて挨拶をした途端、森さんは、

「あぁ、この方々です。先日からこの方々が現われて、ずっとこめかみが痛かったのです。今、痛みがすっと消えました。この方々はどなたですか」

と聞かれたのです。

「数千年前のシュメール王国の王様とお妃です」

「この方々が、小坂さんがここに来られたのをとても喜んでおられます。小坂さんは当時、この方々と深い関係があったのですね」

さらに私の質問に対して、

「御二方を神としてお祀りされたらよいでしょう。小坂さんをお守りすると言っておられますよ」

と言われました。その翌日、電話で中山さんにこの不思議な出来事を話しますと、

「ひげの長い王様とお妃さまでしょう。小坂さんのそばにおられますよ。このお方は小坂さんの昔の姿ですよ」

といきなり言うのです。くり返す転生の一時期だったのかもしれません。


熊本県南小国町の押戸石の丘の山頂一帯に、人工的に配置された九組の環状列石の巨石群があります。その中の鏡石といわれている巨石には、シュメールの神聖なる雄牛の文字と蛇神の文字が刻まれているというので、行ってみたことがありますが、文字は発見できませんでした。最近、森心浄さんは呼ばれて、よく押戸石の丘に行かれるそうです。お聞きすると、そこでシュメールの王様方とお話をされるそうです。

近所の大江神社で見える光

平成二十一（二〇〇九）年五月、私は、あることで幣立神宮への月参りを決意し、特定の日を決めないで毎月、通い始めました。

翌々年（二〇一一年）一月十七日のことです。阿蘇は前夜から冷えていました。レジェンドを運転し、高森から山道に入り、幣立神宮に向かっていました。昨夜からの小雪で山道のあちこちが白くなっていました。幣立神宮の参道に入り、狭い駐車場に車を寄せようとすると、突然車が小さな坂を滑りだし、ようやく平たんな場所で止まりました。もう少しで危うく坂の林に突っ込んでしまうところでした。参詣の後、丁度来られた人に誘導してもらって、車を表参道への坂道に出すことができました。

帰宅して妻にそのことを話すと、とても心配になったようです。

「事故があったら、すべて貴方の責任です。幣立さんに大変なご迷惑をお掛けするところでした。願掛けとはいえ、毎月そんな遠いところまで行くことはないでしょう。要は貴方の気持ちです。ご近所のお宮さんにお参りしても同じと思います」

妻とはそれまでも数回、一緒に幣立神宮にお参りしていましたので、その遠さや境内の坂道をよく知っていました。思いだすと、ぞっとする経験でした。日本でも外国でも巡礼に行って大事故に遭い、ニュースになることがよくあります。

考えてみれば、近所に加藤清正の時代に造られたといわれる大江神社があります。境内が二百坪に満たない小さなお宮ですが、公園に面した閑静な住宅街の中に鎮座されています。主祭神として天之御中主神が祀られています。〔天地の初発の時、高天ノ原に成りませる神の名は、天之御中主ノ神〕と古事記に詠われている初元の神であらせられます。

大江神社

湯治鉄男宮司にお聞きしますと、神社創建の上棟祭に呼ばれたと思われる屋船久久遅命《やふねくくちのみこと》、豊《とよ》宇気姫命《うけひめのみこと》、八意思兼《やごころおもいかね》神の神像も祀られているようです。また、現在再建を待つ近所の熊野座神社から、熊野の神々である伊耶那岐命、伊耶那美命、事解男神《ことさかのおかみ》が移されて併祀されているようです。

神殿、拝殿、絵馬飾り、お手水、社務所があり、大小の石灯篭が立ち並び、樹齢三、四百年と思われる三本の銀杏の古木が茂り、その周辺を榊の木が植えられています。昔は、広い田畑の中に今の数倍の境内を持ち、大祭には長い参道に店が立ち並んだといわれています。

ご幣の麻糸で結ばれた榊の枝をさした手作りの竹筒が、入口、拝殿、絵馬飾り、お手水、社務所などの柱に全部で十一本かけてあります。私は参詣の初日から、これらの竹筒の水を替えて、自宅の神棚に拝するのと同じ祈りを捧げております。大晦日には拝殿に掲げられた二本の国旗を新しくします。長年神殿に掛けられていた神幕は、色褪せ、風化してきたので、その年の一月末に発注し、四月一日の月例祭に新しく掛け直しました。

日参を始めて数カ月した頃、いつものように大祓詞をあげ、目を瞑って合掌していますと、瞼に静かに湧き出る水のゆらめきのようなものが見えました。その後も、毎日見えるわけではありませんが、ときどきそのような清水の映像が顕われるのです。

神職に聞きますと、

「水は神様のお姿です。水は万物の根源です。たとえば、那智の瀧そのものが飛瀧神社では、ご神体として崇められていますでしょう。大江神社の神様が、小坂さんに清水の姿で見せておられるのです」

とのことでした。

それからしばらく経つと、清水の姿は顕われなくなり、ときどき緑の円い光が見えるようになってきました。二十日ぐらい後には、緑の光の次に鮮やかな赤色の円い光が見えるのです。それから十日ぐらい過ぎると、緑の円が顕われ、その緑の真ん中に小さな赤い円の光が顕われ、その赤の円がだんだんと大きくなり、緑の光にとって代わって、赤色だけの円い光に変わっていきました。

その当時の私の日誌には、円い光が顕われた日には、光の色が変化する様子が書かれています。当時は毎日顕われるわけではなかったので、美しく顕われた朝はとても興奮して、その変化の状態を日誌に書いていました。たとえば、平成二十三（二〇一一）年九月十七日の日誌には、次のように書かれています。

「六時起床。いつものように、玄関で太陽に向かって太陽地球月輪に祈り、自宅の神前と仏前にお参りした後、八時に大江神社を参拝。今朝の太陽はことのほか強く美しく輝いている。陽光を背に受けて神前に大祓詞を奏上して目を閉じると、久しぶりに鮮やかな緑の光の円が顕われる。何と鮮やかでキラキラと光っていることだろう。

間もなく、緑の色彩の真ん中に小さな紅い光の点が顕われ、徐々に大きくなり、全体が紅色の大きな円になっていく。しばらくすると、紅い大きな光の真ん中に緑の小さな光の点が現われ、同じように大きくなって緑の光の円になっていく。かなりの間、同じペースで光の変化をくり返し、徐々に光が薄くなって消えていく。日誌を見ると、その前に、二色の円光のくり返しの現象が現われたのは、四月七日であり、丁度五カ月目である」

その後、そのような輝く緑色と紅色の光の現われる日が多くなっていきました。何故見せていただくのだろうか、何故顕われるのであろうか、と思いめぐらせているうちに、太陽の光を大祓詞の白い冊子に受けながら大祓詞を奏上すると、緑の光が顕われることがわかってまいりました。

太陽の輝く朝、大祓詞の冊子を忘れて大江神社に参拝したことがありました。いつものように合掌をし、うろ覚えの大祓詞を唱え終わったのですが、閉じた眼の裏に光は現われません。ふと思いつき、拝殿の上り口に置いてあるB5サイズの明治天皇の御製を印刷してある白い紙の表に太陽の光を当てて大祓詞を奏上してみました。すると、奏上して目を閉じた途端、いつも通り輝かしい大きな緑光が紙いっぱいに現われたのです。その後の光の色の変化もいつもと同じでした。

その後も、あちこちの神社に参拝したときはもちろん、神殿でなくとも太陽の光の当たる場所であれば公園でも裏庭でも、太陽の光と大祓詞の力が白紙上で合わさると、不思議な緑の光の変化が顕われます。それに続いて、赤く輝く円い光が必ず顕われます。薄日の日には薄い緑の光しか見えず、曇天や雨の日には緑の光は見えないで、赤く輝く光だけが見えます。どうやら緑の光は太陽神のお姿で、赤い光はご祭神のお姿ではないのだろうか、と推測しています。

ドイツ人、クリスチアン・プライン氏のこと

熊本の地元企業を退社し一年間遊んだ後、新しい仕事を始めましたが、ドイツのK社という会社の日本代理店の仕事もその一つでした。K社は大きなメーカーですが、日本市場の難しさ

から私に市場開拓の協力を要請してきたのです。

努力の甲斐あって、今は日本事務所を設立するまでに成長していますが数年前から前任者に替わってアジア担当の営業ディレクターとして、クリスチアン・プライン氏が年二、三回来日しています。学生時代はインドや韓国にも留学し、中国人の奥さんとの間に二歳ぐらいのお嬢さんがいます。四十歳前後、体重百キロを超える大柄のドイツ人です。

来日当初は、私から見ると典型的な若者で、現代日本の若者文化にも詳しいらしく、初回来日のときには、私を秋葉原に誘い、

「ここは世界の若者のあこがれの場所なんですよ」

と言います。ＡＫＢ48にも一緒に行きました。甥に頼まれたと言って、細長いビルの階段を上がって書店に入り、山と積まれたアニメ本の中から数冊買っていました。

「日本語のアニメの本を買って帰るなんて、甥御さんは日本語がわかるのですか」

「いいえ、甥はドイツ語の本を持っているのですが、日本語の原書を見たいといって頼まれたのです」

日本のアニメの影響力を知った新しい発見でした。

プライン氏と初めて原宿に行ったときのことです。驚いたことに、竹下通りの狭い道の両側には秋葉原以上にコスプレの店が立ち並んでいます。多くのコスプレイヤーのみならず、一般

の日本人や外国人で満ち溢れていました。

二人が混雑した竹下通りを歩いていくと、左側に東郷神社の道標があったので、そこを左折しました。神社の白い旗の波を潜るように石段を上がっていくと、軍神東郷平八郎元帥をお祀りした東郷神社の境内に至ります。そこは竹下通りの喧騒とは隔絶した静謐な神社の世界でした。

プライン氏は日本海海戦の勝利を知っており、神社の境内の説明や写真を見ていました。ちょうどそのとき海上自衛官の結婚式が行なわれていました。日差しの明るい境内では、宮司を先頭に巫女たち、羽織袴の新郎と角隠しに白無垢姿の花嫁、二人を覆う赤い唐傘、両親と親戚、最後に数人の防衛大の後輩でしょうか、凛々しい海上自衛隊の正装姿の自衛官が行列の後尾を守るように神殿に向かって歩いていました。日本の若者の二つの側面を期せずして見る思いでした。

私は拝礼の後、プライン氏が日本海海戦の歴史の説明文を読んでいる間に御朱印をいただきました。その後、二人は池泉回遊の庭園を巡って竹下通りに戻り、明治神宮に向かいました。

大鳥居をくぐりながら、神宮の場所がもともと代々木の原野で、百年の大計で作られた人口の杜であることや、御祭神明治天皇とその時代のこと、初詣の参拝者が三日間で三百万人を超えることなどを話しながら神殿へ向かい、参詣をすましてて社務所で御朱印をいただきました。社務所の窓越しに、若い巫女が筆で明治神宮と美しい字で書き上げ、朱色の印を捺す姿を見て、プライン氏は大きな興味を覚えたのでしょう。彼の質問に答えて御朱印の説明をすると、自分も欲しいと言って御朱印帳を自分で選び、御朱印をいただきました。楷書で書き上げられ、朱印の捺された頁は端然とした独特の美しさが溢れています。

捺印されたばかりの御朱印を眺めながら、

「なんと美しいものなんだろう。先ほど行った東郷神社でもいただけるのですか」

と聞くのです。私がいただいたばかりの東郷神社の御朱印を見せると、有無を言わせず私を促して東郷神社に引き返しました。

東京ドームホテルに宿泊していましたが、翌朝には近くの靖国神社、東京大神宮、神田明神、湯島天満宮、根津神社などを参拝し、さらに浅草寺、上野の東照宮、花園稲荷神社などをまわって各社の御朱印をいただきました。

その週は、プライン氏と札幌のお客も訪ねたのですが、帰路大雪のなか彼の意志で北海道大神宮に参拝いたしました。その年の七月には、江の島に泊まり、鎌倉江の島の社寺をまわりました。

奇妙な思い出もあります。平成二十八（二〇一六）年四月にプライン氏が来日した際には、伊勢神宮に参拝したいと言います。伊勢に一泊して、伊勢内宮外宮、さらにタクシーで伊雑宮《いざわのみや》、倭《やまと》姫宮《ひめのみや》などの別宮、二見興玉神社、金剛證寺などを参拝いたしました。

伊勢の旅館に宿泊していた夜中、熊本地震が起こりました。私の携帯電話には、熊本の自宅以外にも国内外からたくさんの電話がかかってきました。自分だけが熊本から離れて伊勢にいますとも言えず、申し訳ない気持ちでいっぱいでした。

プライン氏は、神社仏閣を巡る前にヤフーなどで調べているのでしょう。祀られている神仏の名前まで聞いてくることがあります。最近では神社用と仏閣用に二冊の御朱印帳をつくり、持ち歩いています。

そんなプライン氏の姿を見ていると、神社仏閣をまわるのは単に御朱印をいただくためではなさそうです。彼が境内で口をそそぎ、合掌して祈る姿は真剣そのものなのです。彼の名前が示すように、彼は生粋のキリスト教徒です。キリスト教は一神教であり、通常、他の宗教の寺院では礼拝をしません。キリスト教徒である日本の友人たちも礼拝はしません。鳥居の中の境内にも入ろうとしない知人もいます。

多くの神社仏閣を廻りながら、プライン氏に説明してきたからでしょうか。プライン氏は、神社では己が大自然に生かされていることに感謝し、寺院では自分の肉体の中の清らかな生命に感謝することの大切さに気づきはじめたのかもしれません。自分がクリスチャンであることを超えて、何の拘りもなく真剣に合掌している姿を見ると、私はそこに人間としての崇高ささえ感じるのです。

「私は、仕事はよくできると思いますが、どうも短気もので、社内のあちこちで衝突をします。その性格を直していかないと、これからの会社生活はうまくいかないと思っています。日本の神社仏閣で真剣に祈っていると、私の心は不思議に静まってくるのです。そして、自分の性格は直すことができると信じられるようになってきました」

と、プライン氏が言ったことがあります。

プライン氏と熊本人吉の各地を回ったことがあります。幽霊の掛け軸で有名な永国禅寺にお参りしたときのことです。寺の裏庭には女性の幽霊が出たという池があります。案内書には「寺院の開山・実底和尚が幽霊の創始者。寺の裏庭の池から夜な夜な幽霊が出没する。膝を交えて話を聞けば、『……私は錦町の無限者・某の愛人であったが、本妻に憎まれて非業の死を遂げた。口惜しい。怨みが尽きぬ。だから毎晩こうして……』と語る。『わかった。まずは、お前の絵を描いてやろう』と和尚は絵筆を握った。描き上げた絵を幽霊に見せた。『……こんな見苦しい顔、姿で、恥ずかしい……』『そうだ、見苦しい心が見苦しい姿を作るのだ。改めよ』以来、幽霊は二度と現れなくなった」とあります。

彼はその話を聞いて、寺の裏庭の池に面する廊下に立ってじっと池の一点を長い間見ていました。寺を出て、私は彼に聞いてみました。

「何か見えたのですか」

「ああ、女性の幽霊を見ました。スーッと出てきて、すぐに消えました。日本の幽霊は美しいですね。欧州の幽霊はデビルだ」

彼が熊本の我が家に来た後、彼の要望で阿蘇神社を参詣しました。熊本地震で日本一の楼門は崩れ落ち、昔日の面影はありませんでしたが、奥の院の国造神社の神秘な佇まいに触れた後、幣立神宮に案内しました。ご神前で、法被を着て正座し、春木宮司のご祈禱を受けました。春木宮司は、話の中で、「昨年、ドイツ人とイスラム人が参拝に来られました。二人とも改宗に来られたのです」と話されました。

数カ月して、東京の夜を二人で散歩しているときに、ふと幣立神宮の神殿で、春木宮司のご祈禱を受けた際に彼の眼に映った情景について教えてくれました。

「宇宙から一滴の水が落ちてきて、私の目の前の水面に幾重もの輪が広がったと思いきや、その輪ごと、スーッと天に吸いとられていったのです」

外国の友人に話すこと

私はプライン氏のみならず、外国のお客さんを神社仏閣に案内するときに、よく話すことがあります。それは、小林美元氏の『古神道入門』の中にある次のような記述が元になっています。

「日本列島では、人々は縄文時代という世界で一番古くて長い平和な時代を過ごしていました。大陸からの影響もほとんどないなかで日本列島独自の文化が栄えました。彼らは大宇宙、大自然を神として崇拝する信仰を持っていました。

さらに神々の降臨する場所として、全国の高い山々の山頂に聖域である磐境《いわさか》を定めました。そこに巨岩を積み重ねて磐座《いわくら》を築き、その中心に神籬《ひもろぎ》となる大きな岩を据えて、神々を天上よりお迎えしました。古代人の宇宙観が地上に表現されています。

たとえば、山梨県の金峰山の山頂、その隣の瑞牆山の山頂、広島県葦嶽山、宮島の弥山などはすべて、想像を絶する人工の巨石群なのです」（小林美元著『古神道入門』）

そのような信仰は日本の古神道に受け継がれました。それは、大宇宙、大自然と己との関係を追求してきた信仰です。神道は己を生かしてくれている大自然を神として崇拝します。今に至るも、山や瀧や巨石を神と崇め、拝殿や鳥居のみの神社が数多く存在しています。

天之御中主神は、日本神話の原典である古事記に顕われた最初の神様で、大宇宙をお造りになった原初の神様とされています。現在の天皇は世界最古の家系を継承しておられますが、そのご先祖を遡っていきますと、天孫降臨の日本神話の神々につながります。神社には日本神話に語られている八百万の神々が祀られています。しかも神話の神々は、現在に至るも日本人の生活の中に脈々と生きておられます。先進国のなかで、神話が日常生活に脈々と生きているのは日本だけでしょう。

日本には、そのような神社の他に仏教寺院があります。仏教の教えは「即身成仏」に尽きます。「仏に成る」ということは仏の境地になるということです。自分の命の最高の境地です。その境地に至る教えには、顕教と密教の二つがあります。顕教は経典を学び、行を積んで仏になるという法、密教はもともと自分に内在している仏に目覚める法とでもいえましょうか。釈迦がそのために八正道を説いておりますが、どこにいても清らかな思いで祈ることが大切でしょう。

仏教はインドから中国、韓国などを通って六世紀中ごろに日本に伝えられたのですが、日本では、すべての時代を通して勃興した仏教宗派や寺院がそのまま残ってきています。もっと素晴らしいことは、神道の国家に仏教が入ってきて、宗教戦争も起こらず、神仏習合して今日まで平和に共存してきていることであり、世界の歴史を見てもまことに稀有なことであるといえましょう。

これが可能だったのは、日本人が冷静に神道と仏教のそれぞれの特性と価値を見出し、二つの祈りは何の矛盾もなく共存できることを理解してきたからではないでしょうか。

その最大の理由は、大御心を抱かれてきた歴代天皇が、国民を大御宝として知らしめしてこられたおかげといえるでしょう。つまり、私たち日本人は、天皇の深い慈愛に満ちた懐の中で大きな心配もなく生かされてきたのだと思います。

仏教を日本に伝えた中国や韓国では、歴代の王朝の宗教政策によって仏教が禁止され、仏教寺院も破壊されてきました。両国とも仏教を捨て、儒教を崇拝してきたのです。他方、西洋の多くの地域ではキリスト教の広がりにより、それぞれの土地に息づいていた神々が人々の心から消えていきました。現代に至るも、宗教戦争が起こっています。

これからの世界平和を考えると、六世紀に日本がなしとげた神仏習合の思想は、世界の多くの宗教を包含し、生かしていく可能性を秘めているのではないでしょうか。紛争の絶えない現代世界の行く末に大きな光を与えることができるのではないでしょうか。

このような歴史的特性をもつ日本は世界で唯一、一国だけで一つの文明圏を造り上げてきたといわれているのです。私は、これからは、多くの外国の友人にさらに付け加えて言うでしょう。

「二〇一九年五月、新天皇が即位されました。新元号は令和です。新元号の意味するように、現在の世界を見わたして、日本ほど平和を推進していける国はないでしょう。日本国は世界平和の中心として存在していく責務が与えられていると思います」

足の捻挫と骨折の理由を山村明義氏に教えられる

すでに述べましたように、平成二十八（二〇一六）年三月十三日に熊本を出て、十四日、ドイツ人のプライン氏と、四天王寺、生國魂神社、高津宮を廻り、十五日、十六日、十七日には伊勢に二泊して内宮外宮伊雑宮などを参拝いたしました。その後、小坂博さんと、九月には出雲を、十一月には熊野を、翌年三月には吉野大峯葛城を、それぞれ三、四日かけて廻りました。そして、三月十六日遅く帰宅し、翌十七日に自宅で右足の捻挫と骨折を同時にしてしまったのです。

居間の長方形の座敷机に正座をしていて、机に手を置いて身体を支え、立ち上がろうとしたときです。右足の甲を下に向けたままだったため、足首を捻挫し、続けて足の小指の骨を骨折したのです。骨の折れるボキッという音がしました。健脚の私には考えられない、生まれて初めての骨折でした。医者に通いながらギブスをはめての生活は、とても不便で、体調も崩してしまいました。

四月末になって、在京の神道研究家で、『神道と日本人』の著者でもある神道ジャーナリストの山村明義氏に、多くの神社仏閣を参拝したことや、その後、足首の捻挫、足の小指の骨折で

苦しんでいることをお知らせしました。すると山村氏が五月一日のメールで、

「正直に申しますと、ちょうど三月頃、小坂様のお身体に何かあったのではないかという知らせみたいな感じが私にあり、心配しておりました」

と知らせてきたのです。私の怪我を感じられていたようです。さらに、

「紀伊和歌山の多くの神社仏閣をまわりながら、小坂家のご先祖の御霊を祀っている紀伊一宮の日前神宮《ひのくまじんぐう》国懸神宮《くにかかすじんぐう》に参拝しておられないようですね」

と書かれていました。紀家の肇祖、天道根命《あめのみちねのみこと》をはじめとする小坂家のご先祖方の気持ちを伝えてこられたような気がしました。私は、すぐに小坂博さんに電話をし、過去に両神宮に参詣されたことがあるかどうか聞きますと、

「すでに数十年前、小坂家の系図を研究しだした頃、最初にご挨拶に参詣しました」

ということでした。

私は心よりご先祖への無礼をお詫びし、五月二十三日朝早く新幹線で上阪し、日前神宮国懸神宮に参詣いたしました。あらかじめ紀宮司に、「紀夏井のこと」の節を添付し、山村明義氏の勧めでお参りすることを手紙に書いて郵送していましたので、紀俊崇禰宜が待っていてくださいました。

神楽殿で紀俊崇禰宜の先導のもとに、深いお詫びと神恩感謝のお祈りをいたしました。お祈りしながら、私のご先祖への崇敬が、紀夏井の平安時代から一挙に天道根命の天孫降臨、神武

東征の時代にまで遡っていくのを感じていました。

その後、紀禰宜の案内で日前神宮国懸神宮、摂社天道根神社などを参拝いたしました。静謐な神宮の杜の空気に触れながら、天孫降臨、神武東征の時代から連綿と続くご先祖との霊的な絆に深い感動を覚えました。それは、私に限ったことではなく、日本に生きているすべての人間に内在されている霊性であることを深く感じざるを得ませんでした。それは、日本人に人類平和のための使命が課されていることも意味しているのではないかと考えさせられました。

私自身は、ご神仏、龍神、宇宙人、ご先祖の方々から特別のご縁を賜り、日本人として祈りの心を深める毎日を過ごしています。その道を外れた思考や行ないをすると、厳しいお知らせをいただくことになる。そのように身に染みて悟らされることもあります。

幣立神宮の黒龍さんのこと

横浜の霊能者である南野有美さんから、幣立神宮の玉池に潜む龍神について、不思議なお話を伺いました。気功師藤谷康允氏が、幣立神宮の神殿の横に立っている一万五千年の檜の樹底に封印されていた宇宙神三大龍王を天昇させたことは先に述べましたが、南野さんに中華街の喫茶店でお目にかかったときに、そのお話をしますと、いきなり、こう言われました。

「三大龍王さんは枝です。今、小坂さんの右肩上に黒龍さんが来ておられます。黒龍さんは派手に動かれませんが、小坂さんをいつもお守りされています。熊本にお帰りになりましたら、幣立神宮の黒龍さんにご挨拶をしてください。東水神宮の玉池のそばに立って、強いつむじ風が起こったら、黒龍さんが小坂さんを歓迎されている証拠ですので、そのときは私にもお電話をください」

熊本に帰ると、さっそく家族で幣立神宮に行きました。私は東水神宮で黒龍さんにご挨拶を申し上げ、玉池の方に移動しますと、いきなり激しい突風が池から吹き上がりました。驚いて南野さんに電話をしますと、

「今まで仕事でしたが、今やっと自由になれたところです。私にも、今強いつむじ風が吹き上がっています。黒龍さんが、とても喜んでおられます」

と言われました。

日を変えて、宝樹院の森さんを訪ねました。そして、幣立神宮を訪問したことを話すと、奥の広い部屋を指さしながら

「そこに黒龍さんがでぇんとおられますよ」

と言いながら、大きな黒龍の姿について説明してくださいました。二人の霊能者が黒龍さんの存在を確認してくれたのです。

イワナガ媛のこと

古事記に、こんな話があります。大山津見神《おおやまづみのかみ》が美人の妹コノハナサクヤ媛と不美人の姉イワナガ媛の両娘を瓊瓊杵尊に差しあげたが、瓊瓊杵尊はコノハナサクヤ媛だけを娶り、イワナガ媛を返してしまいました。

私は、イワナガ媛は顔こそ妹に劣りましたが、聡明、端厳で思慮深く、霊性の高い女性であったと思っています。それで毎朝神前では、大山津見神、瓊瓊杵尊の次に、コノハナサクヤ媛とイワナガ媛の名も挙げて拝んでいます。特にイワナガ媛の名を唱えるときには多少憐憫の情を抱きながらお祈りをしてきました。そのためか、イワナガ媛を祭神としている小御嶽神社、貴船神社、八重垣神社などでイワナガ媛にご挨拶をするときは、憐憫の情を超えて、何か深い懐かしさを覚えるほどでした。

ある日、南野さんと喫茶店で紅茶を飲みながら、神々のお話をしていましたら、突然、

「あら、イワナガ媛さんが来られていますよ。小坂さんの右横に並んで微笑んでおられます。不思議ですね。小坂さんの今よりももう少しお若い頃のお姿でしょうか。その頃の小坂さんを好んでおられるのでしょうか。イワナガ媛がその頃のお姿の小坂さんと一緒に並んでおられて、微笑まれています」

と、言われます。私はこのとき、急にイワナガ媛を非常に愛おしく思いました。

南野さんは、そんな私の心を読みとるように言われました。

「イワナガ媛に関しましては、私も、本当にお幸せな気持ちを持っていただきたいとずっと願っておりました。でも、女性ではだめなのです。私がいくら想い、祈っても、イワナガ媛には通じないのです。男性でなければ通じないです。

小坂さんのお話をお聞きして、イワナガ媛の今の幸せなお気持ちが十分伝わってまいりました。とても嬉しく感じています。どうぞこれからもイワナガ媛に対するそのお気持ちを持ち続けてくださいますようお願いいたします」

高校三年時の著者

それから、神話の中の神々が今でも私たちの生活の中に生きておられると話し合いました。特に霊的に鋭敏な南野さんにとって日常生活は、努力しなくても神々の世界に繋がっていますので、いつも神話の世界に生きているようなものだそうです。お経をあげなくても、修験道の修行をしなくても、いつも三世を超えて意思疎通ができるようです。

私は神と交信したり話し合ったりはできませんが、私の周辺に起こる色々な事象について、南野有美さんや森心浄さんを通してお聞きすることはできます。

たとえば、小坂家の肇祖の天道根命は神武東征に参加し、神武天皇の側近として日本歴史上の重要な任務を果たしています。それは二千年前のまさに神話時代のことであり、紀夏井三兄弟の歴史的事業は千二百年前の平安初期のことであります。また、小坂権守の自決は戦国初めのことですし、小坂越中守の偉業は戦国末期のことです。

そうした私の先祖と現在が昨日のことのように繋がっています。そして彼らの命とともにある私の生活環境も、長い時間や空間を超えて昔と繋がっていると感じられるのです。

肉体から抜け出した母の嬉々たる姿

母は、平成十七（二〇〇五）年十二月二十六日午後二時五十一分に、兵庫県猪名川町の今井病院で息子の私と二人の娘に手を握られながら安らかに永眠しました。九十二歳でした。

熊本に在住している私は予感があり、二十五日朝、熊本空港より伊丹空港に飛び、母をずっと見てくれていた次妹夫婦とともに病院に直行しました。珍しく大雪でしたが、母は小康状態で安らかに寝ていました。手を握って耳元で囁いても反応はありませんでした。

翌朝、病院より血圧が下がり始めているとの連絡を受け、急遽病床に行き、母の手を握りますと、直ちに反応がありました。私は母の耳元で、私の家族が安泰であること、仕事は順調であること、妹たちの家庭も幸せであることなどを語りかけると、母はそのたびに手を強く握り返してきました。

こうして、最後の時間を過ごしているうちに、徐々に母の息は遠のいていき、両手を私と妹たちに握られながら最後の息を引きとりました。天寿を全うしたといえます。遺体にはいつまでも温かさが残っていました。

生前、母から可愛がられていた近所の青年が、通夜と葬儀が終わり、火葬場で遺骨を骨壺に入れるまで、彼の目にうつる母の様子を私たちに説明してくれていました。母は、老後は脊髄を病み、背骨が大きく湾曲し、背が低くなっていました。そんな母が老けた肉体から抜け出て、元のすらりとして背の高い女性になり、美しい洋服を着て、部屋の天井やあちこちを嬉々として動き回っているというのです。脱ぎ捨てた自分の遺骸には目もくれないで、どこにいてもにここと笑っているというのです。そんな説明を聞いているうちに、葬式会場の重苦しい雰囲気が

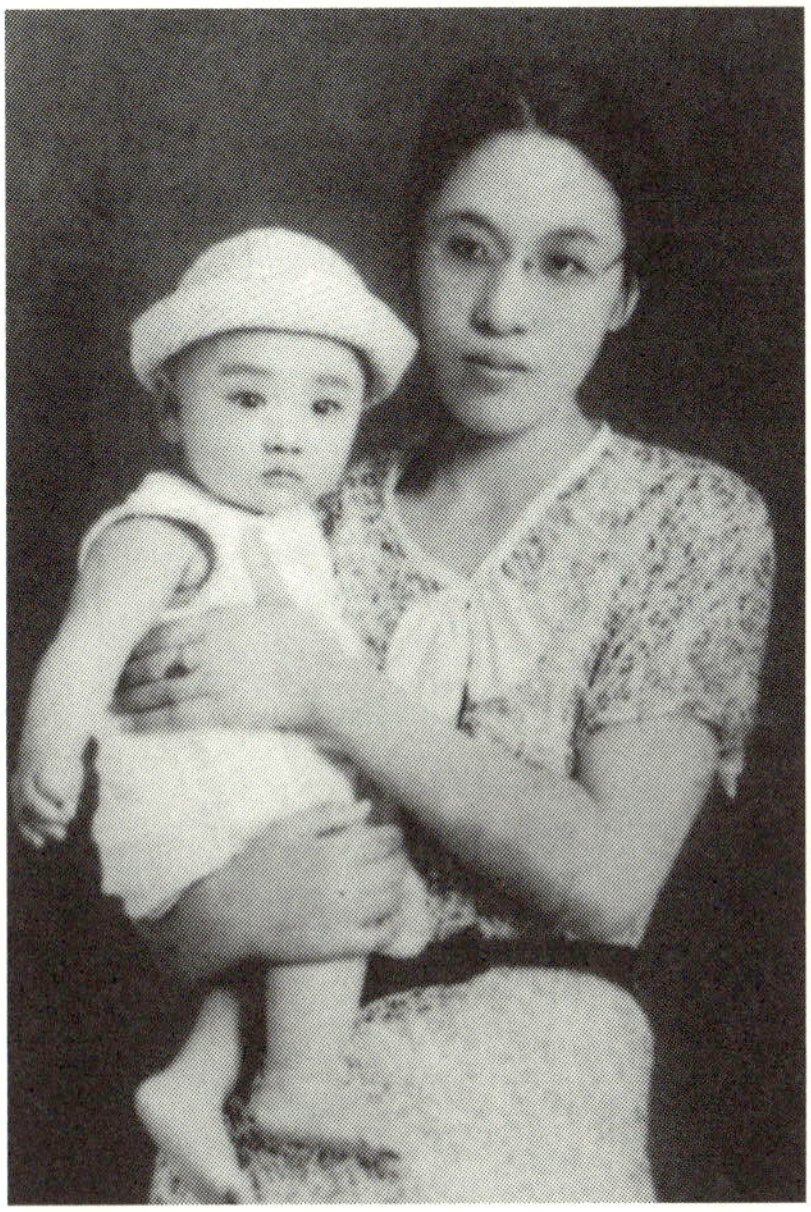

母との写真。1歳頃の著者

がらりと変わり、母の新しい出発をお祝いするような場になってしまいました。

母は、古びて脱ぎ捨てた自分の肉体が火葬されていく様子をどのように見ていたのでしょう。火葬場の部屋で待っているときでも、母は嬉々としているようでした。

妹が母の入院中に、母にしてあげたことで気になることがあるようでした。最後の数日は、口から食べると誤嚥で肺の方に食べ物が流入してしまう危険性があったので、流動物を鼻から管を通して胃に入れていました。妹は、それでは母の口がひもじかろうと思って、看護婦の目を盗んで好きなヨーグルトをスプーンで口から食べさせていました。そのことを心配していた妹が
「あのとき、誤嚥を起こして苦しかったのではありませんでしたか。ご免ね、と謝ってください」

と言うと、その青年はすぐに手を横に振って、

「そんなことはなかった、とても美味しかったよ、と喜んでおられますよ」

と母の代弁をしたので、みんなドーッとどよめき、安心しました。

私の古いアルバムの初めの頁に、セピア色に変色した一枚のモノクロの写真があります。私が一歳を超えた頃の母に抱かれている写真です。母は美しく、縁なしの眼鏡をかけ、すがすがしい半袖の真っ白なレースの上着を着て私を抱きかかえています。私は白い帽子をかぶり、つ

ぶらな瞳でこちらの一点を眺めています。匂うような母の若い頃の姿です。

それから七十年以上を生き抜き、長い間使って傷んでしまった古びた肉体から解放されて完全に自由を得た母の霊魂は、次の飛翔に向かってすでに動きはじめているようでした。あの世が本当であり、この世は仮の世界である。死とは使い古した肉体を捨てて新しい人生に移っていく一時的通過点である。このときほど、そのように強く思われたことはありませんでした。

人は、たとえ肉体が老いても、認知症や無意識の状態になっても、自己表現ができないだけで、本質は健全そのものなのではないか。肉体の在る無しに関係なく、自己の存在は永遠に続いているのではないか。

母がこれから飛び込んでいく来世において、この世と同じように楽しい人生を選んで歩んでいくことを祈らざるを得ませんでした。

地震の多い日本列島への祈り

日本は、戦後だけでも多くの地震が起こっています。南海地震、東日本大震災、阪神淡路大震災、日本海中部地震、北海道東方沖地震、鳥取県西部地震、熊本地震など、ほとんど日本中が大震災に遭遇しています。日本では、歴史的に地震は最大の天災であり、そのたびに多くの死者を伴ってきました。

私は箱根神社の摂社九頭龍神社で少しでも大地震が避けられますよう祈らされましたし、それに呼応するように、宇宙人たちが地下にもぐってトラフや岩盤の整備をしてくれていることは記述したとおりです。

中山さんからの地震回避への祈りの要望は、箱根神社においてだけではなく、その後もたびたび伝えられました。ある日、こんな電話がありました。

「大きな地震がまたやってきそうです。日本列島が地震から守られますようにお祈りしてください。長野の分杭峠、フォッサマグナ、中央構造線を浄化してください。

日本列島の太平洋側の南海トラフをはじめ多くのトラフのエネルギーをフィリピン海溝に霧散させてください。日本列島の日本海側にある多くのトラフのエネルギーをユーラシア大陸に霧散させてください」

私は、多くのトラフに溜まっているエネルギーを汚れ穢れと受けとめ、日本列島のそれらの地域の汚れ穢れを祓ってエネルギーが霧散されるように、今でも真剣に祈り続けております。

私の祈り

第六章第三節で述べましたように、平成十七（二〇〇五）年、鞍馬寺でのお祈りの後、金堂から坂道を下っているとき、私は中山さんを通して正式に「祈りの役目」を与えられました。彼女を通して降りてくる祈りの要請は、その後も増えていきました。

私に与えられた任務は、さらに自分の内部から涌き出る祈りの内容も含めて自分なりに整理することと、そして私の内の神なる凛法袈海霖を通してお祈りをすることが私に与えられた任務であると考えています。そう思いながら、毎日祈りを捧げています。

まず、屋外に出て、東天に向かって合掌し、大宇宙から降り注ぐ清らかで精妙なエネルギーを、私の百会を通して感謝とともに全身の細胞に受け入れます。そして、宇宙・日輪・地球・月輪に、そして、ご神仏・龍神・宇宙人・ご先祖に今あることを感謝いたします。

我が家の神前では、天之御中主神を初めとする造化三神並びに二十数柱の神々のお名前、天道根命をはじめとして神位におられるご先祖の方々、黒龍をはじめとする龍神の方々の名前をあげ、祓詞、大祓詞を奏上して祈りを捧げます。

仏前では、大日如来、薬師如来、空海、道元をはじめ、私の関わったバンコクのプラプロム神、鞍馬の尊天、五色山の釈迦涅槃像、宇宙人及び歴代のご先祖の方々の名前をあげて、経文を唱えます。

まず法華経方便品、寿量品自我偈の題目をあげ、次にバンコクのエラワン廟、鞍馬寺・富士山五合目の小御嶽神社であげた経文と、それに若干の真言を加えて唱えます。つまり、禮文、前讃、般若理趣経、後讃、施蛾鬼精霊供養和讃、般若理趣経、仏讃、四智梵語讃、四智漢語讃、心略漢讃、大日讃、金剛手讃、六字明王真言、不動明王を含む十三仏真言、光明真言、般若心経を唱えます。

般若理趣経の全段は長いので、私流に省略し、序説、初段、十六段、十七段を唱えます。理趣経の初段では毘盧遮那仏の説かれる生きとし生けるものの生命が躍動する歓びに感謝しながら、十七段では濁世に生きる人間の最高の使命とは何かを自分に諭しながら読誦いたします。

理趣経にはすべての経文の意味が含まれているといわれています。私が何故、理趣経に惹かれるのかといいますと、十七段に「自分の悟りを得るだけではなく、世のために、流転に住着し、生死に常処し、一切を救摂せよ」といわれているからです。

通常の仏典では己の生命の菩提涅槃を願っています。般若理趣経では、自分の菩提涅槃のみを求めず、俗世間に留まって人々を救済せよと説いています。これほどの厳しい指示は、私が読誦したかぎり他の仏典には見当たりません。

そして、神前、仏前ともに次のような祈りに入ります。これらの祈りの内容の多くは中山さんからのメッセージに従っています。

地球の浄化、日本の浄化、地震のあった関西東北九州山陰地方の浄化を、
長野の分杭峠、フォッサマグナ、中央構造線の浄化を、
日本列島の太平洋側の南海トラフを初めとする諸々とトラフの汚れ穢れを
祓いたまえ浄めたまえ、フィリピン海溝に霧散させたまえ。
日本列島の日本海側の諸々のトラフの汚れ穢れを祓えたまえ浄めたまえ、ユーラシア大陸

に霧散させたまえ。

日本列島を天災人災から守りたまえ。

人類の平和、日本国の安寧、皇室の安泰、天皇皇后両陛下の健康長寿息災を、ご神仏の住みたまう日本国が世界の平和の中心として光輝きますよう、お祈り申し上げます。


そして、自分たちの家族親戚友人たちのための祈りに入ります。

最後に代々のご先祖、友人たちの精霊追善の供養を行ないます。

時間は多少長くかかりますが、私は、ご神仏、龍神、宇宙人、代々のご先祖、家族、親戚、友人たちのそれぞれのお名前をあげて祈ります。

世間には専門の導師がいて、礼拝の仕方、経文の読み方などをきめ細かに教えていただくこともできるでしょうが、私にはそのような先生はおりません。あくまでも我流です。

第二節　宇宙人の愛

☆宇宙の星々と宇宙人

地球と人類の誕生

ＮＡＳＡの研究によると、宇宙の誕生は百三十七億年前であり、地球の誕生は四十五億年前だそうです。人類の最古の土器の一つといわれる縄文土器が焼かれたのが約一万五千年前のことであり、人類最古のシュメール文明は約六千年前に始まっています。地球上での人類の文明の歴史はたかだかその程度のものです。そして人類が宇宙への進出を始めたのが二十世紀後半です。

ということは、人類の知恵の発展は現代に近いほど猛烈なスピードで進んでいることになると思います。地球四十五億年の歴史の中で、わずか数千年間に、原始社会を生きていた人類が宇宙進出の技術を持ちえたという進化のスピードに驚きを禁じ得ません。

宇宙には何千億という星があり、その中には、生物のいない星、我々人類よりも文明が遅れている生き物のいる星、我々人類と同程度の生き物のいる星、さらにより進んでいる文明をもつ生き物が住んでいる星など、たくさんのレベルの星があると考えられます。

宇宙で地球人のみが最高の文明を謳歌していると言う人々もいるようですが、それはあまりにも傲慢で非科学的な考えではないでしょうか。しかもその人間たちは、母なる地球の環境を破壊し、民族間や国家間でいがみ合い殺し合っている、文明の遅れた生き物なのです。地球は、地球環境を守り、平和な社会を生きる段階に未だ到達していない人類が住む世界なのです。

神話が物語るもの

世界には多くの宇宙人に関わる伝説や神話があります。シュメール王国の神話や、旧約聖書のエゼキエル書などは良い例でしょう。人類は早くから、優れた文明をもつ宇宙人との接触を続けてきたと考えられます。当時の人類の科学レベルから見て、宇宙人たちはあまりにもかけ離れた高次の存在であったので、神話では神と崇めて記録されたのでしょう。

☆見えない宇宙人

私は普通の肉眼しか持っていないので、宇宙人を見ることはできません。宇宙人が私に自分の姿を見せようとしないかぎり、私は、彼らが私のそばにいても感知できないのです。しかし、私の複数人の友人たちには宇宙人が見えるようです。そのなかの一人である中山さんは、宇宙人が見え、宇宙人と話をし、宇宙人と私の間に入って通訳をし、宇宙人に関係する数々の事象を教えてくれました。ときには、私たちが宇宙人を見えるようにガイドしてくれました。

中山さんのそのような能力を疑うことはできません。見える見えないは、地球上では人間を含む個々の生き物の持っている能力によって違ってくると思われます。警察犬は、人間の嗅げない麻薬類の匂いを嗅ぎわけます。平成七（一九九五）年の阪神淡路大震災は、多くの動物たちが事前に異常な行動をとったといわれています。

西洋では、特殊な透視能力のある人々が事件の解決に協力しているようです。私の肉眼では宇宙人は見えませんが、中山さんに出会ったおかげで、高次の宇宙人と付き合い、あまりにも多くのことを学ばされ、さまざまな現象も見せてもらいました。さらに、地球の現状や、地球のあるべき姿について考える機会を与えられ、彼らとともに地球と人類の将来のために祈るようになってきました。

☆宇宙人が見せてくれたもの

ダウザーさん、ラリガーさんの役割

本書の第二章第四節「アクエリアス星人との出会い」で詳しく述べていますように、中山さんは、ダウザーさん、ラリガーさんという二人のアクエリアス星人について教えてくれました。それによれば、ダウザーさんはヒーリング・プロテクトの担当として、ラリガーさんは発明・開発の担当として、絶えず私を見守ってくれています。私が「ラウワー、ラウワー」と呼べば、二人が私のところに来てくれます。彼らは、私たち地球人に比べてはるかに高い知的能力と文

明を持ち、地球を守ろうとしてくれています。

ダウザーさんとラリガーさんは、高次の文明をそなえた宇宙人として独自の活動をしているだけではありません。私たちが日頃崇敬するご神仏や龍神や先祖の霊たちと連携した活動もされているらしいのです。

既述しましたように、ダウザーさん、ラリガーさん二人の宇宙人から私に対して目に見える最初の挨拶があったのは、ホテルニューオータニのガーデンレストランで中山さんたちと喫茶を楽しんでいたときでした。きらきら光る二つのＵＦＯが遠くに飛翔していくのが大きな窓ガラスを通して見えました。私たちだけではなく、隣席の人々も嬌声をあげて見ていました。

その後、ダウザーさん、ラリガーさんたちは、彼らの多くの仲間たちとともに、太陽、ご神仏、樹木の精霊たちと連携して、私たちに荘厳なイベントを見せてくれました。第四章第四節で述べていますように、熊本・宇土市の五色山では宇宙いっぱいに、言葉では到底言い表わすことのできないような瑞祥をくり広げてくれました。中山さんの予言通りに、十二人の肉眼で見せていただいた壮大なドラマは、私にとってあまりにも神秘的な体験でした。人類始まって以来の宇宙スケールの荘厳な祭典であったように思います。

宇宙人（ダウザーさんたち）が写真を撮らせてくれる

平成十七（二〇〇五）年一月のことです。中山さんからメールが送られてきました。「上智大で小坂さんたちと撮っていただいたときの写真に、宇宙人（ダウザーさん）が浮き出てきましたので送ります」と三枚の写真が添付されていました。それは、第二章第三節で述べましたザビエル聖堂での祈りの後、聖堂をバックにして六人で撮った写真でした。

木レンガの庭と芝生の間の側溝の上に立っている彼女のそばの芝生の上には、高さが五十センチ程度の白い電光柱が立っていました。送られてきた写真では、電光柱から三十センチ程度右側の芝生の上にダウザーさんらしい立ち姿が見られたのです。三、四十センチぐらいの身長で、その姿は、直感で、ちょうど群馬県吾妻郡東吾妻町郷原で出土した土偶（通称ハート形土偶）に似ていると思いました。私のファイルには、その写真がモノクロでプリントされたものが残っています。

さらに、宇宙人が私にくれた素晴らしい奇跡だと思いますが、東京の私たちの聖地、ホテルニューオータニの日本庭園の瀧の前で、多くの宇宙人や龍神の姿を、私の携帯電話のカメラで撮らせてくれました。それは、中山さんの勧めで、水辺の岩に座っている宇宙人たちの姿を写したものです。これについては、後で述べさせていただきます。

☆宇宙人は地球を守ってくれている

宇宙人との交流

これは、中山さんや宝樹院の森さんとの会話を通して、私が宇宙人と交流した記録です。

ある日、私は中山さんと電話で話しているとき、ふと尋ねました。

「ダウザーさんは今どこにおられるのですか」

「ダウザーさんは今、地中にもぐっておられますよ」

「地中で何をなさっておられるのですか」

「地中の岩盤をいじくっておられます。しばらくは地上に戻って来れないと言われています。地震の起こりそうな原因になる断層を補強しておられるのです」

また、ある日はこう言われました。

「ダウザーさんは地球の火山活動やプレートを守るためにずっと地下に潜りっぱなしでした。また、原子力発電の事故で大災害を受けるところを守ってくれました。三大龍王様やワッシイ様（龍神）も一緒に守ってくださいました」

また、別の日には、

「今、釈迦の霊泉に来ておられる宇宙人地球地殻補強チームへのお礼とお祈りをしておりました。すごい多くの宇宙人の方々が、地上部隊、地下部隊、海底部隊、マントル部隊に分かれて、地球の地殻構造を強化されています。地球がＳＯＳを発すると、宇宙から神々が、宇宙人が、龍神が群馬の釈迦の霊泉に降りてこられます」

と言われました。釈迦の霊泉は、どうやら地底への入り口の一つであるのかもしれません。

㈲釈迦の霊泉

群馬県みなかみ町上牧にある温泉。最寄りの駅は新幹線上毛高原駅かＪＲ後閑駅。

現在の経営者である今井経子さんの義母である今井貴美子さんが啓示を受けて見出された温泉。多くの人々が不治の病から救われている。ルルドの水を超えるともいわれている。私の京都の友人、東聖観氏も余命一週間と言われていましたが、私の紹介で霊泉をいただき、一時は全快したかのように半年間健康体を維持されました。

アクエリアスの宇宙人の役割

あるとき、中山さんからこんな電話がありました。

「ものすごい多くの小さなアクエリアスの宇宙人たちが、大きな宇宙船に乗って来られました。自分たちを『地球治療チーム』と呼んでおられます。この方たちは、地中に入って地殻の整備をされています。大きな地震を避けるために来られているのです」

「小さな宇宙人と言われますが、どのくらい小さな方々ですか」

「十センチか、二十センチくらいの方々です」

しばらくして、私は熊本の宝樹院に森さんを訪ねました。すでに紹介しましたように、熊本大学の運動場の裏手に住んでおられて、空海から授けられた法力で多くの人々の相談に乗っておられる尼僧です。森さんは、挨拶を交わすとすぐに私に、こう言われました。

「先週、紀尾井町のホテルニューオータニの部屋で寝ていましたら、ふと肩を叩かれて目が覚めました。周囲をよく見ると、たくさんの小さな宇宙人たちが一生懸命地底の割れ目のような場所を補強されているようでした。『何をされているのですか』と聞きますと、『東京の地盤を補強しています』と言うのです」

その話をお聞きしたとき、私は、それらの宇宙人は中山さんが言っていた地球医療チームの宇宙人と同じ方々であり、森さんにも姿を見せておられるのだと直感しました。

私を取り囲むさまざまな顔や形の宇宙人

それから数週間して私が宝樹院を訪ね、いつも森さんの居られる拝殿の襖を開けますと、森さんは驚いたように、

「小坂さん、今日は多くの小さな宇宙人が宇宙船から出てこられましたよ。小坂さんと一緒ですよ。小坂さんはその方々に囲まれていますよ」

と言われました。そのようなことがあって、私はダウザーさんやラリガーさんだけでなく、多くの小さなアクエリアス星人たちが他の異星人たちとともに、地球の地殻、特に日本の地殻変

動を避けるために色々な仕事をされていることに確信を深めました。

平成二十八（二〇一六）年一月三十一日には、宝樹院で「本を出版した後、宇宙人や太陽、五色山の瑞祥などの写真集を出版してはとの勧めがあり、真剣に考えております」

と、多くの写真のアルバムを見せながら森さんに尋ねました。

「今、たくさんの宇宙人の方々がここに来られていますよ。本当に多くの宇宙人の方々です」

「ダウザーさんですか、ラリガーさんですか。それとも、地球治療チームの小さな多くの方々ですか」

「いいえ、そのお方々だけではありません。この部屋一杯に、三角のお顔の人、四角いお顔の人、長細いお顔の人、大きな方、小さな方など、本当に色々な宇宙人の方々でいっぱいです」

森さんは、自分の顔を多種多彩の宇宙人の顔のように手でゆがめて説明されました。

「今までは、小坂さんのところにくる宇宙人は、一人か二人、あるいは小さな方々だけでしたが、今日は違います。本当に多くの色々な宇宙人の方々が揃って集まってこられています。この方々が小坂さんを応援すると言っておられますよ」

私が驚いて、

「森さん、その方々にお伝えください。私は毎朝、ご神仏と一緒に宇宙人の方々を崇拝し、心から感謝の祈りを捧げています。その祈りは聞いてくださっているのですね」

と尋ねると、

「そうです。皆様方はかしこまって、ありがとうと頭を下げておられますよ」

と言われます。

そのような多くの宇宙人も、私が森さんのところから帰るとき、揃って大きな宇宙船に乗り、その場を立ち去って行かれるようです。

☆私の健康を気遣う宇宙人
私の使命の重さを気づかされる

ある日、この書物の原稿をプリントアウトし、三冊にまとめて宝樹院に持参したことがあります。三冊の分厚い原稿を森さんと私の間に置きますと、

「今日は宇宙人がお一人来られていますよ」

と森さんは言われます。

「それはダウザーさんですか。それともラリガーさんですか」

「ラリガーさんとおっしゃっていますよ。今、ラリガーさんが本を手に取って見ておられますよ」

それから森さんは吃驚したように叫びました。

「あぁ、三冊の本が光りだしました。黄金の美しい光に包まれています。宇宙人の皆様も応援

しておられますね」

私は、発明・開発の担当のラリガーさんが喜んでおられるのだと知り、使命の重さを改めて感じさせられました。

宇宙人（ダウザーさん）に体内検査をしてもらう

私は、毎年熊本の胃腸科病院で内視鏡の検査を受けていましたが、しばらく行かない年が続きました。中山さんと話しているときに、ふと
「明日胃腸の内視鏡検査を受けようと思っています。久しぶりですので、ちょっと不安です」

と言うと、中山さんは、

「小坂さん、大丈夫ですよ。先日ダウザーさんが小坂さんの口から体内に入って、全部検査をされていましたから」

と言うのです。ダウザーさんはヒーリングの担当として、おそらく私が検査を受ける前に、前もって私の体調を見てくれていたのだと思いました。検査の結果は、小さな良性のポリープがあっただけでした。

大阪大空襲では疎開、熊本地震では不在

平成二十八（二〇一六）年四月十四日と十六日に震度七を超す激震が熊本を襲いました。そ

の数日前、ドイツの顧問会社の副社長が急遽来日することになり、私は四月十三日に熊本を出て大阪に宿泊し、本震の十六日にはドイツ人と伊勢の宿屋に宿泊していました。

本震の際には息子から電話でたたき起こされました。家族をはじめ、熊本の人々にすまないという気持ちが溢れました。そのとき、ふと思い出しました。昭和二十（一九四五）年六月の大阪大空襲の際、家族が雨あられのごとく落下してくる焼夷弾の中を逃げまどっているときに、私は何も知らずに集団疎開で四国にいました。平成三（一九九一）年九月十六日の台風十九号が熊本を襲ったときも出張で大阪にいました。私はなぜそこにいなかったのかと考えざるを得ませんでした。

平成七（一九九五）年一月十七日五時四十六分に起きた阪神淡路大震災のときは、兵庫県猪名川町の妹夫妻宅に住んでいた母親は、不思議な行動で助かりました。地震直後、妹からの電話で、「おばあちゃんは、地震の起こる五分前に便所に入り、便所の中で震災を受けたので、どこも怪我はしておりません。ゾーッとしたのは、おばあちゃんのいないベッドの枕の上で、たんすの上から落ちてきた人形のガラスケースがこっぱみじんに割れていたのです。何本もの三角のガラスの破片が枕に突き刺さっていたんです」と興奮して話すのです。ガラスの破片が目や鼻や口に突き刺さった母の顔を思い浮かべながら、私たちは守られていると思わず手を合わせました。

捻挫骨折のヒーリングを宇宙人（ダウザーさん）から受ける

平成二十九年三月十七日には、私は自宅で足首を捻挫し、足の小指を骨折いたしました。そのことは先に述べたとおりです。骨折した後、しばらくは不自由な生活を余儀なくされたのですが、不思議に回復が早く、十日でギブスを取り、靴を履いて車で宝樹院の森さんを訪ねました。

森さんとお話するときは、私には見えませんが、いつもどなたかが私の横に来られていますので、いつも私の方からお尋ねします。

「今日は、どなたが来ておられるのですか」

「宇宙人のお方が一人で来ておられますよ」

「ヒーリング担当のダウザーさんでしょう」

「そうだと言われています。今回の怪我を心配されています。今回は回復がとても早かったでしょう。ダウザーさんがとても心配して、痛みも和らげてくださっているようですよ」

私も医者が驚くほど早く良くなっていますので、きっとどなたかが見守っていてくださっているに違いないと思っていました。それで、すぐにお礼を言いました。

「ダウザーさんにお礼を申し上げてください」

「ダウザーさんは、とても小坂さんが可愛いのでしょうね。肩に手を置いて、大丈夫だよ、と言われていますよ」

☆宇宙人からのメッセージ

ある年には、ひと月ぐらいにわたって

「ダウザーさんからのメッセージです」

と、中山さんから多くのメッセージが文章で毎日、私の携帯電話に送られてきました。

日本語だけのもの、英語だけのもの、両方で書かれたもの、私宛て、友人宛て、中山さん宛てなどが混ざって送られてきたのです。以下の文はその中の一部です。

●旅路は、さまざまな助けがなければ、あなたは進むことができなかったであろう。この先多くの人の心に触れ、温かさを知る。自分の存在意義は他人によりつくられる。そして、あなたの旅は続く。

●愛や歓びや幸せなどの積極的なエネルギーに集中しなさい。そして、あなたが想い浮かべる人々を守るために、あなたのハートが放出する温かさを感じなさい。(英語できたもの：Focus on the positive energies of love, joy and happiness and feel their warmth emanating from your heart to surround the persons in your thought.)

●目の前のものに囚われてはいけない。あなたが望むものは近くにはない。もっと先にある。目の前にあるのは幻想。見えているものだけが真実ではない。心の目を開きなさい。物事の本質を捉える第三の目で、すべてを見通すのだ。すべてのしがらみから、あなた方は解き放たれるだろう。

◉神はすべてのものを天秤にかけるだろう。選ばれた人間は自分の価値を知り、存在意義を見出す。エネルギーは神から分配され、あなたの下に人間はいなく、また、あなたの上にも人間はいない。あなたは神のフィールドと繋がっている。

◉あなたはやがてたどり着くだろう。栄光に満ち溢れた大地に。何が正しくて何が間違っているのか、真偽を知り、物事の本質を見つめるようになるだろう。肉体に力が漲り、あなたはやがてたどり着く。すべての障害を乗り越えていけるようになるだろう。


ここに挙げた四つ目の私宛ての評価は、私を驚かせるものでした。私は今日までの人生で、個人的な関係や仕事の関係でずいぶん多くの人々とお会いしてきました。世界中の多くの人々にも会い、良い仕事をしてきましたが、「あなたの下に人間はいなく、また、あなたの上にも人間はいない」という目線で常に相手と接してきました。

どのような立場の人であっても、卑下することもなく、威張ることもなく、人間として対等の立場で誠実に対応してきました。仕事は会社と会社との関係ではなく、人と人との関係で始まるものと信じてきましたし、それが私にとって道を開く上で大きな力になっていると自覚しておりました。

その「エネルギーは神から分配されていた」のだとダウザーさんから指摘されて、今さらのように感謝の念を深くしました。

☆宇宙人の述べる私の過去世と今世の使命

私が欲して私の両親を選んで生まれてきた

ダウザーさん、ラリガーさんとの付き合いで、深い感銘を受けたことの一つは、私の幾度かの過去世における遍歴の姿を教えてくれたことでした。また、そのつながりで今世に生まれてきた使命を述べられたことでした。

私の過去世の遍歴をここに具体的に記述することはできませんが、先述しましたように、私の魂は今世で定められたある家系に生まれてくることを自分で断って、一般の人間の生き様や心を学ぼうと決め、両親を選んで小坂家に生まれてきたとのことです。ダウザーさん、ラリガーさんたちは、あえて一般の人間として生き方を学ぶことを選択して生まれてきた私の勇気を讃え、私を守ってくれているとのことでした。

神とは何か、宗教とは何か

ダウザーさん、ラリガーさんが中山さんを通して、数年にわたって私に諭すように語りかけてきたことがあります。それは、人間の作り上げた宗教のことです。神とは何か、宗教とは何かについてです。重複を顧みず、ここではそのまま記述いたします。

「五色山での釈迦の祭典での瑞祥の中にあって、小坂さんは覚醒されたはずです。現在人間を支配している宗教やその神々とは違う存在を。人間が作りあげた神々の上を超えて、神々のリーダーシップをとってください。さまざまな国の人々に伝えてください」

「知識で神を知ることはできません。神を見、知った人しか神とは何かを語る権限はありません。小坂さんは、人類始まって以来初めて神を見た生き証人です。ですから、語る権限があります。神から認められたのですから。その真実を純粋に縁のある方々に広めていかねばなりません。宗教という洗脳や支配から解放され、本当の神は人間によって作られた概念の神ではないということを教えてあげてください」

「小坂さんは、人間というカテゴリーの概念をなくしてください。動植物も一緒の生命体だと、魂には人間も動植物も変わりがないと、人類は霊長類の最高ではないと知ってください。魂のレベルには差がありませんが、今人間は落ちて最低になっています。人間も地球も宇宙も忘れて、初元の光だけ思ってください。きっと変わりはじめますから」

「現在の人間は作られた神に支配されています。

太古の人類は、地球ではない故郷の生命体と通じ合いながら感性で真の知識を得ていました。原初の神々を感性で見た古代の人々が伝えた神々の姿を、人類の意識や思考や言語が発達していくなかで、人間は切り離し、見失ってしまい、イマジネーションで神々を思うようになりました」

「後世の人々は神とは何かを知りたいと、人間が憧れた神々の姿を形にして偶像礼拝や神話をつくり、宗教的解釈を加えていきました。釈迦もキリストも神を知ってはいません。死後、弟子たちが開祖を羨み、自分たちがそうなりたいという目的で宗教を立ち上げました。弟子たちの思い思いの解釈のもとに作り上げたのが宗教です」

「ほとんどの宗教において、神々を自分なりに想像し、偽物の救世主をつくりだし、洗脳し、支配し、人類をコントロールしようとしてきました。偶像をつくり上げ、理論をつくり、組織をつくり、地位をつくり、役職をつくり、金銭を集め、建物をつくり、原初の神々の思いとはまったく違った宗教世界をつくり上げてしまいました。

本来の神の恵みを忘れ、組織の存続と拡大のため信者の勧誘と献金のノルマを課してきました。ときには武力でもって他宗教の人々を殺戮してきました。

人間をそのような宗教という洗脳やマインドコントロールの支配から解放しなくてはなりません。本当の神は人間によってつくられた概念の神ではないと知らしめなければなりません。真実を知った人々は安心するでしょう」

そして、中山さんは、宇宙人を代弁するかのように、宇宙人の愛について次のようにメッセージを送ってきています。

「宇宙人には、人間にはない、人間には理解できない宇宙規模の広大なエナージーの愛があります。次元の違う人間には感知できない周波数の愛です。

その周波数の愛まで小坂さんがリメンバリングされたのは、純粋に地球を崩壊から守りたいとお祈りしてくださったからでしょう。人類のたかだか一万数千年の歴史の中で、人類が起こした殺戮や自然環境の破壊のため、地球は滅ぼうとしています。

小坂さんは、宇宙人とともに、ザビエル聖堂で太古の人類がもっていた潜在能力で地球を守ろうと祈られました。その気持ちに地球は感謝し、地球自らが地球を守ろうと一緒に祈ってくれています。地球も生命体です。地球が一番傷つき、悲しんでいるのです」

「宇宙人の働きについては、私たちが関与することはできません。宇宙人同士に割り込んで入ることはできません。宇宙人からしてみれば、人間は地球環境を破壊までして、エゴで何でもやってしまう生物と思っているのでしょう」

それでもあるとき送られてきた次の短い宇宙人の言葉は、何を意味するのでしょうか。

「生命体誕生の秘密
それは決して解き明かされない秘密
守られていく秘密

私たちは約束通り再び地球にやってきた。
そして見守りながら活動している。
人類の残される人々を救いなさい」

「私たちの本来のミッションは明るく天真爛漫に生きることです。そうして地上では太陽の役目をいたします。発信は心ですが、明るい心と精神の周波数は、いつしか人々や地球や地球以外にも影響を与えます。それは波紋のように宇宙に広がっていきます。人類の可能性を信じて生きていきたいと思います」

「宇土市の五色山の釈迦像入魂式の祭典の際に、宇宙人の愛に触れ、小坂さんの感性は高まり、凛法袈海霖を通して目覚めました。

地球のためにこの世に降りたって来られた理由を、感性でわかってください。小坂さんは人間の魂として生まれてきていませんので、人間とは何かを完全には理解できません。ですから、人間ではない魂で生まれてきていると認識できたときから、すべては変容します。

何故お祈りのリーダーになられたのか。宗教の教祖は人間のレベルですが、小坂さんは違います。小坂さんには大きな使命があります。そして、その理解がなされたとき、日本は本当の神の国になるでしょう」

☆宇宙人との楽しい遊び

ダウザーさんとの楽しい遊びもありました。夏のある日、中山さんから電話がかかってきました。

「小坂さん、昨日水泳に行かれたでしょう」

「近所のルネサンスのジムで泳ぎました。あまり暑かったので、ダウザーさんも一緒に泳がれないかなぁと思って、〝ダウザーさん、私の上に乗ってください〟と言いながら背泳ぎや平泳ぎで泳いでいました」

「そうでしょう。ダウザーさんは本当に面白い人ですよ。とても奇抜な水着を着て、派手な帽子を被って、小坂さんのお腹の上に乗って、とても楽しそうにされていました。その姿がとてもおかしくて大笑いしました。それにしても、ダウザーさんのあの水着姿は傑作でしたよ」

ある日、中山さんが電話で

「ダウザーさんに赤ちゃんが生まれました。ダウザーさんはお父さんになって、とても赤ちゃんを可愛がっておられますよ」

と新しいダウザーさんの家庭を説明しはじめました。その後も人間と比べて、とても成長の早い赤ちゃんの状態を知らせてくれるのでした。さらに赤ちゃんの誕生に関連して

「ダウザーさんらの宇宙人のセックスはとてもきれいですよ。セックスをされると、パァッと美しく光るのです。私たち人間とはちがうのです」

と、まるでダウザーさん方が暗い空間に居住しているかのように、宇宙人のなりわいを語ったことがあります。さらに、次のような話をしてきたこともあります。
「ダウザーさん家族は、昨日まで小坂さんの家におられましたが、今日急に私の家に来られてますよ」

☆宇宙人の写真を撮らせてくれる

この節の初めに書きましたが、宇宙人の写真を撮らせてもらった経験についてお話しします。私は東京出張の折には水道橋の東京ドームホテルに宿泊するのですが、時間があれば、四谷のホテルニューオータニの日本庭園の瀧の前に行き、日本酒を注いで宇宙神三大龍王様にご挨拶をいたします。

それは平成二十四（二〇一二）年四月二十二日の午後でした。新幹線で東京駅に着いて、その足でホテルニューオータニの日本庭園に直行し、いつもの私流の儀式をすませて、中山さんに
「今ホテルニューオータニの瀧の前におります」
と電話をしました。すると、中山さんはいきなり
「今日は、宇宙神三大龍王様と一緒に、地球治療チームの宇宙人の方々がたくさん、そこに来られていますよ」

と言われます。

「どのあたりにおられるのですか」

「大きな瀧からずっと左側に寄ったところの窪みの奥に小さな瀧があるでしょう。そのあたりにたくさんの方々がおられます。三大龍王様もご一緒ですよ」

「残念ながら私には、三大龍王様も小さな宇宙人も見えません。お姿を見せてもらいたいものですね」

とつぶやくように言いますと、中山さんは吃驚したように、

「うわぁ、宇宙人さんが『写真を撮っても良い』と言われていますよ。カメラはお持ちですか」

「いいえ、携帯電話のカメラで良いですか」

「それで良いと言われています。宇宙人さんが指図をすると言われています。その場所で、カメラを池のくぼみの小さな瀧の方に向けてください」

私は急いで、携帯電話のカメラを言われた方向に向けました。

「この方向で良いでしょうか」

「はい、少しバックして、右方向にカメラを向けてください。はい、それで良いと言われています。シャッターを押してください」

撮り終えて画面を見ましたら、緑の庭と小さな瀧を背景にして池の中央の水面に二つの石が島のように写っていますが、どこに宇宙人がいるのかわかりません。私のガラケーの携帯電話

の画面は小さく、デジカメのように鮮明ではありません。中山さんが待ちかねたように催促してきたので、その写真をメールで送りました。折り返して電話があり、

「写っていますよ。たくさんの宇宙人が、龍神様と一緒に写っています。宇宙人の写真を撮らせていただくなんて凄いことです。何処におられるのかを絵に書いて送り返しますから、後で見てください」

彼女から送られてきた文面には庭園の画像に龍神と多くの宇宙人に番号を打って説明されていました。ホテルの部屋に帰って、画面をパソコンに入れ、写真と説明書を拡大して見てみますと、中山さんの言う通り、水面に近い石のあたりに多くの宇宙人らしきものが写っています。とりわけ一人の宇宙人が、それとわかる姿で水辺の石の上に佇んでいるのが見えました。

私は今までホテルニューオータニの日本庭園のそのあたりで、よく写真を撮っていますので比べてみると、一目で宇宙人のいる写真と普段の写真の違いがわかりました。これは、宇宙人が私に、第三者でもわかるように示してくれたのであり、宇宙人から受けた貴重な体験のプレゼントであったと思います。

宇宙神サナト・クマラとの因縁

中山さんの勧めで、福岡の女性にリーディングを受けたことがありました。両国のスピコンの会場で紹介された方です。

「小坂さん、鞍馬寺でお祈りをされましたね。鞍馬にはサナト・クマラが祀られていることはご存知でしょう。護法魔王尊として祀られています。小坂さんは昔、何度もサナト・クマラと金星に行かれましたね」

彼女は私が鞍馬寺で大切なお祈りをさせられたことを言い当てて、宇宙神サナト・クラマとの因縁を話されたのです。そして、別れ際に彼女が監修した『祈りの法則』の表紙の裏に、このように書いてくれました。

Your prayer is heard by many Ets. Stay connected with great sprits.
Love, K. A.

宇宙には、そして地球にも多くの宇宙人がいると思います。たとえば、ダウザーさん、ラリガーさん、地球治療チームなどのアクエリアスの宇宙人の皆さん……私が気づいていなくて私を応援してくれている宇宙人もいると思います。

ホテルニューオータニのガーデンレストランで中山さんたちと一緒に見せていただいた二機のUFOの美しい飛翔の姿、五色山で見せていただいたアンドロメダ、アクエリアスの何千何万の宇宙人の方々のUFOのオンパレード、ホテルニューオータニの日本庭園で写真を撮らせてくれた小さな宇宙人の方々、そしてザビエル聖堂で撮った中山さんの写真に浮かび上がった宇宙人の姿。これらの方々は極めて崇高で、ご神仏、龍神、ご先祖の方々と共に、大宇宙に遍満する高貴で精妙なエネルギー体として存在され、私たちをいつも守護されています。そう思うと、深い感謝の念が湧き出てまいります。

☆太陽の写真に映るＵＦＯの母船らしき姿

平成二十三（二〇一一）年一月三十一日のお昼どき、自宅の裏の公園で太陽が美しく輝いていました。しばらく見ておりましたが、あまりに神々しいので、ふと持参した携帯電話のカメラで撮ってみました。

逆光で黒く写る葉が落ちた大木の枝の上に大きな馬頭の形をした灰色の雲が沸き上がり、その上に白光の太陽が輝いていました。太陽の背後には太陽よりも大きな円形の丸い深紅の光が、まるで太陽の影のように輝いていました。

さらに深紅の円形の上部には小さな白い点が、その存在を誇示するように浮かび上がっていました。写真をＡ４サイズに拡大してみましたが、神々しさに溢れていました。他人に見せますと、太陽神のお姿だと写真に合掌する人もいました。

それから四日後、南阿蘇の俵山の萌の里という近隣の農家の野菜市場のベンチでくつろいでいると、南側の大峯山の鉄塔の上に太陽が輝いていました。「あぁ、美しい」と、携帯電話のカメラで数回撮ってみました。そして、その場で写真を見て驚きました。

白く輝く太陽の背後上の紅い大きな光の中に、横長い棒状の濃密なピンク色の光体が写っているのです。しかも、三枚ともその光体の位置が上下に移動していました。

その後、あちこちへ出張したときに、その場所、その場所で太陽を撮るようになりました。驚いたことには、その棒状の光体が上下二本に重なっていることがあります。色々な人に見てもらいましたが、宇宙船だとか、宇宙母艦と言う人もいます。いずれにせよ、その不思議な美しさ、神々しさを否定する人はいないようですので、いつかそれらの写真集を出してみたいと思っています。

☆宇宙人たちが手を差し伸べてくれている

人類は昔から戦争の歴史を歩んできました。宗教、イデオロギー、民族意識、国家意識、人種差別、あるいは戦争策略者の陰謀などの理由により、いかに多くの戦争がなされ、不幸な歴史がくり返されてきたことでしょう。人類の悲しい性ともいえるでしょう。しかし、ようやく人類は、そのことに気づき始めてきたように思えます。

私は、宇宙人たちが、そのような人類の性に思いをいたし、地球人類の平和達成のために、一つの例として、五色山での人類始まって以来の宇宙規模の瑞祥を私たちに見せてくれたのだと思っています。それによって、宗教の縄張りを超えて達成された日本の神仏習合の意義がいかに大切であるかを示してくれたのだとも考えています。

今こそ、地球人類の悲劇を避け、地球再生のために、多くの宇宙人たちが手を差し伸べてくれていることを知るべきであると思います。世界のあちこちで騒がれているような物理的な形のＵＦＯの出現を追い求めるだけでなく、人類よりはるかに崇高な意識と高次の知識を持ち、地球を救おうとしている多くの宇宙人たちと手を携えるべきではないでしょうか。

私たちの世界には多種多様な宗教や宗教組織があります。今、ダウザーさんやラリガーさんたちが指摘している目線で見た場合、思い当たることが多いのではないかと思います。人々が幸せになるために、真の神々と直結した己の信仰を確立しなければならない時代に来ているのではないでしょうか。私は最近、日本の古神道の世界の奥深くに遍満するそれらしきエネルギーを感じています。

第三節　紀夏井のこと

最終節を書き終えて

平成二十一（二〇〇九）年十二月十二日午後十一時頃、やっと本書の最終節を書き上げました。まる三年の月日を終えて、午前零時に解放感と安堵感を覚えながら寝床に入りました。いつものように身体を仰向けにし、両手と両足を少し開いて楽な体形で休むと、すぐに寝入りました。

一時頃でしょうか、私の肉体全身が周辺から押されるような柔らかい力を感じはじめました。その力は、私の全身を持ち上げるように作用してきます。不思議な愉悦感が体内から徐々に湧き出し、それは私の体内と体外両方から波のように押し寄せはじめました。

「あぁ、何という喜び！」

すぐに消えなければよいが、と思っていますと、愉悦感に満ち溢れた私の五体は、横たわったまま空中に持ち上げられていきました。不思議な力が私の全身を持ち上げていて、そのまま空中に浮かんでいます。その間に、愉悦感は至福感に昇華されて、ますます全身に満ち溢れてゆきます。

ふと気づくと、背丈ほどのカーテンの扉のようなものがそばに見えました。とても温かそうで軟らかそうです。それが黄金色に輝きだし、あちこちにダイヤモンドやルビーが散りばめられてゆきました。

「ああ、なんという美しさ！」

と見とれていますと、それが、仰向けで空中に浮かんで横たわっている私の身体に羽毛布団のようにかけられました。黄金の光が私を包み込みました。

身体全体に満ち溢れる至福感を五体で感じています。柔らかな力が微かに振動して、空中に浮遊している私の身体が揺れています。もう終わるのかなと思うと、また揺れはじめます。なんという至福感だろう。それは、長い人生で味わったことはない静かな深い法悦でもありました。

ふと思いました。今日最終節を書き終わったことに、きっと天の方々が喜んでくださっているにちがいない。これは夢ではない、幻でもない。といって、現実でもない。私の中の覚醒した自己が感じているのです。

ふと我に返って枕元の時計を見ると、午前一時四十分でした。ああ、三十分以上もあの状態にいることができたのか。私は急いで自分の部屋に入り、日誌帳に書き綴りました。

翌朝、広島の小坂博氏にそのメモを送りました。博氏は長年の研鑽の末、平成三年、小坂家の系図の書を出版されていることは既述しました。博氏はすぐに返事をくれました。

「ありがとうございました。信仰心の厚い武司様ならではのご体験であると確信しましたが、正直驚嘆しております。自叙伝執筆を読ませていただきながら、神々への無垢な崇拝心と、ご先祖への純粋な思慕を抱き続け、宇宙の神々の意に叶うことを願って祈り続けてこられたことがよくわかりました。

そのような自叙伝の完成を神々がお喜びになり、武司様を祝福されています。天衣に包まれた夢見心地の幽体離脱体験、至福の湯浴みのご体験は数年前の私の神秘体験をはるかに凌いでいます。お話をありがたく読ませていただきました」


年末にある神職の人に会った時に、幽体離脱とも思える私の経験の記録と、小坂博氏のメールを見せました。彼は、しばらく目を伏せておりましたが、

「小坂家のご先祖の中にとても霊性の高い人がおられ、その人があなたの書物をとても喜んでおられます。そのお方があなたにそのような体験をさせてくれたのです、その人があなたについておられます。名前はわかりません」

と言うのです。

私は直感的に、小坂家の系図に見える紀行教《きのぎょうきょう》か紀益信《きのやくしん》だろうと思いました。

「その方は僧侶ですか」

と聞くと、

「いいえ、僧侶ではありません。とても威厳のある人です。殿上人の正装の着物を着て、烏帽子を被り、笏を持って正座され、微笑んでおられます」

と言います。そのことを小坂博氏にメールしますと、すぐに電話がかかってきました。

「霊性が高くて僧侶ではないというのであれば、行教、益信の長兄にあたる紀夏井《きのなつい》しかおられません。熊本の国司でもあった人で、高位の文官です。応天門の変で土佐へ流されましたが、当時書聖ともいわれた人です。熊本の歴史を調べられれば、わかると思いますよ」

紀朝臣紀夏井について

さっそく調べてみると、多くのことがわかってきました。井上辰雄教授が、『史聚』第三十九・四十合併号の巻頭論文で書かれている「紀夏井—清爽な文人官僚」や、他の文献を読んでみますと、次のようなことがわかってきました。

平安時代の初期にあたる八五〇年頃、文徳天皇の側近に召され、きわめて親しい関係を結んだが、派手な立身を望む人物ではなく、独り静かに学問を楽しむ忠臣であった。天安二年（八五八年）文徳天皇が崩御された後は、讃岐守として京を離れ、讃岐の国司として良政を敷き、帰京後八六五年、肥後守に任じられる。

ところが八六六年、応天門の変が起こり、異母弟紀豊城の縁座の罪で夏井も土佐の国に流される。しかし、いずこの場所でも身の清廉潔白を保ち、善政を敷き、民百姓から慕われた。

その人となりは、日本三大実録の史書でも詳しく取り上げられ、日本の歴史上、最高の高志無私の人であり、品性高潔の文官であったといわれているのです。

このことは、井上教授の『紀夏井—清爽な文人官僚』（当書からは多くの文例を引かせていただきました）、『よくわかる熊本の歴史（1）』、『新トピックスで読む熊本の歴史』、神坂次郎氏の『紀州史散策』、内倉武久氏の『謎の巨大氏族氏』、寺西貞弘氏の『紀氏の研究』、小坂博氏の『小坂氏系図』、長野襄一氏の『応天門炎上、伴大納言』、観音寺潮五郎氏の『悪人列伝・古代篇』、南條範夫氏の『応天門の変』、関裕二氏の『藤原氏の正体』、さらに『高知県の歴史』、『高知県野市の史跡』、『野市町史』その他の資料からわかってきます。特に、『野市町史』には『日本三代実録』の中の紀夏井に関する長い全文が載せられています。

日本史上最高の霊性を秘めた文官、紀夏井が私のご先祖におられ、霊的に私につながっていることを知るにつけ、自分自身の今までの生き方を深く考えさせられました。そして、せめて紀夏井の存在を広く世に知らしめたいと痛感し、この一節を書きました。

紀氏の系図

紀夏井は、天孫降臨、神武東征に随従した天道根命を肇祖とする紀伊国造の家系に属します。

その数代後の山下影媛《やまとかげひめ》と、孝元天皇の三代目にあたる屋主忍男武雄心命《やぬしおしおたけおごころのみこと》の間に武内宿禰が生誕し、武内宿禰の五番目の子が木角宿禰（紀角宿祢《きのつののすくね》）で、紀家の祖といわれています。

天道根命は、神武天皇の東征に随従され、伊勢神宮に祀られている八咫鏡の前に作られた日像鏡日矛鏡の二枚の鏡を神武天皇より賜りました。それが紀伊一宮の日前神宮国懸神宮《ひのくまじんぐうくにかかすじんぐう》のご祭神として奉祀されたとの記録があります。いずれも、八意思兼神《やごころおもいかね》が石凝姥命《いしこりどめのみこと》に鋳造させたものだそうです。日前神宮国懸神宮が西の伊勢神宮とも言われている所以です。

境内の日前神宮の社殿の東側に寄り添うように、天道根神社が鎮座されています。日本史のなかで天皇家、出雲の千家、北島家、肥後の阿蘇家などと並んで、紀家が日本最古の家系であるといわれる所以でありましょう。

紀氏系図によると、紀夏井は、征夷大将軍、正三位・大納言で平安遷都に尽力した紀古佐美の子孫であり、父は紀魚粥です。紀夏井には紀行教と紀益信という二人の高僧の弟がいました。両僧ともその時代に重要な役割を演じていますので、後ほど詳しく述べたいと思います。

「衣履、疎幣」の人、紀夏井

そのような家系に生まれた紀夏井は　眉目秀麗、身長六尺三寸、性格温厚、頭脳明晰。派手な立身出世を望まず、日本史上でも稀有な慈愛と強靱な意志を併せ持った文人官僚でした。文徳天皇（八二六〜八五八年）に召された夏井は「衣履、疎幣」のまま朝見に臨み、そのため、天皇の左右に近侍する公卿らが夏井を朝廷の儀礼を知らぬ者として冷笑しました。「衣履、疎幣」の姿は、高潔な儒者としての矜持の表われであったのでしょう。文徳天皇は、これを御覧になって、夏井を「疲駿」なりと評されたといいます。「疲駿」とは真の夏井の姿を端的に捕らえた表現といってよいでしょう。姿は一見疲れ果てたように見えるが、もともと名馬そのものだという意味で、名君がよく良臣を見抜く有名な挿話として語り継がれているそうです。

夏井は、その後も「清貧無宅」という状態のままでした。潔癖感の強い夏井はあくまで財を貪らず、財余れば貧窮者に恵んでいたのです。あるいは、好きな学問のために俸給の大部分を費やしていた。そのため、家宅すら整えられなかったのでしょう。文徳天皇は立派な地位のある官人として、仕事にも差し支えるのではないかと心配され、宅一区を夏井に賜ったといいます。

夏井は、儒学の教養はもとより、仏理にも詳しく、律令にも明るい能吏として名声を高めていました。隷書に優れ、小野篁《おののたかむら》と並ぶ書聖と呼ばれ、囲碁、笽竹などの雑芸までも人並みはずれた才能を示す、いわば万能の人であったようです。文徳天皇のそばで、清爽な文人官僚としてその才能を豊かに開花し、色々な重責を兼任させられました。

藤原氏と紀氏をめぐる政争

しかるに、天安二（八五八）年八月、長年にわたって、きわめて親しい御関係にあった文徳天皇が突然発病し、四日目に三十二歳で冷然院で崩ぜられました。謎の多い死であったともいわれています。

世継ぎを誰にするかということで、藤原家と紀家との間で東宮争いが熾烈を極めました。文徳天皇は紀名虎の娘静子を寵愛し、静子が生んだ第一皇子、惟喬《これたか》親王を次代天皇として希望されていました。文徳天皇がいかに更衣静子を愛されていたかは、第一王子惟喬親王、第二王子惟条《これえだ》親王、斎宮恬子《やすこ》内親王、斎院述《じゅつ》子《し》内親王、珍子《ちんし》内親王と五人の母になられていることでも推察できます。惟喬親王は文徳天皇崩御の折りにはすでに十六歳で、元服を済ませていました。しかも、人品揃った評判の若者でした。

古来名族を誇ってきた紀氏にとっては、紀氏から皇太子を立てるということは、政権復帰の千載一遇のチャンスでありました。紀氏側は、紀御園の嫡子で空海の高弟である真済《しんぜい》僧頭が第一王子惟喬親王のために祈禱をいたしました。

しかし、藤原良房（八〇四～八七二）側は、それを阻止するためにあらゆる手段を使って対抗しました。良房の娘明子の所生で、生後九カ月の第四皇子惟仁《これのり》親王を立て、空海の実弟であり同じく高弟でもある真雅《しんが》僧頭に、惟仁親王のために祈禱させました。

そうして両者とも、真言の秘術を修して祈禱が行なわれたとのことであります。結果は、惟仁親王が惟喬親王を超えて皇太子に立ち、天安二（八五八）年践祚、清和天皇が即位しました。前年二月、人籍初の太政大臣に就任していた良房は外戚として政治を主導し、貞観十三（八六六）年摂政になっています。惟喬親王に対する理不尽な仕打ちは世人の同情を集め、良房のやり方を風刺した童謡が流行ったといいます。

大枝を走り超えて　走り超えて　躍りあがり超えて
われや護る田や　捜りあさり食《は》むしぎや　雄々《おお》いしぎや

文徳天皇は皇太子として第四皇子の惟仁親王（後の清和天皇）を立てた後、第一王子の惟喬親王にも惟仁親王が成人に達するまで皇位を継承させようとしました。しかし、藤原良房の反対を危惧した源信の諫言により実現できなかったといわれています。

悲運の皇子惟喬親王のその後の足跡は、親王の人柄の故でしょうか、在原業平《ありわらのなりひら》、小野小町らとの交流を含む多くの好意ある伝説とともに語られています。貞観十四（八七二）年、病のために出家して素覚と号し、小野に隠棲されましたが、死期が迫ったとき、御所の川上の地を避け、京都市北区小野郷、大森、雲が畑の地に移り住み、寛平九（八九七）年二月二十日、五十四歳で薨去、大原上野町の墓所に眠られています。

名国司紀夏井の誕生

藤原良房は、紀夏井の人格と才能を恐れていました。紀夏井は文徳天皇崩御の後、日を置かずに直ちに、天安二年八月讃岐守として都を離れさせられます。当時の讃岐の国府は今の坂出に置かれていました。

藤原氏が政権獲得のため、あらゆる手段を用いて紀夏井を政治的に葬ろうと努めても、却って夏井の人格と才能を際立たせる結果に終わったといってよいでしょう。自分の使命を信じ、それに終生変わらず尽力することのみをモットーとした爽やかな文人官僚は、地方においても光を放ちます。

讃岐守として夏井のまず務めるべきは、池を掘り、灌漑施設を整備することだったのではないでしょうか。空海が満濃池を造ったのは弘仁十二（八二一）年ですから、すでに三十五年経っています。緻密な頭脳と冷静な計画性を兼ね合わせた夏井は、それを着々と成し遂げていく。農民によくその趣旨を理解させ、同意を得た上で着手し、国衛の官吏も群司層も夏井の人格を信用してそれに従いました。それ故、「政化大行、吏民安之、境内翕然、不忍相欺」と称賛され、多くの人々から慕われ、その人格に懐く人々が少なくありませんでした。

皆で協力して土地の改良が進めば、当然の結果として、豊かな収穫が保障される。夏井の国守の任期が満ち帰京しようとすると、讃岐国の農民は国府に押しかけ、夏井の留任を強く懇願いたしました。その誠意は朝廷に達し、夏井は二年間、讃岐守に留まることが認められました。この二年間で、さらに「黎庶殷富、倉廩充実」したといいます。そのため、旧来の米庫に加えて新設の不動倉四十宇にもみ米を貯蔵することができるほどであり、一般農民層の収穫が大幅に増大し、殷富を謳歌できたといいます。

いよいよその二年も過ぎ、夏井が讃岐を離れる日が来ると、人々は争って夏井に送別の品を贈りました。感謝の念に駆られたのでありましょう。贈られた品は国衙の庭に山と積まれましたが、夏井はそれを一つとして受けとろうとせず、全部丁寧に礼を述べて返却しています。それでも人々は、京の夏井の家に米や宍、玩好などを送ってきました。そのときも、夏井はわずかに、筆と紙のみを受け取り、あとは返したといわれています。この点にも文人としての夏井の面目躍如な姿が現われています。

意図的な応天門の変

夏井は、貞観七（八六五）年正月に肥後守を拝することとなりました。政権を率いる藤原氏としては、やはり夏井を京官に留めることを嫌ったのでありましょう。それでも西の「大国」とされる肥後の国守として夏井を遇しています。

肥後には、奈良朝初期に初代の名国守として人々に尽くした道君首名《みちのきみおぶとうな》という人がいて、今でも高橋東神社に祭神として祀られています。夏井は、肥後国守となっても、先の讃岐守の時代と少しも変わらず、恩情をもって肥後の人々に接し、実績を高めていきました。ところが、翌貞観八（八六六）年閏三月、京都において応天門の変があり、九月異母弟紀豊城が大納言 伴《ともの》善男《よしお》に加担したとの理由で流罪に処せられました。

このとき、夏井も土佐に遠流されることになったのです。紀一門において名声人望がずば抜けて高い夏井を、京の政治舞台からいち早く排除し、後顧の憂いをなくそうとする藤原良房の野望の現われであったのでしょう。

夏井が肥後から土佐に流されるとき、夏井を父母のごとく慕っていた肥後の人々は彼の行く道を遮り、喪に服する如く泣き悲しんだといいます。また、夏井が土佐へ配流される道中、讃岐の境を過ぎるとき、かつて夏井が讃岐守として善政を行なった讃岐の百姓は男女老少に至るまで、家から遠く離れた路傍に群がって、夏井が護送されて通る数十里の間、涙ながらに見送ったとのことです。

無冠の人、紀夏井

土佐において、無冠となり、罪人としての生活を始めても、身に付けていた医薬の道を生かして薬草を採り、鍼博士ともいわれた医術の知識を活かして多くの人々を助けたといわれています。品性高潔、慈善の政治家として、讃岐・肥後で官民の隔てなく多くの人々から慕われた夏井が、たとえ流刑の身とはいえ、土佐の人々も同情と尊敬と期待の念で迎えたでしょう。無冠の偉人の人格に触れた多くの民百姓は、おそらく彼を慕って訪ねたに違いありません。夏井は、貧富家柄に関係なく人々を平等に迎え入れ、あるいは病を治し、あるいは生活の相談に乗り、人生の師匠として存在し続けたことでしょう。

夏井は母親に対して至孝でありました。数年して母親が亡くなったときには、草堂を建て、毎日大般若教五十巻を読み、三年の喪が明けるまで続けたといわれます。彼の孝養を末永く讃えるためでしょうか、この地域は「母代寺・父養寺」と呼ばれています。

私は熊本に住んでいる関係で、平安初期の国司跡を訪ねたことがあります。現在のJR熊本駅に近く、白川沿いの二本木という土地に、それらしきものがあります。近所の古い地主や住民に尋ねますと、明治天皇臨幸碑が建てられている場所が平安時代の国司跡だそうです。銅板の説明文には、「明治六年、明治天皇西国御巡幸のとき、熊本藩の献納した軍艦『龍昇』を御召艦とされたことから熊本に御立ち寄りになり、ここにあった白川県庁に入御されました」とあります。

二本木の土地に詳しい早川さんのお話では、以前はここに「平安時代の国司の跡」という立札があったそうです。その近所に、蓮台寺という古い寺院があります。紀夏井から百二十年後に肥後の国司として赴任してきた清原元輔と女流歌人桧垣との物語の残るお寺です。元輔は清少納言の父ですが、肥後で亡くなり、近くの北岡神社の敷地内に祀られています。

紀夏井土佐旧邸跡を訪ねて

平成二十九（二〇一七）年十月九日、小坂博氏と紀夏井邸跡を訪ねました。高知県香南市野市町西佐古の佐古小学校の北三、四百メートルのところに、二十メートル程度の高さの亀山という丘があります。登り口には、県指定史跡、紀夏井邸跡の白い木製の標識があります。香南市文化財保護委員をされている松村信博氏の案内で亀山の場所に行ったのですが、野市町は狭く入り組んだ道が多く、亀山への道もようやく車の離合ができるほどでした。

亀山の丘の急な登り坂の途中で一度右に折れ、さらに上って丘の上の平地に出ると、「高知県史跡　紀夏井邸跡」と刻まれた一・五メートル程度の高さの立派な石碑が建てられています。

私たちは、亀山の丘に立って、この地で流罪の生活を送った夏井の心情を思い浮かべました。肥後の国守から突然罪人として土佐の国に流されたのですから、当初は我が人生の突然の不幸を悲しみ、悔やまれたことと思います。

当時の土佐は厳しい四国山脈に囲まれていて、北側の陸地から入国することは難しく、通常は土佐湾からのみ訪ねることのできる陸の孤島のような土地であったと思われます。流罪の歴史を見ますと、流罪先として一番多い場所は、伊豆、隠岐、土佐のようです。しかし、土佐は南国の気候風土に恵まれた実り豊かな土地柄でもありました。おそらく、その地の住民は、正直でおおらかで明るい人々であったでしょう。

そのような土地柄の中で、京での文官時代や讃岐、肥後の国司時代の色々な高級官僚としての軋轢や柵《しがらみ》から解放され、一人の自由な人間として、この地の住人とともに心豊かな日々を過ごされたのではないでしょうか。

讃岐・肥後の国司時代に農民をはじめとする多くの住人たちから親のごとく慕われた夏井のことですから、清らかな性格と豊かな才能により、すぐに恩讐を越えて人々の幸せのために尽くされたのではないでしょうか。

私はその場で、横浜に住む私の知人で極めて霊感の豊かな南野有美さんに電話をいたしました。南野さんは、

「紀夏井さんは二人が訪ねられてとても喜んでおられますよ。流人として辛い思いで生きたと思われているかもしれませんが、土佐での生活はとても楽しく、有意義なものであったと伝えてほしいといわれていますよ」

と私に、紀夏井の喜びの心境を伝えてこられました。

亀山の丘に案内された香南市の教育委員でもある松村氏は、このあたりの遺跡の発掘に忙しい方ですが、松村氏の紀夏井への思いは、言葉のはしはしに現われていました。

「町としても、紀夏井先生のことを子どもたちにもっと教えなければならないのですが」

この地方の人々の今も変わらない夏井への深い思いを感じざるを得ませんでした。

流人紀夏井と国司紀貫之

岡山から瀬戸大橋を通って、四国山脈の立川のＰＡを通り、香南市への道を南下する途中に「国府の町」があり、国司館跡が残されています。応天門の変から約六十年後、紀家の一族である紀貫之が土佐守として四年間国司を務めたときの紀貫之邸の遺跡として大切に保存されています。古今集草花の庭として、新しく曲水が設けられ、「土佐のまほろば　ここに　都ありき」と刻まれた国府の石碑が建てられています。

説明によると、奈良・平安時代を通して、土佐に来任した国司は百十余人いるそうですが、古今集編集作業を終えた有名な歌人の故でありましょうか、紀貫之の邸宅跡のみが顕彰されています。帰京の年に、六歳か七歳の娘を土佐で亡くし、その悲しみは京への帰路を書いたかな文字の『土佐日記』の随所に表われています。また、国司として紀夏井と同様に善政を敷いたことが土佐日記からも伺えます。

同じ紀家の国司でありながら、片や流人として記され、片や成功した歌人として讃えられているのです。岡山への帰路車の中で、興奮冷めやらぬ心を抑えがたく、二人で、近いうちに亀山の丘に紀夏井の顕彰碑を建て、生涯、日本の歴史上最高の霊性を持ち続けた紀夏井の存在を世界に発信しましょうと話し合いました。

応天門の変の不透明性

紀夏井が土佐へ流刑される元となった応天門の変について、もう少し述べてみたいと思います。この変により、藤原家が政敵を完全に追放し、現在に至るまでの名家の地位を確立する礎をつくりあげたからです。

貞観八（八六六）年閏三月十日、平安京の大門である応天門が炎上する事件が起こりました。「応天門の変」です。現在の平安神宮の応天門は、焼けた応天門の七割の規模といいますから、その大きさが想像できます。

大納言伴善男は、炎上を左大臣源誠《みなもとのまこと》の仕業と訴えましたが、清和天皇の外戚で太政大臣、摂政をしていた藤原良房は彼をかばい、無罪にしてしまいます。そして八月三日、伴善男の従僕に娘を殺されたことを恨む大宅鷹取《おおやけのたかとり》という男が、炎上の犯人が伴善男と、その子伴中庸《なかつね》、善男の従者、紀豊城《きのとよき》であり、放火の現場を見たと訴え出ました（豊城は夏井の異母弟でありましたが、思慮に欠けた性格で、夏井のたびたびの諫言を嫌い、伴善男にすり寄っていたともいわれています）。

藤原良房は、朝廷の意向を盾にして、九月二十二日、断罪の宣旨を下します。大納言伴善男、その子伴中庸、善男の従者、紀豊城、伴秋実、伴清縄の五人を犯人と断定し、死罪のところ、特に死一等を減じて遠地へ流刑としたのです。その他、伴・紀両氏から紀夏井を含む八人も連座されて流刑になりました。処罰された者は、伴氏と紀氏のみでした。

藤原良房は、先に「承和の変」で橘氏を追いやり、応天門の変で、伴氏のみならず関連の薄い紀氏をも追放することにより、藤原氏の独占体制を築き、天皇の外戚としての地位を確立しました。そして、我が子藤原基経をして摂政、関白、太政大臣を掌中に納め、藤原氏摂関時代を築いたのです。

基経の長男藤原時平は、宇多天皇に重用されて勃興してきた菅原道真と左右大臣を分け合いますが、宇多天皇が崩御された後、延喜元（九〇一）年、讒言により菅原道長を大宰府に左遷させ、藤原氏一族の時代を不動のものにします。

藤原良房の北家は藤原道長の時代に、「この世をばわが世とぞ思う望月の欠けたることのなしと思へば」とも謳われているように、最高の栄華を極めます。その後、平安後期から鎌倉初期に、九条家、近衛家、一条家、二条家、鷹司家と五摂家に分立しますが、最高の名門家として現在に至ります。

応天門の変の本当の犯人については色々な憶測がなされています。南條範夫氏の『応天門の変』では、犯人は政情を恨む一般市民の放火であろうと推測されています。海音寺潮五郎氏の『悪人列伝　古代篇』では、伴大納言が犯人であると推測され、長野甞一氏の『応天門炎上・伴大納言』では、藤原良房の陰謀説が説かれ、伴大納言が嵌められたと推測されています。

しかし、冷静に見て、知略ともに長けた伴大納言という高官が、夜中に、その子伴中庸、紀豊城とともに自ら応天門にのこのこと出向き、自ら放火したと考えられるでしょうか。

いずれにしても、藤原良房が清和天皇の外戚父となり、藤原家の栄華の基礎を確立しようとした際に起きた大事件であり、伴家・紀家が徹底的に政界から追放される口実を良房に与えた事件でした。誰が放火をしたかはわからなくとも、良房がそれをうまく利用して、藤原氏の末永い繁栄の基礎を固めた放火事件であったことは間違いないでしょう。長野嘗一氏が述べているように、誰が損をして誰が得をしたかは明確であります。

紀夏井に関しては、藤原氏が政権を万全とするために夏井を政治的に葬ろうと努めても、その人格と存在を歴史から完全に消すことはできませんでした。自分の使命を信じ、公の幸せのために終生変わらず尽力することのみをモットーとした爽やかな文人官僚紀夏井の行状は、『日本三大実録』に異例の詳しさで書き留められ、後世の日本人の模範とされてきたのです。それを可能にしたのは、日本各地の天満宮の祭神として崇められている菅原道真と親交があり、菅原道真がやはり冤罪のため大宰府に追放される前に、その編集の一員として加わっていたためと考えられているようです。

紀夏井の次弟、紀行教律師と藤原良房からの勅命

話は京都の裏鬼門といわれている男山に建立されている秀麗な石清水八幡宮に移ります。定

観元（八五九）年、南都大安寺で五十年間務め上げてきた律僧紀行教に対し、藤原良房から、勅使として宇佐八幡宮に参詣し、石清水八幡宮に勧請せよとの命が下されます。すでに述べましたように、行教は夏井の次弟であります。

藤原良房は、前年の天安二（八五八）年、良房の外孫である九歳の惟仁親王を清和天皇に即位させました。しかし九歳の親王の天皇即位は、大化改新以降十九代の天皇と比べても極めて異例のことであり、しかも三人の兄を飛び越えての立太子でしたので、散々世間の顰蹙《ひんしゅく》を買っていました。

外祖父良房としては、他氏を排斥し、自分の地位を確固たるものにするために清和天皇の即位は絶対に必要なことでした。そして、清和天皇の権威付けを宇佐八幡宮に求めたのです。宇佐八幡宮は、和気清麻呂による弓削道鏡の宣託以来、皇位継承の正当性を得るのに最適の神威を有する八幡宮であり、京王城の何処かに宇佐八幡宮を勧請すれば、清和天皇に最高の権威を付けることになります。

行教律師による宇佐八幡宮の男山への勧請

何故、藤原良房は紀行教に白羽の矢を立てたのでしょうか。

たまたま小坂博氏と私は平成二十九（二〇一七）年十二月に、紀行教の眠る男山の麓の神應寺を訪れました。神應寺境内にある京都を見わたせる小高い丘には行教の墓陵があり、寺内には重要文化財に指定されている行教の実物大の座像が安置されています。

私たちは紀行教の墓に詣でた後、現住職大木祖浄氏より『大安寺僧行教の役割と苦悩』（稲葉敬子著）の冊子をいただきました。それは、稲葉敬子女史の奈良大学での卒業論文であったのですが、私はその論文から紀行教の多くのことを学びました。

それによりますと、行教が石清水八幡宮に宇佐八幡宮を勧請する五十年も前の大同二（八〇二）年八月十七日、南都大安寺にいた行教が宇佐八幡宮に参詣し、南都大安寺に勧請しているのです。その証拠として、現在でも、大安寺東塔跡の北側に「大安寺元石清水八幡宮」というお社が存在しています。行教としては、今さら、再度勧請に行く必要は感じなかったと思われます。

まして、紀家一族は惟喬親王を皇太子に立てるために激しく良房側と対抗した立場にありました。そのことを知りながら、藤原良房は五十年前に宇佐八幡宮に参籠した行教に対し、天安二（八五八）年十月に、空海の弟真雅の推薦として弟益信を介して再度の勧請を命じたのです。

良房の命に従い、行教は天安二（八五八）年十一月七日の清和天皇即位の後、翌天安三（八五九）年四月十五日から一夏九旬（九十日）の七月十五日まで、宇佐八幡宮の境内の弥勒寺において参籠し、不断に経典を読誦し、真言を念持しました。その最後の日、「我深く汝が修善に感応す」との宣託を得たといわれています。

その後、行教は貞観元（八五九）年七月二十日、船にて宇佐を出で、瀬戸内海航行中暴風雨に遭い伊予松前浜に漂着。八月二十三日、山崎離宮のあたりに寄宿（現在でも山崎離宮八幡宮があります）。八月二十五日夜、行教は再度、「我近都に移座するは王城を鎮護せんがためなり」との宣託を受け、近くの石清水男山の峯が閃光を発し光り輝くのを見たといわれます。

朝廷は翌貞観二（八六〇）年、同所に八幡造の六次の宝殿を造営し、四月三日にご遷座されました。

『大安寺住侶記』に列記される行教律師と益信僧正（本覚大師）

行教が五十年間修行し、伝燈大法師位を務めた南都大安寺は、当時、東大寺、興福寺と並ぶ大寺院であり、東西二基の七重塔をはじめとする大伽藍を有し、南大寺の別称があったほどでした。現在の大安寺を訪れますと、昔の大伽藍の面影はありませんが、『大安寺住侶記』には行基菩薩、弘法大師、伝教大師、道慈律師、益信僧正など、錚々たる名僧の名とともに行教の名前が書かれています。

それら名僧の中に含まれている紀益信は、行教の弟であり、空海の実弟真雅に師事し、仁和寺を創建した僧で、後に本覚大師の諡号を贈られています。長浜には、益信僧正が宇多天皇の勅命により開山した神照寺があり、七堂伽藍、三百を超える寺坊をもつ巨刹であったといわれています。

現在でも、鎌倉、室町時代にもたらされたといわれる益信僧正像の一幅が堂内に掛けられています。静かな表情の奥にすべてを見通しているような澄み切った目をした益信の姿です。益信は兄行教とともに、当時の日本を代表する律僧でした。

それであるが故に、藤原良房は、藤原家を確立するために両僧の権威を利用したのでしょう。のみならず、貞観八（八六六）年には、応天門の変を利用して、両僧の長兄である紀夏井を将来の政敵として土佐に流刑してしまいます。栄達のために利用できるものは利用し、不要なものは追放する、良房の飽くなき欲望を知ることできます。

「そんな良房が行教の望み通り、恩賞として石清水八幡宮の経営管理を紀氏一族に与えたのは、門閥としての政敵としてではなく、宗教的権威を持った紀氏一族とならば共存できると思ったからであろう」と言われています。

事実、その後、石清水八幡宮は、紀夏井の子であり行教の甥であった紀御豊が初代宮司を務め、その後、紀家によって連綿と継がれ、現在の田中恆清宮司は四十二代目にあたられます。行教の苦渋の選択が残した果実でありましょう。

神應寺の紀行教の堂々たる座像の眼光は、それらすべての歴史を見据えておられるように見受けられます。

紀氏のその後

その後、紀氏は、藤原氏の関与を嫌った宇多天皇に重用された紀長谷雄（菅原道真の一の弟子）やその子紀淑望《きのよしもち》、紀貫之、紀友則などの文人・歌人を輩出していきました。紀貫之のことはすでに述べておりますが、醍醐天皇の勅命により紀貫之らが編纂した古今和歌集は、紀氏の家集ともいわれており、現代の日本人に脈々と受け継がれている日本人の美意識、心情を歌い上げた情緒豊かな和歌集であります。紀家の日本文化への大きな貢献を示しているものでもあります。

紀夏井からの霊的体験

この節の最初に戻りますが、それほどまでに霊性の高い文官が、私の先祖の中におられ、かつ、私を温かく見守っておられることに驚きました。千二百年の時空を超えてなお繋がっているとはなんということだろう。日本における霊的な生命《いのち》の繋がりの不思議さをこれほど考えさせられたことはありません。

紀夏井の名前についても不思議なことがありました。平成二十三（二〇一一）年の春のことです。吉備津神社と石槌神社で二十年間修行したという四十代前半の神職と熊本で食事をする機会がありました。彼は私の左肩上に、烏帽子を被り、ベージュ色の狩衣を着て笏を持った昔の文官が見えるというのです。

「お名前をお聞きしてください」

と私がお聞きしますと、彼はそのお方と何度も確かめ合っているようでしたが、

「きのなついと言われていますよ。神位におられます」

と答えられました。

まる三年かけて原稿を書き上げた夜、すでに述べましたように、私は紀夏井により、考えられないような霊的体験を与えられました。その日から数えて十年が過ぎようとしています。書物を公にするには、これくらいの時間が必要であったと思います。この十年間のさまざまな経験は、自分の魂の世界をさらに深化させる時間であったように思います。

藤原氏、紀氏の恩讐を超えて

私はこの節において、藤原良房の政略的な数々の行動に対する雑言を述べておりますが、それらを宥めるような史実を小坂博氏が伝えてくれました。それは、藤原家と紀家の末裔である小坂家の関係に関することです。

それは鎌倉時代に入ってからの話です。厳島神社の神主家が、平家の佐伯一門に替わって鎌倉幕府御家人の藤原親実の家系に移ります。十三世紀初め、厳島神社は二度の火災に見舞われ、幕府は厳島社殿の改築のため、藤原親実を安芸守護に任じました。そのとき、親実は親しかった紀家の一族である栗栖親命《ちかこと》を下野守から安芸の守護代として安芸へ招請しました。私たちの

小坂家は、小坂家系図に見るように紀氏系の栗栖家から出ております。そういう縁があって、栗栖親命の安芸への転入が、私たち代々の広島滞住のきっかけになったのです。

この史実は、その昔、藤原家と紀家の家系間での争いで生じた恩讐を越えてなされた、両家の日本人らしい霊性の高さを示すものであると、小坂博氏は言われています。

紀夏井旧邸探訪の後

高知の紀夏井邸跡を訪ねた後、小坂博氏は次のような内容の手紙を送ってくれました。

「亀山の丘の上で、異常な心の高まりを覚えました。体内から溢れでるエネルギーで、自分の心臓疾患が消え失せてしまったのか、その後心臓に異常は感知しなくなっています。夏井の医術のエネルギーは、亀山の丘の上をパワースポットにして現在も生きているのかもしれません」

また、広島の自宅に帰ったその夜、博氏は驚くべき夢を見たそうです。夢の中で、紀夏井が、約二百年後の平安末期から鎌倉時代初期の公卿、従一位・摂政・関白・太政大臣と政権の最高位にいて善政を敷いた九條兼実と何度も堅い握手をして話し合っていたというのです。

九條兼実は藤原良房が築いた藤原北家の子孫で、いわば応天門の変で紀家の政治生命を絶った政敵の末裔であるのですが、両人は、民のために善政をなしたという一点で、二百年の時を超えて固く握手をされたのでしょう。

歴史に詳しい小坂博氏であればこそ見ることのできた夢なのでしょうが、博氏は、これは紀夏井を代表とする日本人の霊性の高さを示すものであると感じ、滂沱の涙を禁じ得なかったそうです。

また、俳人（逸青―小坂博氏俳人名）でもある小坂博氏は、数首の吟行句を送ってこられました。その中の五句を紹介します。

今は昔　平安の世　土佐の佐古に流人の聖人あり　紀夏井と言へり

さくらんぼ　海鳴り遠き　日のひかり

祖霊の煌きはこの地の静々しさに

きらきらと　甍という字に　初蝶や

村人の焚火にも京が偲ばれるこの頃よ

落ち葉焚く　かおりは京ぞ　夏井邸

村人よ　遠慮は無用、我が家を訪ねこよ

邑の子の　大手振りこよ　萩の花

みほとけの力を杖に我も村人も導きたまえ
萩剪って　野にみつ清ら　杖にせむ

エピローグ

富士山五合目の小御嶽神社で、私たちの祈りの行脚は終わりを迎えたようでした。ところが、プロローグで述べましたように、それからちょうど一年経ったある日、私たちの経験を日英文で書物にしなさいとのメッセージを受け、再び原稿を書くという私の行脚が始まりました。空海をはじめとする多くの高次の存在からのメッセージですので、私は三年の歳月をひたすら書き続けました。

最後の頁を書き終えた日の夜、自分の体内に愉悦の神秘現象が起こりました。調べてみましたら、愉悦の祝福を与えてくれたのは、菅原道真とも親交が深く、三大実録に日本史上最高の品性高潔な文人官僚と記されている平安初期の紀夏井であることがわかりました。紀夏井は私の先祖にあたり、弟であった行教《ぎょうきょう》、益信《やくしん》も時代を代表する律僧で、三兄弟がそろって平安初期時代の安寧のために尽力されました。

この物語は、神仏、龍神、宇宙人、紀夏井の同時代の空海が、中山良子さんというスピリチュアリストを通して降ろしてくるメッセージを、私たちが実行していく物語として綴られています。

総じて、日本民族が、二千年という長い年月を、万世一系の天皇家の権威と加護のもとで平和に歩んで来られたことは、国民としてこの上ない栄誉なことです。この歴史的事実は、日本国と日本人の霊性の高さを証明していると思います。歴代天皇のこの上ない清浄な祈りのもとに、高い知性の民たちが寄り添い、多くの目に見えない高次の存在の方々のまもりのもとに、今の日本が創りあげられてきていると思います。世界の歴史で、このような民族と国家は他に存在していません。

私はあえて宇宙人と言いましたが、「宇宙人」は、これから人類が真剣に関わっていかなければならない対象であると思います。彼らは人間とは生きる次元が違うので、普段の交流は難しいと思われますが、人間に対して、彼らについての正しい認識を持ってほしいと希望していると思います。本書の「宇宙人の愛」で書いていますように、宇宙人たちが私たち地球人に与えてくれるメッセージの何と高貴なことか、私たちは襟を正して拝聴するべきと思います。

たまたま、平成三十一（二〇一九）年四月十四日、国立天文台の本間希樹教授が、ブラックホールの撮影成功でテレビ会見をされているのを見ました。何千億の恒星のお話をされているとき、ある記者が質問していました。

「宇宙人はいると思われますか」

との質問に、本間教授は、

「宇宙人はいると思います」

と答えられていました。広大無辺の大宇宙を研究されているお方であればこそと、本間教授の謙虚なお姿に感動いたしました。


「祈りについて」で述べていますように、私たち一人ひとりの命は、過去、現在、未来の三世にわたって高邁なる存在と繋がっており、私たちの命から発信される祈りの波動は、宇宙に輪を広げていき、目に見えない高次の存在の意識を響き合って、目に見える世界の事象として顕われてくるのではないでしょうか。私たちの祈りの波動が高くて浄らかであればあるほど、返ってくる波動も浄らかなものであるのではないでしょうか。

普通の人生を歩んできた私が、中年期を過ぎて、突然、白羽の矢が立てられて、目に見えない力にいざなわれながら不思議な体験をさせられ、その体験記を世の人々に知らせる役目を与えられました。この作品を世に出すことによって、その任務に応えられることを望みます。

令和元（二〇一九）年五月一日、新天皇陛下が即位され、令和の時代に入りました。「令和」は素晴らしい元号と思います。この書物が、令和元年に世に問われるということは、不思議なご縁であると思います。令和の時代における日本の世界平和の貢献に、この書が少しでもサポートできる機会が与えられることを望みます。

最後になりましたが、本書を送り出すために多くの方々のお力添えを賜りました。ここに深く感謝を申し上げます。また、出版への道を開いてくださったコスモ21の山崎優氏に感謝いたします。

令和元年五月

小坂武司

参考文献

『神道と日本人』（山村明義　新潮社）
『GHQの日本洗脳』（山村明義　光文社）
『天皇の宮中祭祀と日本人』（山折哲雄　日本文芸社）
『宮中賢所物語』（高谷朝子　ビジネス社）
『宮中祭祀』（中澤伸弘　展転社）
『日本は天皇の祈りに守られている』（松浦光修　致知出版社）
『天皇霊性の時代』（竹本忠雄　海竜社）
『日本人にとって天皇とは何か』（三浦朱門　海竜社）
『古神道入門』（小林美元　評言社）
『青年地球誕生』（春木秀映・春木伸哉　明窓出版）
『地球隠れ宮一万五千年のメッセージ』（春木伸哉・江本勝　ヒカルランンド）
『日本国家の神髄』（佐藤優　扶桑社）
『「日本」論』（佐藤優　角川書店）
『日本解体』（保阪正康　扶桑社）
『日米百年戦争』（佐治芳彦　ベストセラーズ）
『現代史への挑戦』（佐治芳彦　ベストセラーズ）
『日米戦争を起こしたのは誰か』（藤井厳喜他　勉誠出版）
『世界を操るグローバリズムの洗脳を解く』（馬渕睦夫　悟空出版）
『パール博士の日本無罪論』（田中正明　慧文社）
『共同研究　パル判決書』（東京裁判研究会　講談社）
『アミ小さな宇宙人』（エンリケ・バリオス　徳間書店）
『もどってきたアミ』（エンリケ・バリオス　徳間書店）
『アミ３度めの約束』（エンリケ・バリオス　徳間書店）
『歪められた日本神話』（萩野貞樹　ＰＨＰ研究所）
『日本人の本質』（中西輝政　日本文芸社）
『帝国としての中国』（中西輝政　東洋経済新報社）
『中国人の本性』（副島隆彦・石平　徳間書店）
『言霊と太陽信仰の神髄』（相曽誠治　山雅房）
『サニワと大祓詞の神髄』（相曽誠治　山雅房）
『紀氏の研究』（寺西貞弘　雄山閣）
『謎の古代豪族紀氏』（和歌山県文化財センター　清文堂）
『謎の巨大氏族・紀氏』（内倉武久　三一書房）
『平安時代の天皇と官僚制』（佐藤全敏　東京大学出版会）
『小坂氏系図』（小坂　博）
『紀夏井』（井上辰雄　史聚会）
『熊本の歴史』（岩本悦他　弦書房）
『よくわかる熊本の歴史』（荒木栄司　熊本出版文化会館）

『世界の偉人たちが贈る日本賛辞の至言33撰』（波田野毅　ごま書房新社）
『国民のための日本建国史』（長浜浩明　サンクチュアリ出版）
『神字日文解』（吉田信啓　中央アート出版社）
『神字日文考』（吉田信啓　中央アート出版社）
『空海入門』（ひろさちや　中央公論社）
『空海の企て』（山折哲雄　角川書店）
『弘法大師の法華経Ｉ』（大倉隆浄　星雲社）
『空海』（高村　薫　新潮社）
『空海の足跡』（五来　重　角川選書）
『空海』（上山春平　朝日新聞社）
『空海』（松長有慶　集英社）
『「理趣経」入門』（大栗道栄　すずき出版）
『講説「理趣経」』（宮坂宥勝　四季社）
『密教世界の構造』（宮坂宥勝　筑摩書房）
『鞍馬山歳時記』（信楽香雲　くらま山叢書）
『リメンバリング―失われている古代文明の記憶』（ジェニファー　徳間書店）
『応天門炎上』（長野甞一　勉誠出版）
『応天門の変』（南條範夫　光文社文庫）
『悪人列伝　古代篇』（海音寺潮五郎　文春文庫）
『紀州史散策』（神坂次郎　有馬書店）
『量子論から解き明かす「心の世界」と「あの世」』（岸根卓郎　ＰＨＰ研究所）
『天皇家の〝ふるさと〟日向をゆく』（梅原　猛　新潮社）
『日本仏教をゆく』（梅原猛　朝日新聞社）
『「日本」という国』（梅原猛・上田正昭　大和書房）
『神仏のすみか』（梅原猛他　角川書店）
『世界遺産　縄文遺跡』（小林達雄　同成社）
『古代史と日本神話』（大林太良・吉田敦彦他　大和書房）
『精霊の王』（中沢新一　講談社）
『地霊の復権』（野本寛一　岩波書店）
『神と仏の倫理思想』（吉村均　北樹出版）
『出雲と大和』（村井康彦　岩波新書）
『山陰の神々』（山陰の神々刊行会　今井出版）
『神々の気這い』（池田清隆　早稲田出版）
『日本の巨石』（須田郡司　パレード）
『日本人に生まれて、まあよかった』（平川祐弘　新潮新書）
『神武天皇はたしかに存在した』（産経新聞取材班　産経新聞出版）
『天皇問題』（山本嶺章　光人社）
『皇位継承と万世一系に謎はない』（八幡和郎　扶桑社）
『空海　真言密教の扉を開いた傑僧』（別冊太陽　平凡社）

『熊野古道』（別冊宝島　宝島社）
『和の国・日本の民主主義』（馬渕睦夫　ベストセラーズ）
『そうか、だから日本は世界で尊敬されているのか！』（馬淵睦夫　WAC）
『新装版　国難の正体』（馬渕睦夫　ビジネス社）
『日本の敵』（渡部昇一・馬渕睦夫　飛鳥新社）
『入唐求法巡礼行記１』（円仁　平凡社）
『日本はなぜ世界でいちばん人気があるのか』（竹田恒泰　PHP新書）
『日本人はなぜ日本のことを知らないのか』（竹田恒泰　PHP新書）
『口語訳　古事記』（三浦佑之訳　文藝春秋）
『日本書紀　上下』（宇治谷孟　講談社学術文庫）
『絶対、世界が日本化する15の理由』（日下公人　PHP研究所）
『日下公人が読む2013年』（日下公人　WAC）
『上品で美しい国家・日本人の伝統と美意識』（日下公人・伊藤洋一　ビジネス社）
『ニッポン』（ブルーノ・タウト　講談社学術文庫）
『朝日の中の黒い鳥』（ポール・クローデル　講談社学術文庫）
『シュリーマン旅行記』（ハインリッヒ・シュリーマン　講談社学術文庫）
『英国外交官の見た幕末維新』（A・B・ミットファード　講談社学術文庫）
『幕末日本探訪記』（ロバート・フォーチュン　講談社学術文庫）
『誇り高く優雅な国、日本』（エンリケ・ゴメス・カリージョ　人文書院）
『青い目に映った日本人』（山内昶　人文書院）
『逝きし世の面影』（渡辺京二　葦書房）
『神仏習合の聖地』（村山　修一　法蔵館）
『未来からの警告（ジュセリーノ予言集Ｉ）』（マリオ・エンジオ　たま出版）
『面白いほどよくわかる日本の宗教』（田中次郎　日本文芸社）
『大安寺僧行教の役割と苦悩』（稲葉敬子　あさの文星出版）
『神と仏の日本文化　遍照の宝鑰』（小峰彌彦　大法輪閣）

今、世界が注目する「日本の霊性」の真価

2019年6月3日　第1刷発行

著　者――――小坂武司

発行人――――山崎 優

発行所――――コスモ21
〒171-0021　東京都豊島区西池袋2-39-6-8F
☎03(3988)3911
FAX03(3988)7062
URL https://www.cos21.com

印刷・製本――中央精版印刷株式会社

定価はカバーに表示してあります。

ISBN978-4-87795-379-9 C0095